折射集
prisma

照亮存在之遮蔽

李菲 著

假装低调

Small Talks about Luxury Goods

有关
奢侈品的
闲话集

南京大学出版社

图书在版编目（CIP）数据

假装低调：有关奢侈品的闲话集 / 李菲著. -- 南京：南京大学出版社，2024.7
ISBN 978-7-305-24617-3

Ⅰ. ①假… Ⅱ. ①李… Ⅲ. ①消费品 – 通俗读物 Ⅳ. ① F76-49

中国版本图书馆 CIP 数据核字（2021）第 119597 号

出版发行	南京大学出版社
社　　址	南京市汉口路22号　　邮　编　210093
书　　名	假装低调——有关奢侈品的闲话集 JIAZHUANG DIDIAO——YOUGUAN SHECHIPIN DE XIANHUAJI
著　　者	李　菲
策划编辑	沈清清
责任编辑	王冠蕤
照　　排	南京新华丰制版有限公司
印　　刷	南京爱德印刷有限公司
开　　本	889mm×1194mm　1/32　印张　11.25　字数　310 千
版　　次	2024年7月第1版　印次　2024年7月第1次印刷
ISBN	978-7-305-24617-3
定　　价	88.00元

网址：http://www.njupco.com
官方微博：http://weibo.com/njupco
微信服务号：njuyuexue
销售咨询热线：（025）83594756

* 版权所有，侵权必究
* 凡购买南大版图书，如有印装质量问题，请与所购图书销售部门联系调换

献给父母

唯亲情最抚慰我心

自　序

岁月难逃，幸得匠心

这书能出版，着实不易，其中拖沓之错，全数在我。

十年前公众号方兴未艾，成为才华横溢创作者最重要的私密阵地，它引人流连忘返之势，我至今记得。朋友怂恿我开设账号，一称我有幽默智慧的人格魅力，二是多年累积的专业经验值得分享、造福他人。再配合着微信"再小的个体也有自己的品牌"这句鸡汤口号的召唤，我一身热血往小脑瓜上涌了涌，账号稀里糊涂地开了，本人则勤勉表演各类雕虫小技，现在想想，实在羞耻。

本书的策划编辑清清是天使轮铁杆读者之一，她传来私信：表姐写得这样好，应当出书。就这样，应不应当见仁见智，我们的友谊却自此萌芽，抽枝至许多文字之外的领地。

彼时她口中的好，今日我全然怯于回望：不过是年轻人仗着自己偶尔闪现的微弱才华，以插科打诨和抖机灵之姿撑满的全篇。虽有干货不假，但行文一惊一乍、浮夸冒失，哪里能叫作什么文学呢。所幸年轻时亦有无畏撑腰，尤擅长以蹩脚的幽默粉饰短板，并将其视为荣耀,"有趣的灵魂"或也因此被一群颇有些心气儿的同类推为网上热语,一时风头无二。

后来细想,实在是我等城市俗民对"有趣"二字误会颇深,以至于在使用它时心怀某种肤浅的"优越感":笃定靓丽容貌太过浮于表面不值一叙,思想处的深度才更禁得住推敲说道。这般年轻时无伤大雅的虚荣心,倒与我所描写的行业颇有异曲同工之妙。

手表、珠宝、皮具、羊绒……在今日消费者心中,它们常被框于几种刻板印象中:

一是普通群众忍辱负重,攒得几月薪资,抱出日思夜想名牌物件一枚,虚荣心暂获安抚。再来是拜社交媒体风靡所赐,巨量信息中如此贵物高频流过,让人一不小心就对"人均持有"的说辞信以为真,焦虑情绪由此生发。当然还少不了调侃戏谑,说奢牌倒是从不坑穷人的钱,不论此说的出发点是不是酸葡萄心理,它透露出的,都是一种反奢侈品的态度。

但以上种种,皆为价格作祟,物件本身,其实已被虚化,变成一个个象征着这或那的抽象符号。这或那,往往又指向世俗意义上的所谓"成功",有时是身份地位,有时是财富积累,还有名望、权力和社会关系。

可事实是,我们对这些奢侈物件的认识可以更富想象力也更返璞归真些。

爱马仕和罗意威，一个来自法国一个来自西班牙，追溯至古早年代，却是由两位德国小皮匠以家庭为单位建立起来的工作坊。彼时"奢侈"二字并非只与定价形成直白的正相关关系，而是抽象化为某种朴素的初心：以品质过硬的材料和独门处理工艺，制作出对马匹和人而言都经久耐用，甚至可以传承的产品。

传承是手表品牌最喜欢谈论的字眼。因为它们自视为记录时间而生，所以干脆转过来欲以时光为其增值，冰冷腕间器物从此被人的情感和经历烘暖，站上了价值观的制高点。但若回望手表的前半生，那些得以隽永的款式和创作——无论是现代潜水表的鼻祖宝珀五十噚，还是007的贴身暗器欧米茄海马——无一例外展现出的，都是极为实用的"工具"属性，而非无法被精准量化的情绪价值。

说到工具，多少又要叫人唏嘘了。今日大户人家一掷千金捧回家的珠宝杰作，似乎唯一的工具性就是肩负起"理财产品"这个硬核金融角色了。但反复温习黄金年代影像后我发现，将无价之物日夜悬于颈间而非封锁在保险柜内，是历史上每一位风华绝代的妙人儿与生俱来的魄力。因为着那样的社会风潮和氛围，珠宝这个命题的疆界被推得更远，成为反射时代的一面镜子。文化、考古、手工艺、文学、音乐、建筑……以彼时设计师的文化素养，任凭哪个命题，都能在他们对宝石鬼斧神工般的编排下熠熠生辉，长出了性格。

诸此种种，在今日各家作品中已甚为少见；偶有令人眼前一亮的设计，稍作深究，竟还是致敬古意。很难说我们与黄金年代的关系是否只剩回望，但智者自然心知肚明，"致敬"不过是灵感乏力的美丽说辞。从今日今时这些没完没了的自夸和标榜中，我只嗅到了小圈子与世隔绝的狂欢和自我意识过剩的讽刺意味。令人可悲可叹的现实或许是：我们的艺术家们已经失去了那种可让群星闪耀、灵感火花不断在头顶爆炸的创作土壤了。

因此，我希望你不要把这本书视为脱离实际生活的朱门酒肉臭，或对奢侈品的一味追捧。它表面上说是写奢侈品，实际更是写朴素的匠心；说是追溯品牌们的来龙去脉，实际是探讨审美的变迁与折返；说要抒发久处行业中积累的那些羞耻的生活感悟，实则是回顾因量变引起质变的成长之路。

说到成长，又要提到我的编辑清清。我们相识时，都潇洒地孑然一身。我更任性自我，至今把单身这件事坚持得很好，只盼父母健康长寿，自己再老都有撒娇去处；她则相反，逐个解锁人生新角色，成为妻子、成为母亲，从此甜和苦交替沉淀。早年她催稿：

"最初联系你时我还未婚，现在婚都结几年了。真想在生娃前把你的书先做出来！"

虽惶恐耽误别人人生大事，但我实在生性懒散，截至此刻为八年前该出版的这本书写自序时，她的娃已经三岁多，可以像模像样地与成人平等沟通。哗，我们竟一起走了这样久还没散，称为挚友大概不算过分；毕竟当今社会，每个人的世界其实很小，小到实打实地经营感情、保持联络已属巨量劳役。

所以这本书我第一个要献给她，感谢你包容我的懒散和不求上进，没有你,这本书没有可能面世。

再来还要将它献给我的父母,他们从来不知道我的工作内容是啥,也根本看不上我写的这些东西。因为从苦日子一路走过来,所以在那辈人心中,追求物质、探讨物质就是人精神堕落的开始。但我记得本书收录的那篇《我爸的表》刚在公众号上发布时,他在我的强迫下转发,之后花了整个下午回复上百位亲朋好友发来的祝贺信息,看那个持续数小时嘴巴咧到耳根儿的架势,不知道的以为我得了什么诺贝尔文学奖之类的呢。那一刻我坚定了高低也要把这本书出版的决心,因为实在想目睹届时他俩更加离谱的自豪感和喜悦。

当然最重要的,是将本书献给多年来一路相偕而行的读者朋友们。大家关注到我或许因为各式理由,但能一起走过十年,属实长过历任男友;明眼人都看得出,这实际上早就突破了写作者和阅读者这种二维关系,是奔着soulmate的下场去处的。期间,很多人投喂过我他们家乡的特产,分享过自己人生的高光时刻,诉过苦、报过喜,当然有人也很会施加压力的,冷不丁跳出来质问我,说自己工作都换三份了怎么还见不到我书的影子呢。

这些细碎的瞬间,是我们耕耘出的网络神话,更是每次感慨自己一事无成时的定心丸。你我被各自的经历捏出形状,向彼此敞开心扉,以真诚交换到另外一部分的自己,何其荣幸。

所以朋友,话不多说,朝你举杯。咱要百年好合才行。

李菲

2024年2月于北京

序　言

买断烟波不用钱

这是本谈论物质与消费的小书，表姐十分小心地将它命名为"闲话集"，以免看上去过于认真，有为消费主义鼓吹之嫌。

但我想就此多说几句。

我们谈论的消费，剥离了生活必需部分，可以看作一种追求或是一种癖好——你在买条裙子、买个表、买件首饰时遇到的困扰，基本都是自由意志与选择的问题，那些明面上的困扰：预算不足，排队取号……其实都是降档就能解决的。

那你干吗不降档？

不甘心。

所以消费即和自己的内心搏斗。

除了降档，问题还有一个B面，那就是加钱。

作家约瑟夫·艾本斯坦（Joseph Epstein）讲过一个故事，他年轻时在芝加哥的精品店里迷上了一个登喜路打火机，是的，不是一个姑娘，是个打火机，但你们都能理解这种感受，对吗？艾本斯坦为了这个打火机每天从办公室走几个街区去看，拿在手里翻来覆去地感受，这样一直过了两三个星期，茶饭不思，世事不问，最后他买下了那个打火机，以便让该死的生活继续下去。

为了这个打火机，年轻的艾本斯坦支付了远比标签上所写数字更加高昂的代价——让生活停滞了两三周，几十年后回顾，他大概会觉得不划算，但也别无他法——有些经验不花"钱"真的买不到。

陆游四十二岁被免官，归乡隐居弄了条船玩，自嘲"买断烟波不用钱"，但是现实世界里成年人的快乐哪有这么便宜？

物质与消费的游戏，起初或许有关学识、阅历，到了后来只和一件事相关。

想象力。

2015年春夏沪上访友，我在江边听他介绍此后的日程安排：居所、办公、消费，俱在浦江两岸寸土寸金之地，买条游艇交通往来，即可达成在上海双脚不沾车买断烟波的快乐。

然后呢？

没有然后了，注意我说的时间，那是一个节点，之前烈火烹油，之后灰飞烟灭。

人生中有些宏大深远的抉择，看似和我们今天的主题无关，还常常被登喜路打火机这样的小玩意牵绊，但我向你们保证，现实并不是这样。我最好的几位朋友都是因为购物消费认识的，十年前，我们常在一起聊买东西花钱的话题，但结束时必然是明白了很多道理，却依然过不好这一生。

网上教人品位的老师会告诉你，你的气质里有你走过的路，读过的书，爱过的人，那么我要补充一句，还有你花过的钱。

如果把人生比作浩渺的水面，有人面目模糊匆匆而过，有人乘船行乐以桃花作钱，你会怎么选？

捧起这本书，你已经做了一个小小的选择。

当你初涉此道时，又或是心陷彷徨之时，本书的作者表姐是你最好的朋友，我认识的表姐勤勉且善良，这是这项工作最重要的两个条件，前者促使她不停学习考证，将更多更新的信息梳理后分享给你；而后者，请相信我，在自由意志和选择的世界里，善良才是最重要的。

她爱你们。

胡尖
2020年6月于武汉

目　录

01 Attitude　　　　　　　　　　　　　　　　001

假装低调　　　　　　　　　　　　　　　　　003
买不起的奢侈品　　　　　　　　　　　　　　010
都说传承，到底传的是什么　　　　　　　　　016
卖成爆款？靠植入电影做不到　　　　　　　　020
相隔三十年的珠宝灵感　　　　　　　　　　　025
时尚和做自己　　　　　　　　　　　　　　　033
下一只包　　　　　　　　　　　　　　　　　038
番外篇：我曾经的买包套路　　　　　　　　　043
番外篇：我的穿衣小哲学　　　　　　　　　　057

02 手表　　　　　　　　　　　　　　　　　061

海王新传　　　　　　　　　　　　　　　　　063
一种可能并不适合每个人的霸道　　　　　　　072

我爸的表	080
这表到底是多少人心中的白月光？	088
五十噚我戴了五个月零十天	098
Audemars Piguet：浑身上下都是棱角	105
今次被沛纳海勾引了一道	114
Reverso：最时髦的方形表	122
新时代戴金表，初衷早已高于"让别人看得到你"	130
3600块买的香奈儿 vintage 黑金腕表	138
劳力士全球首次且可能是唯一一次的11人局，I Was IN	142
NOMOS 柏林设计工坊游记	148
不急着证明自己的人一般都知道自己是谁	156
网友说：这表我看一次哭一次	166
欧米茄的不变与变	173
The Best Is Yet to Come	181
我把NOMOS比秋天	193
经典满屋	200
你甚至可以戴着它去结婚	208

03 珠宝文化　　　　　　　　　　　　　　221

那种把买珠宝当日常的人	223
人人都在戴，为什么你还会想买它？	232
Keep Curious and Buy Jewelry	242
朋克精神永不过时	253

戴珠宝的精髓在于那股子故作潇洒的姿态	260
怎么讲,嫁不嫁?	267
谁又何尝没有fantasy	278
捂了一年没写的心爱品牌	286
不懂小姐	296
珠宝太美了,幸好没有钱	303
我们都太穷了,所以不能随便买便宜货	311
恰恰因为你是女人	319

结　语 328
参考文献及推荐书籍 338

01 Attitude

假装低调

> 最上乘的炫耀

昨天从成都飞回北京的航班上,朋友想从后排换来挨着我坐,她这个人,想一出是一出,没等我旁边的人登机,就单方面确定换座儿了。等到邻座姑娘终于上来并听完解释后,有点不情不愿地放行李,我瞥见她手上的钢表,连忙堆起谄媚的胖脸蛋儿:"你这个积家约会选得真有品啊。"她眼睛一亮,笑着说:"这表蛮低调的。"然后开开心心地走向后排。我头也没转地冲朋友来了个侧影定格:别谢我,谢命运吧,命运让你认识了拥有如此多冷知识的我。

说冷知识这当然算不上,但说到低调我却有绝对的发言权,因为我太喜欢低调了,不知道大家对低调如何定义,但我深深地感觉,我这条命,是低调给的。

高中时我是个超级胖子,那时候我们学校校服很丑,既然已经说出这样的评价,我也不怕再深度揭个底:是北京铁二中。从学校所在的月坛西街拐到主街上有一家砂锅粥店,每晚我假装学到很累的时候都会跟同学去喝粥,然后越喝越胖,把自己装进绿蓝配色校服中时真的很像行走的机器猫本人。但那个时候胖其实没有击垮我,因为我学习不赖又机灵,能征服令整个年级闻风丧胆的英语组组长,所以心里毕竟是有那份高傲在的。

彼时我心目中的日常着装模范是我舅妈,她是一个国际大牌的中国高层,在时尚和潮流这条路上算是走得比较靠前的一批人,二十多年前就用瘦腿裤配小白鞋,oversized大衣来回来去换了。整个高中三年我都住在她家,耳濡目染被其品位所折服,不但放下高傲不自觉地模仿她,还实实在在地继承了很多她只穿过一两次的好衣服。

高中时大家普遍审美挺差的,人人穿着松松垮垮的校服或者真维斯,硬装灵魂系朋克少年。所以对我而言,DKNY的衣服和香奈儿的包包已经是最为时髦的奢侈品教育了,但桎梏住我全套照搬步伐的当然是胖,所以其中的很多衣服我一放三年(三年后瘦了五十斤),等真正瘦下来的时候已经看不上了。

这件事告诉我们人真的不能胖,听姐姐的,快把你喝砂锅粥的勺子给我放下。

在这个漫长的接手舅妈衣服的年代里,衣服虽然没几件穿得上,但我学到了她推崇的素色搭配法则。我曾用粉笔把球鞋上的logo全部涂白,并试图将不同质感和面料的黑搭配到一起,就是因为她不经意地说过一句:"女孩子穿得低调舒服点挺好,想要亮一点,戴珠宝呀。"那个时候我还没有明确"穿得舒服又不冒犯别人是一种得体的分寸"这个概念,只是大量地购买黑色单品,可能从骨子里觉得它们让我既能保有在同辈中继续昂着头走路的朋克精神,又能像大人一样离真正的时髦近一点。

在意大利博洛尼亚撞见的极具时光味道的小小书店。

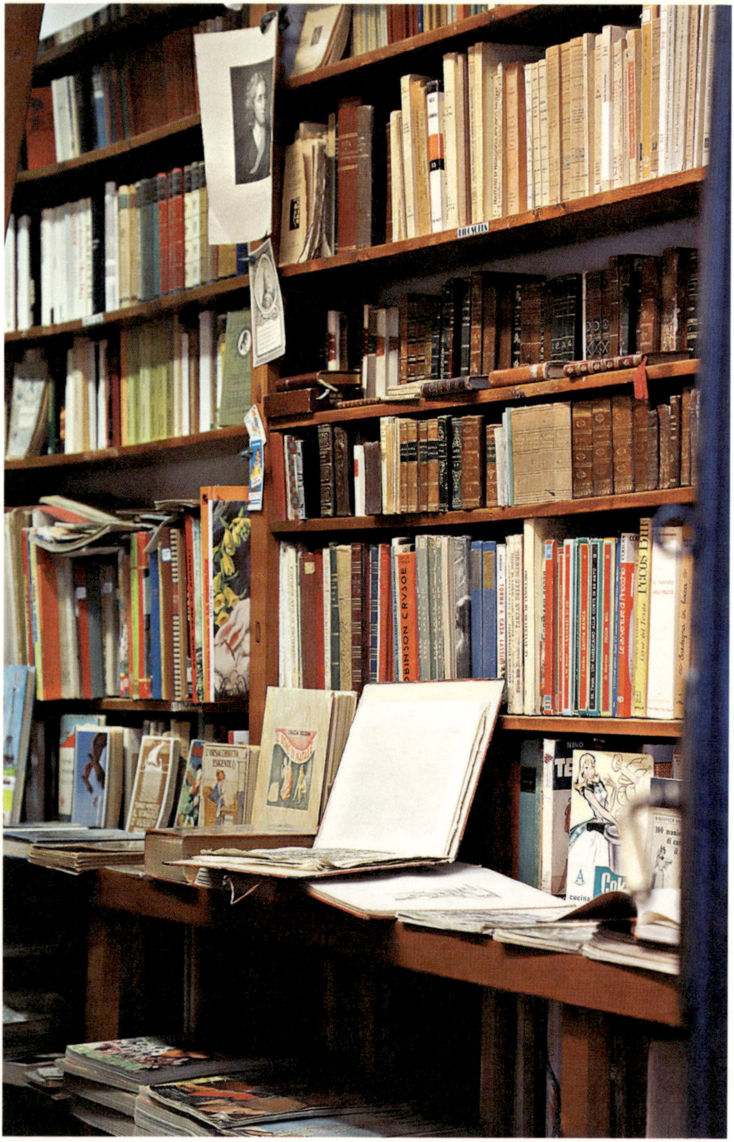

可到底什么是低调？我去翻书。

二十世纪七十年代意大利极左翼恐怖团体赤旅（Red Brigade）横行的时候，中产阶级为了防止引起极端人士注意后遭绑架，立刻改变了自己的生活方式，他们不再佩戴珠宝，穿着非常朴素，改开平价车，像意大利街头少年一样拎着手提包来来往往。有评论家指出："他们这样做是免得被偷，却也显示了他们有东西可以被偷。"

此后，这种低调的打扮迅速成了一种风潮和生活方式，不炫耀的信号是他们一种内涵极为细腻的语言和表达。有人说"这种做法是基于炫耀自己的财富是没教养的表现这种想法"，但事实是他们用了留有提示的、刻意低调的炫耀手法：还是在八十年代的意大利，有钱人开着一辆不那么起眼的蓝旗亚（Lancia）轿车，引擎盖子里却藏了一颗法拉利的心脏，两个牌子同属一个家族，八十年代他们开始生产这种故作神秘的法拉利变种车，同样是出于对左派政治气氛的考量，要更为"低调"地炫耀；中产阶级身穿一件白衬衫来上班，看起来像是一件斜布衬衫，但买得起这种衬衫的人会从它的贝壳厚度或机器缝纫的针脚密度知道它出自Fray，一件定价超过500美金；美国知名新闻记者理查德·康尼夫（Richard Conniff）曾经提到：某位衣着考究的女士，佩戴了似乎是钢制的胸针，但她真正想要炫耀的对象知道，胸针来自巴黎芳登广场边的一家店，这家店没有店名和招牌，也没有任何一件首饰摆出来，却接待着全世界最有钱的女士们，小店的老板身怀把白金弄成看起来像不锈钢这种奇特的本事，可买得起的人都猜得出每件的售价在3万美金上下。

这就是我们常说的低调，它才根本上是一种最有的放矢的炫耀，因为它所使用的，是一种把观众范围一再缩小的语言，简单说，只有类似的人才能读得懂，至于那些还没搞清楚状况的人，它根本懒得理。一种炫耀如果谁都可以看得出，还算哪门子炫耀？还记得那本有名的《有闲阶级论》吗？在里面凡勃伦这么描写有钱人："……不想出现让较低等人群共襄盛举的倾向，即使这些人能发出喝彩或者自惭形秽也不行……"

多么刻薄。好像指着我的鼻子说：你看不出来这些东西好，是因为你暂时还不配。

而如果放过这些有钱人，仅仅看看我们自己动的那些小心思，也可以一窥人类是多么虚伪哦：上月某一天我爸硬要我的万国表，我问他戴这么好的表干吗。他说出门，我一看，在门口抽烟呢。一根烟平常抽两分钟，那天生生拉到五分钟，估摸儿就等着街坊邻里谁给句话儿"哟表不错啊"，然后顺着话茬儿慢悠悠地吐出一口烟回："闺女给置办的，也就几万块。"但可惜坏了，那天只是一个平淡的礼拜三，买菜阿姨们还没下班呢，再说阿姨们谁懂这个，我这心悬着半天，为我爸有耀却炫不出去操碎了心，恨不得一脚油门把他拉到金融街。

而我自己，比起我爸只能有过之而无不及。我早年就比较喜欢Marni、J. W. Anderson、Jacquemus这些牌子，那时候没什么人认得，所以我一度非常享受穿着魔术贴"丑运动鞋"或者提着Twist逛街时被时髦店员认出它们的瞬间，如果穿Jacquemus被人评论"怪"或者"不懂"，那简直可以说太满意了。但如今淘宝铺天盖地的假货，订阅号千篇一律地在推这些东西。我觉得自己的爱再也不特别了，私藏的世界被公之于众，继而又要转身去找新的目标——那些不会人人一看就知道品牌的产品，要比较冷门却令人向往的、有知识性但非常低调的。就好比Jane Mayle或者Sandy Liang那样的。

这样累不累？很累，有人又说了：你这样太矫情。但相信我，作为一个成天在奢侈品世界里打转、为大家普及和推荐这些东西就是日常分内的人，我还在乎矫情不矫情吗？

特别是假装低调这个技能，当你掌握其精髓后，会越用越沉迷，越用越无法自拔。同时你也越来越多地会发现品牌留给我们的小线索，比如劳力士冰蓝色表盘只会与铂金材质组合出现，表冠上皇冠标志下的圆点和横线可以让明眼人一下说出它的材质或功能；百达翡丽会偷偷在所有铂金表6点位置的表壳外侧镶一粒小小圆形钻来表明身份；爱马仕手表皮带从不做coating，只有每天佩戴的使用者才会亲身欣赏到日渐"爆浆"（patina）的痕迹……这些东西不仅仅是谈资和装腔作势的道具而已，也是一种低调的暗示和邀请：你是我们珍视的消费者，是因为你懂得欣赏我们设下的小把戏；而懂得这些的人，暂时还没有那么多。

有什么办法，谁不想成为那个洞悉一切的、最特别的人呢？无论说了多少次，我们为一件东西买单时真的会百分之百纯粹出于自己对它的喜爱吗？我看不是，这个过程总是夹杂着我们这样或那样的情感："我买得起"的无声宣言、苦苦寻觅的圈子认同感、刻意流露的好品位……一件产品就这样轻而易举地成为定义你我的利器。

仅仅是因为：势利无处不在。当我们嘲讽它的时候，我们也在说着这些无聊的废话。

买不起的奢侈品

> 写哭了的真人真事

因为出差而回到伦敦的第一天,我晕头转向还在时差里,出租车一个转弯,身旁就是纯灵教堂。纯灵教堂是我心目中伦敦的一个象征,以它为起点,伦敦城市规划史上最浓墨重彩的一笔——摄政街(Regent Steet)全部呈现在眼前。建这条街时,伦敦自我膨胀得挺厉害,处于欲与巴黎、罗马试比高的张狂时代;摄政街,就好像它的名字,展露了摄政时期的所有英国特色。

从摄政街一路顶到皮卡迪利广场(Piccadilly Circus)再向右转,不久就看到"The Ritz London"的霓虹牌。在伦敦,丽兹酒店是最为瞩目的地标之一,它是伦敦唯一一家哪怕你在大厅走来走去也需要dresscode(着装规则)的酒店;它的前台接待团队里,至今还有在电影《诺丁山》里休·格兰特(Hugh Grant)假扮记者跑去酒店找茱莉亚·罗伯茨(Julia Roberts)那幕中出镜的、在丽兹工作数十年的老员工迈克尔;它的下午茶甚至已经成为游客拿着list郑重勾选的伦敦著名景点;但最重要的是,它是家,是永远不会出错的酒店。

丽兹酒店1906年开业，苦苦等了百年之后，终于买下来相邻的、在欧洲史上也赫赫有名的威廉·肯特厅（William Kent House），再将两栋建筑联结起来。我入住的时候，前台妹子领着我到处参观介绍，她讲："整个丽兹酒店的装修是路易十六时期的法式风格，但独独这威廉·肯特厅，它的穹顶镶嵌真金，所有画作和雕像都有浓重的文艺复兴痕迹，这一间，从来只为最尊贵的客人和最重要的私人聚会开放。"

但谁承想抵达英国的第三天，我就在这威廉·肯特厅吃了活到现在最难忘的一餐。

晚宴的主要内容是喝酒，玫瑰山庄园（Château Montrose）献出六支珍贵的葡萄酒，所以现场也汇集了玫瑰山庄园的总裁埃尔韦·贝朗（Hervé Berland）、葡萄酒评论家杰西斯·罗宾逊（Jancis Robinson）、《纸牌屋》原著者迈克尔·多布斯（Michael Dobbs）、《唐顿庄园》男演员马修·巴伯（Matthew Barber）这些大咖。我哪儿懂酒呢，所以当晚我给自己预设的人物特征是乖巧。主要他们还安排我坐在丽兹酒店主席安德鲁·洛夫（Andew Love）和前佳士得红酒部门的主管克里斯托弗·伯尔（Christopher Burr）两位先生中间，我胆战心惊得不敢讲话，只好乖巧。

晚宴吃到后半程，我身边的克里斯托弗·伯尔站起来敲了敲杯子，做了一个小小的speech。说克里斯托弗是前佳士得红酒部门的主管，主要因为他现在是Brook's俱乐部的葡萄酒买手团队负责人，坊间传闻从皇室到名流，吃不准价值的名贵红酒，都得请他去给把把脉、估估值。但他的开场白这样讲，"I feel humble by all these wines in front of me"。听到这句话,我鼻头酸酸的,如遭迎面一板儿砖。

今年是欧洲宗教改革五百周年,我对宗教没有过系统的了解,大多数时间都在自己摸索着断章取义地乱看。但从第一次读到"be gentle and humble"(要柔和谦卑)时就很难忘记那种头皮发麻的感觉,我问朋友:"这句你怎么翻译?"她敲字给我:"他柔和谦卑,我们也应当这样。"

面对美好的馈赠,自己很卑微,我想那应该就是真爱吧。

克里斯托弗接着说:"我在很多场合遇到过很多不同的人,他们总是让我给葡萄酒分出来个三六九等,但我做不到,因为对我来说,wines are not just wines。譬如今晚尝到的这几支Château Montrose,它们对我来说就好像自己的几个孩子,有的优雅从容,有的野心勃勃,还有的成熟稳重,你无法回答爱谁更多一点,因为在父母的心中,它们都是自己的宝贝。但更多的时候,葡萄酒在我心中是人类情感的投射,它们全部有关回忆和情感:我曾跟马修(当晚坐在我们正对面的《纸牌屋》原作者迈克尔·多布斯勋爵)在哪个深山里喝过的那一杯、跟道格拉斯一起庆祝他生日喝的那一杯、跟谁谁又在失意的时候借酒浇愁的那一杯……它们组成了一个最美好又特别的collection,是我心中当之无愧的好酒。"

大家鼓掌,好几位女士眼睛里亮晶晶的。我坐在他旁边,没忍住,掉眼泪了。他让听众有一种想变小变透明的感动。

我是一个不太善于表达感情甚至在某种程度上冷冰冰的人，每次听到这样浓郁又真诚的演讲，总会私心里很羡慕却羞于表达和感谢。克里斯托弗落座后笑眯眯地逗我开心，他说："你最喜欢哪支酒呀？"我指了指1998年的那一杯（事实上当时我并不知道哪杯是哪年的），他盯住我认真地说："我觉得你是一个非常厉害的品鉴者。"我又自嘲："我啥都不懂。"他却反过来问我："谁说懂红酒的人就能成为好的鉴赏家了呢？"

我又落泪。真的很寒碜，可能是博主里最爱哭的了。

那天晚宴的压轴，是《金融时报》（*Financial Times*）的专栏作家、当今世界最厉害的葡萄酒评论家之一杰西斯·罗宾逊来点评这几支vintage葡萄酒。杰西斯起身先说："我在伦敦生活了四十来年也从未被邀请走进这威廉·肯特厅啊，它美得不可思议。"

"才不是呢，"坐在我另一侧的丽兹酒店的主席安德鲁·洛夫先生轻轻俯身过来跟我耳语，"我们在过去的四十年内都请不到杰西斯，今天她来，不是为了这高大上的丽兹酒店，更不是来跟谁搞关系的，而是为了这上好年份的vintage红酒，她非常专业，只有专业的人才会懂得全身心地专注自己的工作，比把精力浪费在无用的事情上要重要太多。"

我醍醐灌顶。

在引领大家品尝这些特殊年份的红酒时，除了葡萄的生长背景以及红酒的色泽、余味、在口中的停留时长和层次，杰西斯花了更多的时间来分享孕育这些葡萄的自然风貌、人文景观和城市背景。老实讲，我大开眼界，听了还想再听，又不好意思张嘴提问。

写到这儿突然想到，以前每次写到手表、珠宝和手袋的那些与历史、文化、艺术环境相关的故事时，总会有个把人自以为是地点评："现在卖东西都要编个故事扯历史了吗？"奢侈品行业在我们所处的环境中发展得如此之快却同等程度地如此之不成熟，以至于它反过来左右着相当一部分人的心态：历史、文化、内涵，这一切都不想深究，只需要一个别人认得出的设计或者明星同款就够了。

正因为如此，市场里鱼龙混杂着的海量盗版和山寨品卖得很劲。有时候我想，抄袭者抄袭了形式，但谁又能否认他们在心底迫切想拥有的绝非仅仅是这可以仿造得一模一样的logo和设计，还有那背后无论如何也得不到的整套历史渊源和文化内涵呢？

在伦敦的后几日，有天路过贺卡店进去买了一把鸡汤明信片，想着要给亲友们在春天写几张鼓鼓劲，其中有一张上面写着："There are people in your life whom you unknowingly inspire simply be being you."我把它翻译成：恰恰是那种不急功近利的、做自己的时刻所表达的情绪，反而在不知不觉中最令观者心驰神往。

克里斯托弗和杰西斯对我来说就是这样的人，他们的演讲是我在伦敦挖到的宝，而可以成为这场大咖荟萃的私人晚宴的见证者和倾听者，我感觉是活到现在花钱也买不到的奢侈品。在一段段令人流连忘返的小型分享中，你会突然明白奢侈品之上还有奢侈品，它们跟品牌、产品或者大logo都没有关系；文化、传承以及情感的投射才永远是内核。而这些东西,显然无法被任何人用任何方式教育或引领出来,更像是一种与生俱来的天赋和悟性。

一个东方女孩在威廉·肯特厅的私人晚宴上哭了好几次,其实她在想,有一天自己变老以后,能不能像这些真正的大咖一样,自始至终地:Be humble and be gentle。

都说传承，到底传的是什么

在我那个小小订阅号的后台，有位王先生写下留言："在帝都的我每天戴着爷爷留下的1971年老古董表上班，虽然爷爷已经离开十多年了，但每天戴着它就觉得他老人家还在我身边，我觉得这可能就是手表传世的原因。"

说得字字珠玑的。

在我刚进入手表行业的时候，人们很少提到"传承"，品牌心目中也并没有大规模地形成所谓"传承"的概念。那时的手表，热门款式就是那种突然之间让所有人趋之若鹜的品牌。后来"传承"出现了，钟表界大规模清洗格调，游戏自然而然升级。

现在无人不提的"传承"，一万个品牌就有一万种说法，都觉得自己对，觉得对方说的是异端、是忽悠、是不着调、是屎。在别人眼里堂堂"高大上"的钟表界，把自己弄得跟快销行业似的，越来越大同小异，真正的潜心之作、值得买的产品越来越少。如果说句老好人话，我当然可以说谁家的产品都值得买，但这不重要，因为作为消费者的一员，我关注的是手表本身，而并非手表到底能不能传到我孙子那儿。

我自己孤陋寡闻，但深深地觉得传承应该由两方面组成：一方面是产品本身，另一方面则是它投射出的、有关人的情感。众所周知，近两年来手表的复古风刮得很猛，复古表当然美，但恕我斗胆说一句，复古风并不是什么好事，复古的横行证明现在的手表缺乏创新。可能有人会说，你懂啥？致敬古典才代表着手表的传承。但传承并非一成不变，更不是重复，传承是坚持。朗格（A.LANGE&SÖHNE）对机芯两次装配再拆卸，这是坚持；劳力士（Rolex）从不做复杂，这也是坚持；宝珀（Blancpain）从来只做机械表，这还是坚持。

讽刺的是，很多渴望把自己打造成一个有着丰富历史传承的品牌的商家在向世界兜售自己时，都遇到了一个技术上的巨型问题：他们对什么是传承一无所知。

曾有个在顶级时装和手表集团工作的朋友跟我说："你看我直到现在都戴着外婆送的小破电子表。"我大惊："为啥？你天天守着那些巨'夯'的大表啊。"她无所谓："我的表准啊，而且戴了快二十年了。"在我看来，这是传承的一种：它在某个时刻提醒我们，自己对亲情是多么珍视。还有数不清的、因为情感而戴在自己手腕上的表，如果有一天，真的有可能留给后代，我们会讲给他们：当时的自己，是多么的意气风发、来自怎样的家庭、对自己的未来又是如何踌躇满志。

等到那一天，手表已超越了手表，反射出我们人生的缩影。

如果抛开一切情感元素，仅仅将手表视为商品的话，我觉得任何商家在鼓吹自己产品多厉害时都应该站在一种不冒犯消费者的立场上。什么叫作不冒犯消费者？你不要说过多强加于人的话，不做自以为高身段的事，更不站在一个想当然的制高点上抹着趾高气扬的大油头蔑视消费者：你买我才显得有品位、有气质、有社会地位，才不是蠢货，才不被这物竞天择、适者生存的世界蒙在鼓里。

去阿斯顿·马丁工厂参观时，为我们做向导的老先生手上戴了这只劳力士。他解释表盘上红色的徽章是中东巴林（Bahrain）皇室的象征："当时为巴林皇室服务，一路从伦敦将车护送过去。交车结束后回到酒店，发现这只表放在床头柜上。从那时一直戴到现在，二十多年来划痕无数了。"

我们消费者都多任性啊！真遇到自己喜欢的那一只，兜里钞票又扛得住，谁考虑传不传承啊，过会儿再想，先买了，先乐会儿。挺傻的是吗？但我们就真觉得挺乐呵的。

人生在世，人多选择就多，众说纷纭，各执一词。曾经暴发户们迫切地想跻身上流社会，新贵们也对巨型富豪进行过蹩脚的模仿。但现在这种情况越来越少，因为每个人都变得更自我，我们变得关注自己的生活多过于他人的，并没有继续"传承"社会阶层间那种可笑的关系。但对于情感，对于信念，对于我们对生活的坚持，我们却有着从一而终的传承。如果有一天，哪个手表品牌可以把这些故事讲好、讲顺，我相信，买单的大有人在。

因为作为消费者，没有人想看到功利的"真心"，那些玩意儿有什么价值？低下头，满地都是。我们想要看到的是深层的东西、凝练的东西、可以一起走心的东西。

我是，我相信广大读者也是。

卖成爆款？靠植入电影做不到

逃避现实的方式有很多种，比如宿醉，再比如旅游，我最近使用了它们当中最土的方式——观影。正巧赶上《王牌特工》来势汹汹，电影的中心思想也十分浅显易懂：如何在穿戴得像个绅士的同时在拳脚上还能以一敌百，将反派全部掀翻从而拯救世界。为了达成这种终极目标，他们的西装能防弹、眼镜可以读取信息、伞化身为盾牌、钢笔是毒药容器，手表……手表最梦幻，千钧一发之际可以发射迷魂针，敌方应声倒地，世界就在你脚下。

而我人生最急中生智的那一刻，很可能就是在科林·费斯（Colin Firth）翻转手表的那两秒迅速瞥见了"Bremont"这几个英文字母。这是什么品牌？没出影院我就立刻键入搜索：英国制造，二〇〇几年才创立，完全没有历史可言；据说创立初衷就是创始人自己热爱飞行，所以手表每年限量，算是给圈中同好的福利之作。所有信息就这么多，可谓极其简单又避重就轻，让想在报道上抢头筹的我下手无门、扒不出来，有人悻悻地嘟囔：续集里再戴这个或许就给炒红了。

那倒是，现在的手表品牌最喜欢跟谁合作？还不就是特工，而这一切，都必须从007开始。

1995年，皮尔斯·布鲁斯南（Pierce Brosnan）在007系列电影《黄金眼》中出任第五任詹姆斯·邦德，结果这部十分成功，几乎翻倍了上一集的票房，但受益的绝非只有电影本身。因为在那一年，欧米茄（Omega）作为007电影的合作伙伴，第一次在詹姆斯·邦德腕间绑上了海马系列300米专业潜水表。这事儿就十分微妙又不可言说了，因为据007原著所描绘，詹姆斯·邦德手腕上戴的可是劳力士的潜航者系列腕表啊，俗称"水鬼"；而且在最初的007系列剧里，主角佩戴的的确就是水鬼。为何中途换表？知情人附耳透露八卦：还不是劳力士不愿意赞助，都不是说花钱植入那种，就连赞助个表都不乐意。第一集里头那个"水鬼"，是导演私人的。

也真是够小气的。

在还没有"植入电影"这个概念的年代，观众们都是冲片子去的，所以回看欧米茄和007这段历史时，很多人犹如事后诸葛一般抖机灵：当然是欧米茄攀了高枝啊，007"戴个欧米茄实在有点掉价……"

掉不掉价那是围观群众关心的问题，能不能打响品牌才是植入行为所指。从1995年至今，欧米茄跟007合作不下十次，效果怎么样？一个内部人士点评：电影对销售肯定有影响，我记得2011年欧米茄推出了007五十周年特别款，在《参考消息》上刊登大幅广告，蛮多人打电话到报社问的。现在他们走进店里，听到"电影同款"，还是会买单的。

十次合作、《参考消息》、007五十周年！这是怎样体量的重复出现才让消费者记住一只表、一个品牌？何况有些八卦，听过就算了。

比欧米茄从根儿上离好莱坞更近的是汉米尔顿，品牌从一九五几年开始就跟好莱坞合作了。最初还真不是为了卖表，汉米尔顿有美国血统，市场根基好，那时好莱坞电影为了角色需求或者融入历史大背景，会向手表公司借表。汉米尔顿就充当这么一个纯帮忙儿的角色，帮着帮着也成就了一些至少"看着眼熟"的系列，比如《黑衣人》系列的三角形表（第一部是帮忙，后两部还是坐地收钱了），消费者当然没几个能前卫到那份儿上的，但至少知道了这形状的表来自一个叫汉什么的手表品牌。

前几年汉米尔顿又放了大招儿：在《星际穿越》里专门为角色"造"了一只表，男主角戴了已有系列里的双历飞行员普通款式，女儿墨菲的皮带款是根据当时导演的要求专门做的，把卡其系列的指针和表盘与爵士系列的表壳给重新组合在一只表上了。因为片中大量出现以手表为主线的情节，坐在影院中的业内人士纷纷亮着微信小窗感慨"这钱花得太值了""让他们给逮着了""赢了"……

不过，想要赢一声叫好有什么难的？资本市场，谁会真心觉得品牌的植入只是为了一星期的叫好、传承品牌文化、推动行业技术发展，而非最终赚钱呢？

于是我又贱兮兮地去打探到底卖了多少表，对方欲哭无泪："难啊，他们都说看不懂……高比例的人还是只看韩剧和国产剧。"精神食粮吃不进，物质食粮吃不起，当代生活，真不简单。

所以，手表真的不能因为在电影中出现而变成爆款吗？我认为不是，前提是你别成天就想着红这件事。给大家看几个无心插柳的反例，各自爆红得没有道理：1994年，卡西欧G-Shock——一只非常基本的、定价几百块人民币的腕表5600被基努·李维斯（Keanu Reeves）在《生死时速》里全程佩戴，电影公映后立刻卖疯，至今还是G-Shock系列最卖座的单品之一；两年后的1996年，汤姆·克鲁斯（Tom Cruise）在当年的《碟中谍》中戴了一款不到三百块人民币的同系列G-Shock，令特工片观众从那时起不断感慨"如果没了卡西欧简直不知道动作片还能怎么拍"；到了1997年，木村拓哉（Kimura Takuya）在神剧《恋爱世纪》里佩戴了劳力士的探险家I型腕表，出人意料地令该表红极一时，数次脱销，至今还是很多劳力士迷眼中最具美感的经典单品。

比起无论多么成功的植入，这些表不一样，它们悄悄隐藏在每个人物的衣袖下，满足于服务一个个不露声色的龙套角色，决不让自己的光芒抢去了主角甚至故事本身的风头。我想，这些品牌可能本来就并非野心勃勃的商人，仅仅是怀着"掺和"一脚的玩票心理罢了。品牌的终极目标都是热卖赚钱，但在某个阶段，有些人可以抽离自己的职业角色，在电影中体会剧烈心跳、双手冒汗，或者是一声叹息。

作为手表业内人士，有时我会太叛逆，希望电影里出现的手表——至少是刻意而为之的——越少越好。因为花钱植入的与主角随意佩戴的相比，后者更能以某种水到渠成的心态"参演"；而花了这份钱的品牌，一定会采用"每分钱都花在刀刃上"的刻意态度曝光。可这世界上，哪怕你做了再了不得的大事，悠然自得也一定比处心积虑更美好亦更健康。

任何事情，太用力都不会好看。

如果换作手表消费者这个角色，我想自己大概率不会因为丹尼尔·克雷格而买欧米茄，因为戴上它并不能让我成为他，所以我也不会用手表去评判另一个人。我选欧米茄，是因为它是只真正的好表，适合急着去搬砖的我日日佩戴。

不过话说回来，梦里想的那只手表和自己心爱的电影还真有点类似：它们都会让你我身处其中做一场美梦、发次高烧，或许只有留待烧退的那天，才能真正理性客观地评价它们。

可惜的是，这些过程，都是花钱买不来的。

相隔三十年的珠宝灵感

活到老学到老

坊间传闻大英博物馆藏有世界上素质最高的那批埃及文物,但在埃及国家博物馆,有一整层展厅的文物曾经改变了这个世界艺术的风向:1922年,当装饰艺术之风(Art Deco)席卷欧洲大陆的同时,被资助的英国考古学家霍华德·卡特(Howard Carter)在六十四位长老长眠的帝王谷已经断断续续挖了近二十年。

这六十四座陵墓中的六十三座,在过去的三千多年间被一波儿又一波儿的盗墓贼偷得精光,法老图坦卡蒙(Tutankhamun)的陵墓虽然在规模上相较于其他人的略小,但它建得异常隐蔽,竟然巧妙地藏在拉美西斯六世陵墓的正下方,因此成为帝王谷唯一躲过盗墓贼洗劫且最出名的一座陵墓。

第一次进入这座三千多年来从未被染指过的地下世界时,卡特回忆自己是如何被那些包金战车、纯金面具、装饰有国王和王后浮雕的黄金宝座、真人大小的法老雕塑以及各种箱子、匣子、柜子等所震惊。五千来件宝物前前后后花了好几年时间才全部被搬出陵墓,让世界见识了古埃及的法老陵墓可以奢华到何种地步。

图坦卡蒙其人其事及陵墓的故事深究起来写上一篇论文也不为过，但我今天想说两句的，却并非这段史实，而是想聊聊借由图坦卡蒙墓被挖掘而风靡于二十世纪珠宝设计上的"异域风"与五六十年代再度复红的"异域风"到底在本质上有何区别。

二十世纪二十年代是艺术最为百花齐放的一个时间段，同时也是装饰艺术抬头、成为社会主流艺术形式的最初十年。体现在珠宝设计上，一方面，钻石搭配铂金的白色珠宝传统依然被严格恪守；但另一方面，装饰艺术风格提供了一种更为扁平的、极具冲击力的视觉效果：那些大刀阔斧的几何线条、绝对对称的图案和艳丽色彩催生出新的宝石切割工艺，更让整个欧洲都深陷对异域风格的痴迷。

而图坦卡蒙法老陵墓的发掘，再度使埃及风格超越同时期的印度和东方风，成为这其中最为浓墨重彩的一笔。艺术家们无视法老的诅咒，争先拥抱新知，只为致敬古老文明并创造属于新世纪的经典。

随着各类不可思议的陪葬品先后出土，壁画的内容和服饰特色被行家一一解读，欧洲进入全面"哈埃"的时代。事实上这并不是埃及第一次作为迷人的考古新发现被推至时代的风口浪尖：第一次埃及风潮出现于拿破仑1798年远征埃及之时，也是那次，佩斯利花纹图样随着一条羊绒披肩被带回巴黎，随即这种稀罕物件风靡于整个欧洲的上流社会；第二次埃及风潮，以苏伊士运河开凿以及次年的赫特普（Ahhotep）王后陵墓中的珠宝出土为标志，更是持续了从1860年到1910年的半个世纪。

仅仅过了十年，影响力度最大的图坦卡蒙法老墓第三度成为世界新闻的

梵克雅宝难得一见的埃及风格古董作品。

二十世纪初期在珠宝界很流行的"水果锦囊"设计。

头版头条。西方人民不但想透过这次考古成果去一窥古埃及人的生活和典礼,还渴望与这种生活贴得更近。由于这次出土文物数量巨大,可供参考的元素极多,以埃及风格为灵感的作品开始出现于各个领域。

所以,二十年代的异域风,因为制造者和灵感本身大多分处两地,在我眼中,更多的是欧洲人集体对于东方神秘世界的单方面解读和演绎。在外形上,他们依传统大多十分青睐很平面化的设计风格,描绘的内容却充满异域情调:象形文字图案、金龟子、狮身人面像、双耳细颈椭圆土罐、雄兽、莲花、鸵鸟羽毛和蜜蜂作为还原祭祀场景的基本元素出现于胸针、手镯和臂环上。

梵克雅宝当年的典藏总监凯瑟琳·卡琉(Catherine Cariou)女士曾跟我讲,埃及风格的珠宝在各个珠宝世家内部都是极为罕见的珍品,一旦落入收藏家手中,短期内品牌回购的可能性极低。所以如果江湖传出风声,说在哪儿出现了一款二十年代埃及风格的珠宝珍品,品牌专家、收藏家、神秘买家会全部铆足了劲为了抢夺稀世珍品倾巢而出。这也是为什么我在文章里会一再强调:真正懂行的购买者都在拍卖场子里守着呢。

至于印度文化在二十年代辐射至欧洲的原因,客观来说,一部分当然是拜当时印度是英国的殖民地所赐,一个多世纪来,印度不但成为其欧洲殖民者彩色宝石天赐的宝库,还透过本国皇室刚需成为欧洲珠宝艺术学习的典范;另外,在装饰艺术风格之前的美好时代和新艺术年代,因为要配合色彩偏淡服装和沙漏型身材的审美标准,珠宝设计的确多以钻石和天然珍珠来打造复杂却柔美轻盈的感觉,比如花环,比如蝴蝶结,比如缎带。

但到了二十年代，装饰艺术风格成为设计界的主流声音，自身具备鲜艳色泽的彩色宝石大放异彩。欧洲珠宝匠人效仿印度同行，开始大胆地将红蓝宝、祖母绿与钻石进行搭配，起名"水果锦囊"，体现了印度风带来的影响，亦成为装饰艺术最知名的特色之一。

之后的三十年代见证了装饰艺术风格由平面化的异国情调转向更有体积感、更流线型的设计。我大胆推测（瞎猜）其中小部分的原因是虽然世界经济萎靡，但丝毫不会影响印度、伊朗、埃及这些国家的皇室和巨富们。这其中有力的佐证是1939年在开罗大街上为庆祝埃及公主法丝亚·福阿德（Princess Fawzia Fuad）与当时伊朗王储穆罕默德·礼萨·巴列维（Mohammed Reza Pahlavi）的婚事所举行的庆祝活动，据说已经达到了法老时代的庆典规模，而出现在公主本人及纳斯利王后（Queen Nazli）身上的巨型钻石项链和冠冕，正是欧洲珠宝世家在装饰艺术风格时期的经典手笔。

同时代的印度公主卡普塔拉（Kapurthala）不但被誉为最会穿衣的女性之一，成为当时如日中天的女装设计师埃尔莎·施亚帕雷利（Elsa Schiaparelli）沙丽风格晚装的灵感来源，而且将个人审美和意志注入珠宝商的创作当中，像梵克雅宝曾经的那对钻石与蓝宝石以弧度排列成扇形的耳环就是欧洲创作对印度风格的兼容并蓄。

从三十年代起，印度、埃及、伊朗等国家的年轻皇室成员开始离开故乡，前往欧洲完成学业，并在那之后如惯例般前往法国、瑞士等国度假，越来越频繁地走入芳登广场两侧的名牌服装和珠宝店，并整套整套地订购。这对欧洲手工匠人来说是解放思想的重要一环：从自己想象中的异域风格，到真实地接触到东方客人而了解他们的

Barquerolles 项琏，1971年

Leapard 胸针，

01 Attitude · 相隔三十年的珠宝灵感

实际需求。同叫异域风格,却有云泥之别。

特别是从二战结束、四五十年代交接之时开始,国际政局发生了巨大的改变。先是印度宣布独立,两年后土邦主们先后采取防备措施以求自保,他们将一个又一个装满黄金、宝石和首饰的巨大行李箱装入飞机机舱,经开罗飞往欧洲。巴罗达大公夫人西塔·德维(Sita Devi Sahib)的故事就是被巴黎上流社会最津津乐道的一个;再来是1952年的埃及革命后,纳斯利王后的二女儿公主法丝亚一样由埃及迁往欧洲和土耳其生活多年;伊朗巴列维王朝被推翻后,皇后法拉赫(Queen Farah)也开始了流亡至欧洲的生活,据说至今依然生活在法国。

所以你可能猜到了,这之后的异域风格,那些浮雕人像、佩斯利涡纹胸针、有着浓郁色彩搭配的天堂鸟和狮鹫(griffon)胸针,再也不是匠人们对异域风情的妄自揣测,而是东方贵族出入欧洲珠宝店扎扎实实的消费记录。

各种活动和展览上按年代介绍珠宝风格时,来自世界各地的"异域风"是出现频率颇高的一个词,但我们对其内在含义与区别也并非全然了解,往往只是在被告知结论后隐约产生马后炮心态:好像看着是挺埃及或印度的。

以上是我为了理解某些珠宝作品而展开资料搜索后的一点点获得,不算全面,带有主观推测,并非标准答案。但觉得有参考价值也别浪费了,因此写出来与你分享。

时尚和做自己

前天在去成都的路上我又看了一次《九月刊》，之后索性把类似《迪奥与我》《我们都为比尔着盛装》之类的时尚纪录片全部重温了一次，有个强烈的新感受：对时尚真正有悟性和理解的人，其实在穿衣打扮上的选择与做自己之间的界限越来越小了。

十几年前我开始做手表编辑，那时候的我，坦白说对手表没什么兴趣，让我下定决心纵身一试的关键因素就是这个行业的入门门槛感觉比较高，我想门槛高的行业应该失业的可能性比较低，这种动人的反比关系立马征服了我。那几年，钟表行业方兴未艾，专业性很强的编辑层出不穷，但我发现除了一两位的文字极具情怀外，大部分人的文章都特别学术，我作为一个初学者很难参透，更不要说能表达出自己的感悟了。

特别偶然间，我搜到了一个国外专业写手的文章，其实现在内容都记不太真切了，但它在我大脑里投射了一枚炸弹，让我瞬间开窍：原来高大上的手表也可以以那样一种举重若轻的趣味方式表达出来。这位作者还曾在某篇文章的结尾写过一句话，"If you really have time for someone, you will never glance at your watch"。第一次，我觉得表不单单是表，时间也成了人类情感的投射。

也是从那时起，我渐渐笃定，除了昂贵的标价和复杂的机械属性外，手表对我们佩戴者而言不能是言之无物的，它必须是我们所喜欢的，是我们因为这样或那样的情感而喜欢上的。而这些情感的价值，不可以被价签上的数字所定义，更不能被粗暴笼统地以"好表""烂表"来分档归类。以我自己的经历来说，多年前我最常戴的是一只天梭石英女表，它是十年前的老款，表本身没有任何故事可讲，设计放到现在看也属朴素牵强。但它是我第一只真正意义上的"名表"，更是一段感情的纪念物。

我那时喜欢戴它，不仅因为它让我感觉自在，更在于它常常不动声色地让我想起某个人和他所代表的那段时光。

有段时间很痴迷刷微博，以每天几米这种更新频率来发。有次发日常搭配，把喜欢的钢手环和这只表给配在一起出镜了，下面有条留言说："我肯定不会让老婆这么戴她的朗格的。"老实说，当时的我是真没忍住，翻了个真实的白眼之余也跟着留言："好的，你告诉她就成，别跟我报备了。"让我特别反感的，并非他通过刻意强调品牌而意淫自己与众不同的地位和身家的拙劣表演，而是因为穿衣打扮、爱物惜物在我看来并不是口号和规则，所有判断和解读更不是简单的条件反射和经验主义，它们都是我对自己的表达，所有的物都是在为穿戴者服务才对。

我当然爱惜手表,但不喜欢被手表所控制,更不喜欢被别人自以为导师的态度所左右,因为打心眼儿里喜欢一样东西并不是将它幻化成可以恃强凌弱的筹码,表达自己的前提是怀有一颗开放的心,接受其他人在你看来好像是错的演绎。你真的以为只有你"懂"吗?老实说,我们群众的眼睛可能说不上是雪亮的、深刻的,但至少是睁着的呀,一个事儿大家明面儿上集体说着俏皮话,捧你、赞你,大多数情况还真不一定是认可你,只不过心照不宣地演一出皇帝的新装,逗闷子呢。

再说回《九月刊》,里头有一个让我笑喷了的桥段就是美版 *Vogue* 的安德烈(André)因为被安娜·温图尔(Anna Wintour)要求减肥控制体重而选择打网球时,他穿了达蒙·达什(Damon Dash)设计

四五年前去巴黎逛到一家很喜欢的买手店 L'Eclaireur。

的裤子、Ralph Lauren的Polo衫，用Louis Vuttion的小箱子当自己的运动背包，最后戴了一只伯爵（Piaget）的全钻表。他说："我爱我的网球表——六十年代的伯爵。"屏幕外的我看得哈哈大笑，把自己drama queen的头衔在心里默默转赠于他。看起来他穿的、戴的全部都是我们定势思维认知中的"错"，但有一种把社会禁忌狠狠踩在脚下的、恶作剧式的趣味表达，满足了我们想要时不时顶撞一把陈规的叛逆愿望。对了，最后安德烈坐在网球场边笑着摊手："我人生的一大部分就是要做回自己。"

做回自己并不意味着无法无天、只能认可在自己世界观里的那一丁点儿事，对别人的精神世界完全没有容量。相反，做自己在我看来反而是知道自己的限制和短板在哪儿，却不与之妥协，其乐融融地跟它正面交锋。很多时候我知道自己那么穿戴会得到怎样的非议，但就是忍不住要去挑逗规则，好几次出门前我妈都夸张地捂住自己的眼睛高喊："我的妈呀，你穿的都是些什么啊！"但她越这么做，我越有种恶作剧得逞了的快感，更有动力整点儿幺蛾子。我就是这样的女孩，全套都不要default的女孩。

因为对我而言好的品位并不是绝对的品位，而是好的品位、怪的品位、看似说不通的品位的集合，这种一口气下来的参差发挥才是对日常穿衣打扮的融会贯通。时尚是你什么？是自己的理解和趣味，多过于是别人的评价，无时无刻的完美和说教让人厌烦。

街拍界的熟脸儿艾瑞斯·阿普菲尔（Iris Apfel）奶奶在《我们都为比尔着盛装》里接受采访，她说："我觉得一个人很难去描述自己是什么样子的，我们有时是活在别人的观点和评价中，但我把自己当作这个世界上最老的'青少年',因为我享受了这么多好时光,并且一直努力去做自己想做的事,只取悦自己。"

对别人的评价有时像大海一样包容,但更多时候可能比针尖儿还小气。想到这儿,立刻觉得在腥风血雨中还能坚持做自己的你我,真是堪比fashion界的王二小,独具一把硬骨头。

下一只包

> 我再也无法潇洒地把它扔在地上不管不顾了

我们女的,随时随地准备为下一只包冲锋陷阵。昨天,我踏进上海爱马仕之家(Hermès Masion)这方战场。不为别的,我觉得我准备好了,心甘情愿请他们拿走我这条命。

在我的成长史中,爱马仕是不堪回首的狼狈回忆。上大学陪家里人去店里买丝巾,那时在我心目中只有三种人会进这个品牌的专卖店:明星、富婆、煤老板。而在真正走入之前,我更是坚定不渝地认定这家店里只卖三样东西:丝巾、Kelly、Birkin,其中后两样在我眼里是一模一样的。进去以后才发现,嗬,还有杯子呢!那时我是一个听校园民谣和平克·弗洛伊德(Pink Folyd)的文艺女青年,大多数的心理活动都是傻傲傻傲的,因此我心里说:切。

爱马仕专卖店全部以饱和度特别高的深橘色打造,其实一直到"二战"前,品牌主打色都并非此色,而是浅灰色。战时物资匮乏得厉害,遂决定用深橘色的包装纸来替代。战争结束后,轮到重新决定包装纸颜色时,尚·盖伦觉得深橘色给人印象相当深刻,就沿用下来。我猜想,这种颜色,在战时应该很鼓舞人心吧。

不过话说回来，在家人挑选爱马仕丝巾的时候，我心情相当矛盾，一方面我觉得图案谁跟谁离得都差不多，有啥可挑的；二是我受不了别人服务我，大概是觉得自己不配、臊得慌，所以在里面大气也不敢出一下，畏手畏尾地想赶紧结束走人。此时最尴尬的一幕发生了：她们非要把丝巾裹在我脖子上试试。那时候我的性格虽傲却怂，只得一条条地任人摆布。也是怪了，其他女性把丝巾就那么轻轻一披都非常优雅，但我怎么戴怎么像武松，最后众人一起瘫坐在试衣镜前气喘吁吁。在那之后的很多年，我再也没有动过一次想把任何一条丝巾挂在脖子上的念头，我害怕悲剧重演。

巧的是，昨天跟朋友谈及第一次去爱马仕专卖店时的这番经历，她也不约而同地用到了"蹑手蹑脚"这个词。现在想想依然感同身受，爱马仕之家就静静地坐落在淮海路中段笑迎八方客，但断断不是谁都有底气说进就进的。因为爱马仕对你我来说，很可能不仅是一个品牌，而是一种现象。

我去爱马仕之家有两个目的，非常明确：一是溜到三层爱马仕家居区域，趁人不备偷偷揉两下水獭毛毯子，那种感觉不可言说，太滑了，我爱到恨它；另外就是去提一提Lindy 30和Picotin 18。喜欢Lindy是因为它在实用能装和年轻又酷两方面做到了兼容并蓄，肩带还纳入了不易察觉的小诡计，背上身，包包纹丝合缝地给我卡在腰上不跟腿打架，我留意好久了。但真正对Lindy感兴趣是由于曾经一位读者提着它来听我讲座的小插曲，这位读者是典型的北京女孩，讲座结束后过来跟我说正为买百达翡丽还是积家犯愁呢，我说你先讲讲为什么买这包吧。她一拍大腿："你以为我没Birkin和Kelly吗，我跟你说啊姐，绝不能瞎背啊！那天去丽思卡尔顿酒店

女孩心目中最完美的包：下一只。

（The Ritz-Carlton）下午茶，目光所及范围内，所有女性，注意是所有，都给我提着Birkin，我一边生气一边当下就为自己喝彩，选得好！"

她说的时候，周围人都笑，让她再讲。

其实我自己的终极目标是黑色Box皮的金扣Kelly。我对皮子没有系统了解过，更不是专家，但我知道牛皮被分成太多种类，而其中以Box皮最为昂贵，原因就在于它是小牛身上最不容易获取的部分，同时，这些小牛在生长过程中还要得到贴心到歇斯底里程度的照料：不许出水痘、不许跟其他小牛打架、不许自残……如果能力到位，我当然想好好保护照料这样的包。

但对Lindy的爱可以让我战略性地买一买Clemence和Togo皮。一来，它们是十分流行的皮种，预算下来一级。二来，这两种皮因为处理方式的缘故更轻便耐划，保养得当的话，很容易历久弥新的。话虽这么说，谁买了爱马仕，还会随随便便不假思索地扔在脚下？我猜自己将会经历一段规规矩矩双手交叠把包按在膝盖上的老实日子。三来，是我的新发现：爱马仕的产品设计极为平实朴素，不会像很多设计师作品那样，你看一眼就知道它挂在那些时髦人身上是什么样子。它们没有那种让人眼前一亮的猎奇感，唤起你当下就想要拥有的冲动，但上身以后却总能忠心耿耿地营造出一种可以融于一切的恰到好处。昨天上海下雨，我狼狈地用衬衫套了飞行员夹克，穿了九分裤和短靴，这样奇异的组合背上Lindy竟也在搭配上毫不违和，更不会与环境格格不入。

不独独是Lindy，我还试了Picotin、Herbag、Bolide和男包Steve，每一样都改变了长久以来我被陈规禁锢住的眼界。

记得以前跟一个品位极好的百达翡丽收藏家，也是奢侈品从业者聊天，他指出：真正顶级的品牌反而是心甘情愿不动声色的。它静静地挂在你手腕上，大家远远看不出牌子，走近一些，原来是百达翡丽；大家赞：好表，衬你。还有另一些，同样厉害，你远远一打眼就知道它出自哪个品牌的哪个系列，再走近些，眼睛里更全都是它，没有其他。

他说到这儿就停住了，适可而止地为对话留了白。

一个女的，三十多了，按理说买个爱马仕没什么可大张旗鼓昭告天下的。但我觉得爱马仕于我来说像纽约，纽约是我从小就梦想去到的地方，我不敢太早去，怕去了以后接下来的生活就少了目标和动力。现在才决定去买第一只爱马仕，道理相仿，当然更根本的原因肯定是穷，否则还没走出校门就把名牌包背个遍也不是什么稀奇的新鲜事。但我觉得这个世界上跟我一样穷的人没准是大多数，大家捏着租房、贷款后的闲钱，希望把每一分都花在刀刃上，浅尝辄止、步步为营。我当然永远高举双手赞成"只要自己觉得好看就买"的观点，并希望有朝一日每个人都把自己心心念念的包一举拿下。但如果惮于追赶潮流和不断试错，倒可以试着买买爱马仕，初看不便宜，本质却是在帮人省钱。毕竟，Picotin、Herbag等爱马仕颇为风靡的入门款式不到两万就能入手，又有哪个一线品牌的包不是这个价位呢？

我认为一个真正伟大的品牌应该是平凡又伟大的，它的伟大是现于平凡当中的。这是做品牌的格局，也是做人的格局。

番外篇：我曾经的买包套路

多年来，我每买回来一个包，都直接砍掉价签上的最后一位报价给我妈。有的她觉得合理，有的觉得忒贵。我这妈，没治了。

说买包，其实不太准确，这里头我们女生间心照不宣省略掉的是买（名牌）包这当中的"名牌"两个字。失掉了这两个字，好像买包的动作就少了赴汤蹈火、孤注一掷的仪式感和使命感，这种感觉听起来不可思议，却如此真实地发生在自己身上，一次又一次，现在回想起来，每每还会被彼时自己饱满昂扬的购物欲所打动。

我的第一只名牌包是香奈儿（Chanel），不花钱，家里人传下来的。那时候我刚刚高中入学，对香奈儿的认知仅仅停留在"一个很贵很贵的牌子"上，但它对一个高中生来说容积实在太小又过于成熟，我说："我不要背，我想要最新款的Jansport。"就这样，香奈儿被束之高阁，以至于几年前当我把它从柜底儿翻出来的时候，它已经被压得惨不忍睹，全靠又撑又夹足足七七四十九天才给我勉强恢复原貌。但它皮子依然挺拔，细节禁得住推敲，手感感人。抚摸着它的那一刻，我迸发出来的唯一感受竟然是悲凉："我凭啥只能用个旧包啊我？我不乐意了。"现在想想，真是不知好歹、得了便宜卖乖，好像真的忘记了它的定价，然后自顾自地捧着自己的小忧伤。但不管怎样，在心底我对香奈儿是有埋怨的：它打乱了一个年轻女孩循序渐进的买包节奏，同时又偷走了她从香奈儿店里提着巨大黑色购物袋出来时那种里程碑式的心情。

写到这儿我情不自禁地噘了下嘴。

看起来我们只是在买包，但谁又能否认，交易完成的瞬间那种巨大的满足感、安全感和坐拥一件"奢侈品"的占有欲，正是我们年轻时自信心的来源呢？

周末晚餐时跟Amber聊起我们购物欲膨胀疯狂买包的日子，彼时她在法国我在英国，在品牌的尝试和选择上算是拥有得天独厚的优势：老牌时装屋（luxury brands）势头强劲，设计师品牌（designer brands）方兴未艾，更何况欧洲的价格要划算得多。我读书之余打三份工，攥着起早贪黑赚来的钱每天去逛街时配合的表情都是悲壮，专挑人多的时候进名牌店，生怕被人注意，试包的时候也多少有些讪讪的。特别是如果发现哪个包跟自己的心理价位有差距，就赶紧小心翼翼地放回原处，心里有懊悔，也有掏不起钱时赔的小心。

那时周围很多人都买Louis Vuitton的Neverfull，我心想，又老又俗，好像暴发户啊，我才不要买呢（后面细说真香领悟）。最后进Mulberry拎了Bayswater，特别选了咖啡色，大还禁脏。跟朋友讲起这个故事，她翻了一个云白眼后回复："拜托姐姐，你那只更贵好吗？"其实那时候Bayswater刚刚崭露头角，不贵的，换成人民币

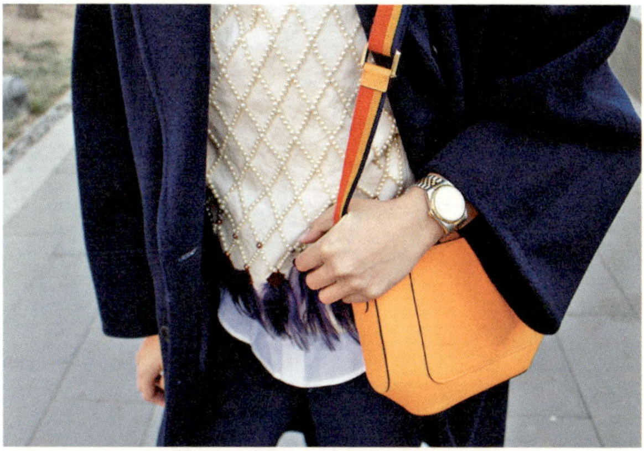

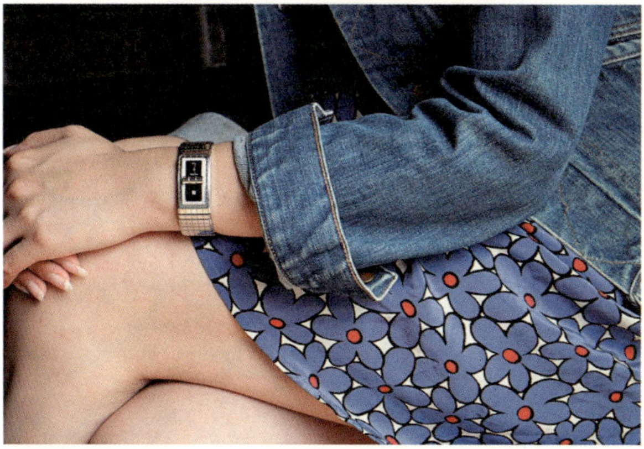

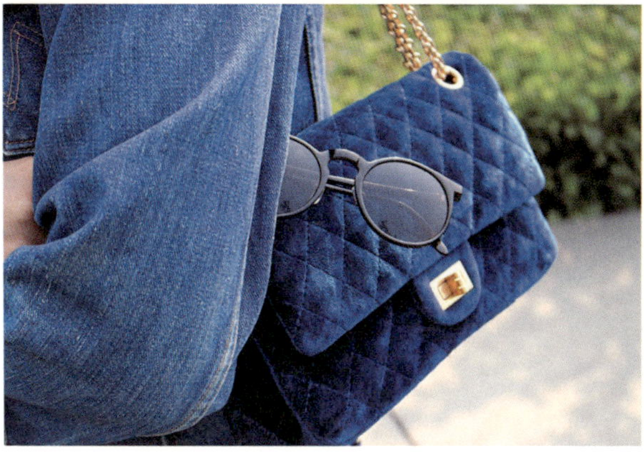

四五千。但很多女孩不会选这只，大家更倾向于入手高调热门的大牌款或logo款，毕竟那样的品牌更多人认得出，"性价比"高。而小众品牌那么多，到底哪款可以长青，谁也无法预知，选它们太过冒险。上个月我去洛桑，买咖啡的时候瞥见隔壁买手店窗口赫然放着我那一款，标价1780瑞郎；再去柏林，老佛爷里的标价是1230欧。

我顺了顺胸口。看到它还在热卖并且越卖越贵，我真是……一种在金城武成名前就睡了他的优越感油然而生。

入手Bayswater这件事告诉我，如果对你来说第一只或者第二只包很神圣，你想买一个满贯百分才好，那么还是尽量避开打折款，要么像大多数人一样，买一只自己压制得住的街包；要么孤注一掷，为自己的品位买单。反正过两年回头看，这些都没有那么重要，我们总会买第二只、第三只、第十只名牌包，之前的都会看开、看淡。

之后两三年，Provenza Schouler PS1和Mulberry Alexa相继冒出来，它们俩在设计上有非常相仿的气质，对我来说绝对是致命诱惑。因为那个时候我穿衣风格不像现在——呃，一坨坨抹布堆在身上，而是非常中性复古又很学院派，类似那个preppy look（预科生风格），这种包在我手里绝对算是物尽其用、理所应当。去专卖店试提它们的时候我很动心，但竟然狠狠忍住了没再出手，因为我不想要那么"我"的包了，想尝试尝试其他风格的，最后买了一个CELINE老花、一个Louis Vuitton Speedy 30 和一个Balenciaga City机车包，加在一起也不到两万块。

其中机车包我大概用过两次就送我妹了，我很喜欢它的设计，感觉和我的个性相得益彰。在那个阶段，朋友们都觉得如果前男友结婚，我是唯一一个敢去砸场子的前女友，她们说，按照情节设定和事态走势，我砸场子的工具就要从机车包里掏出来才比较合理。

不好意思哦，我并不会。

那为什么我会把自己喜欢的包送出手？套用Amber的话说，PS1、机车包、Alexa甚至剑桥包，对我们来说都是插花型选手，偶尔拿出来背一背喜欢得要命，到处给人种草，但绝不会每天都背。一来它们自身气质独特，对整体造型搭配要求挺高的，这或多或少使它们失去了我等搬砖人士热爱的"百搭"特质；二来才是关键：它们表达的不是生活中的我，也不能代表我。

什么可以代表我？是用得破破的、容量大又可以让我不管不顾逮哪儿扔哪儿的Tote。我的第一只Tote是蓝色的CELINE老花儿，四千冒头，那时CELINE还叫Céline，价格更不比如今一飞冲天，但这只包我却扎扎实实地用了小十年，前两年去国外出长达两个星期的差时全程还在背。它不但耐磨禁造、生命力旺盛，而且每次背出门，总会有陌生人拦下问我牌子，大家对它第一眼的感觉都很认可。后面两年Céline因为菲比·费罗（Phoebe Philo）名声大噪，价格翻了几番。像很多人一样，我很迷classic bag，它极为低调，又拥有一种可以穿越年代的美感，唯一梗桔住我为之买单步伐的就是它不够大。

所以我用那个预算买了两只Louis Vuitton，以前我总嫌老花又老又俗，那个时候却突然觉得自己老了（年轻人极为容易产生的一种病态幻觉——"伤心捧出自己"）。我心想，要不然买一个，万一好呢，

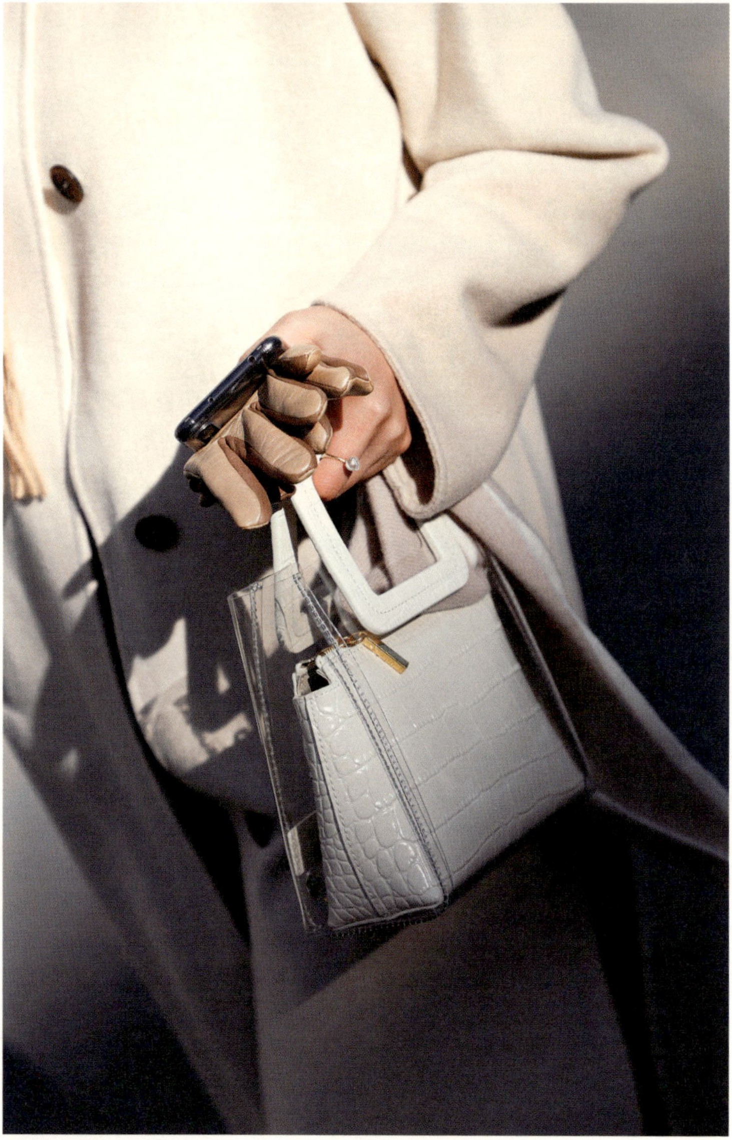

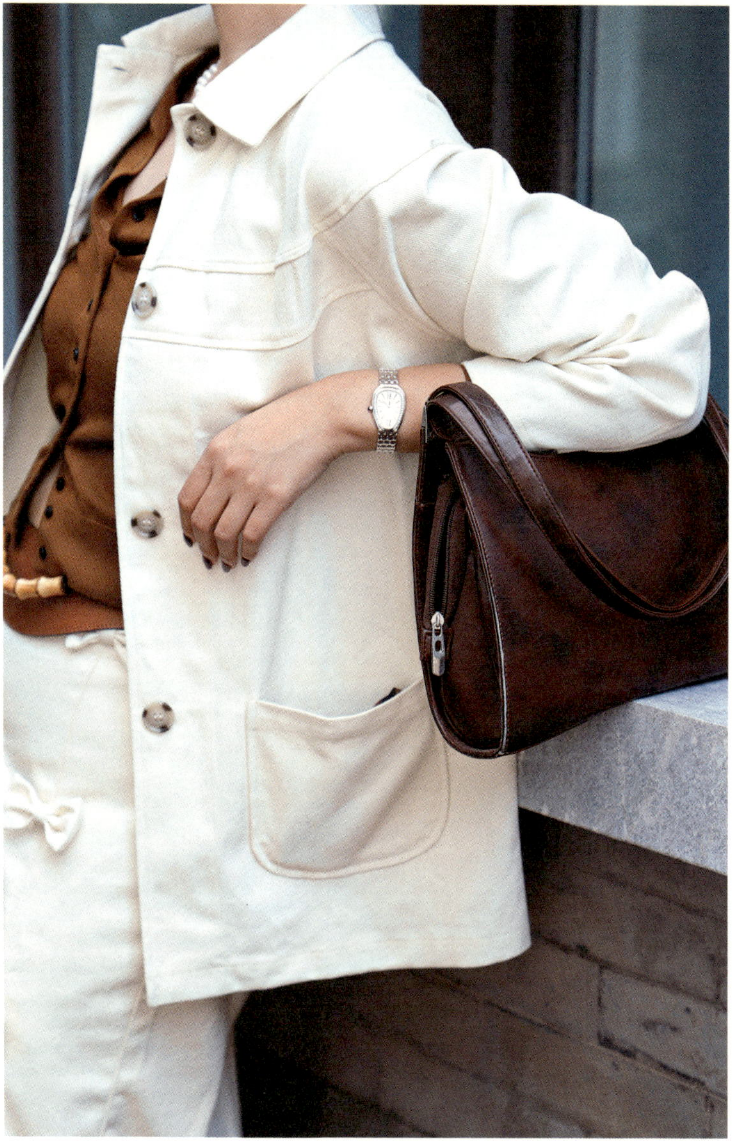

也别错过去。但我不想买Neverfull，先买了一个Speedy 30，过了不久又提回来一个Lockit。再过两年，基本从Loewe到Goyard，不管什么牌子，我已经以不管不顾的姿态在买tote了，我是tote国国王。

说回Louis Vuitton，关于它们如何禁造耐磨、历久弥新，我就不再把网上那套陈词滥调换个说法重新唠一遍了，我认为老花的经典之处在于它担得住"经典"二字。在我看来，经典的设计并非高调招摇的设计，而是可以恰到好处地为使用者服务却不失精良品质的设计。在这个层面上，Louis Vuitton和Rolex是我心目中的优等生，它们不但耐用性惊人，而且真的可以非常轻易地与任何搭配相处，满足于一个个人风格装点者的角色，绝不让自己的设计盖过佩戴者本身的风头，从而悄悄避免了人在被表戴、被包背的尴尬景象。

回想起年轻又自大时对Louis Vuitton的嫌弃，当时的我如何想得到今天Speedy居然荣登我"最值得拥有包包list"的前三名，并且我每次使用它时都怀抱一种"恨不得每秒都在蹂躏它，越快aged（旧旧的使用感）越好"的心态。我曾告诫自己，无论如何也要做一个永不说"如果当时"的人，怎奈世事难料，此时的我值得一个夹烟远眺的长镜头。

对了，其实Louis Vuitton不贵，如果拎不清买哪个好，那就首选人造革，最好用、禁造、不心疼。

两只Louis Vuitton之后，我再也没买过任何logo款，一路小众品牌买下来，直到Gucci酒神出的当下入了一只。Gucci那一季的包摆在

01 Attitude · 番外篇：我曾经的买包套路

那里普遍很美，失去买包欲望很久的我也忽然胃口大开，买到手不算后悔。但这只包，它挑人挑得厉害，你美不美无所谓，但得有点儿文化，有点儿艺术气质，否则背起它的那幅画面单薄浮夸，透着底气不足。

貌美的包层出不穷，我们却并不具备把它们都背得很好看的本事。大多数时候的我们，在被包背。

我有几个特别喜欢的时装博主，比如泰勒·托马西·希尔（Taylor Tomasi Hill）、娅斯敏·休厄尔（Yasmin Sewell），从被她们吸引开始，我就会去翻她们的履历和采访。因为在我看来扎眼的好看很容易，但可以与周遭环境和谐相处、恰如其分的好看则绝非依靠名牌和热款的堆砌就可以达到，而是与生活经历、教育背景、所属阶层和对自己的理解无法割离。

其实我们都是在用自己见过的世界为自己打扮。

再说回到买包，说到底我买大牌包的数量非常有限，十五二十个，比很多人差得远。一来我对爆款有天然的排斥感；二来我希望我提的包没有任何一个人可以认得出来才好；三呢，坦白说我对包已经失去兴趣了，折价太快，如果买不成收藏家那种气候，不如买些更值的物件。前两年我很喜欢J.W.Anderson的作品，因为它们有着十分独特的设计语言，就是那种毫不刻意却随时会漾出来的小聪明和俏皮。Marni则善于制造趣味化和建筑感的文艺气质，稚拙之余让我体会到明亮的设计情怀；那时的自己太喜欢穿成一团黑了，想要一点点光。

01 Attitude・番外篇：我曾经的买包套路

而到了今年，我又想转回头去再正统一点，最想入手的包是Myriam Schaefer、Valextra或者Hermès，因为它们更能代表多年后的我，此刻的我。

之所以写这篇番外，是因为在我看来买包跟买表差不多，甚至更加轻松——因为包便宜。互联网时代，我们每天可以接收到那么多有关包的资讯，挑起来也方便。颜色、款式、品牌……当下让你犯选择障碍症的那些细节，回头想想其实都无所谓的，反正到了第二年，你总会爱上其他包。这不是我们的错，包还是好包，没有不合时宜，你背腻了的它很可能还是很多人眼里的dream bag。

但你变了，它代表不了你了。

所以，看起来这篇我是在一本正经地分享心路历程，实则是想把更多人拉入火坑，同时说服自己别想那么多，想的话就去买更多的包。我们大家都年纪轻轻的，买个包别整得苦大仇深，还上升到"隽永""百搭"这些大虚词上。买包没有攻略，更不需要借鉴别人的意见，为什么一定要买"对"？我觉得买错也是买对的一部分。你说我的难看，你看看你自己的。

小心我拿我包砸你哦！

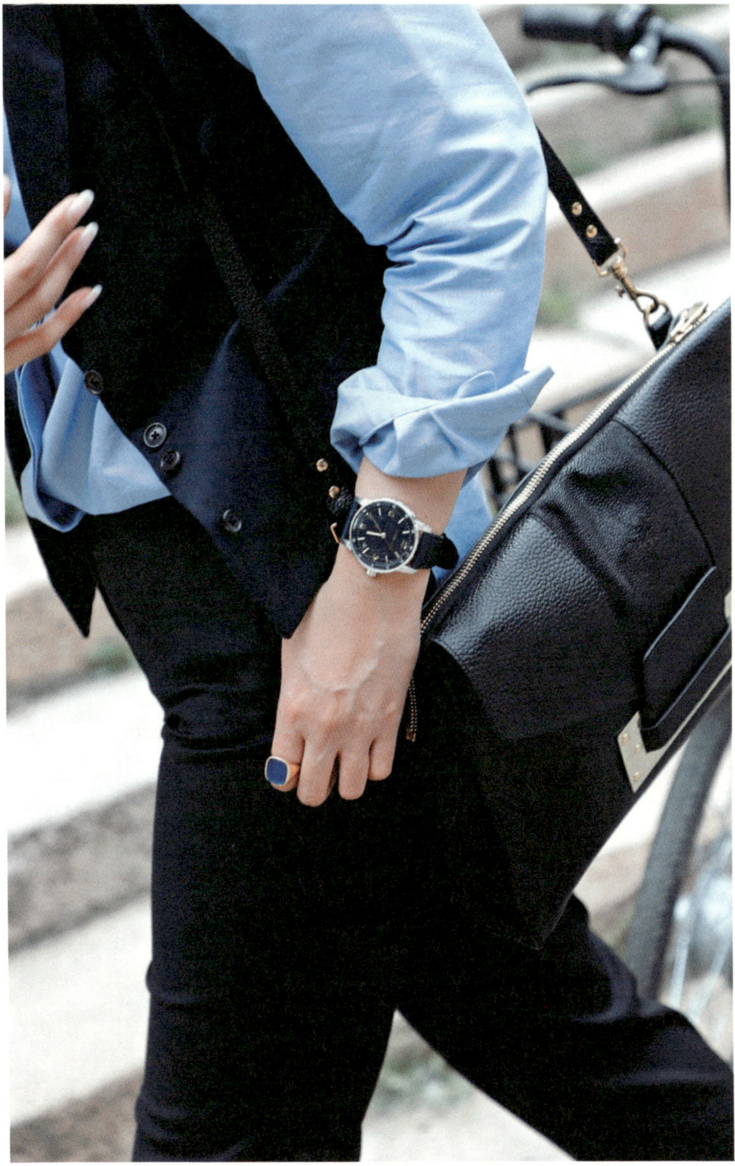

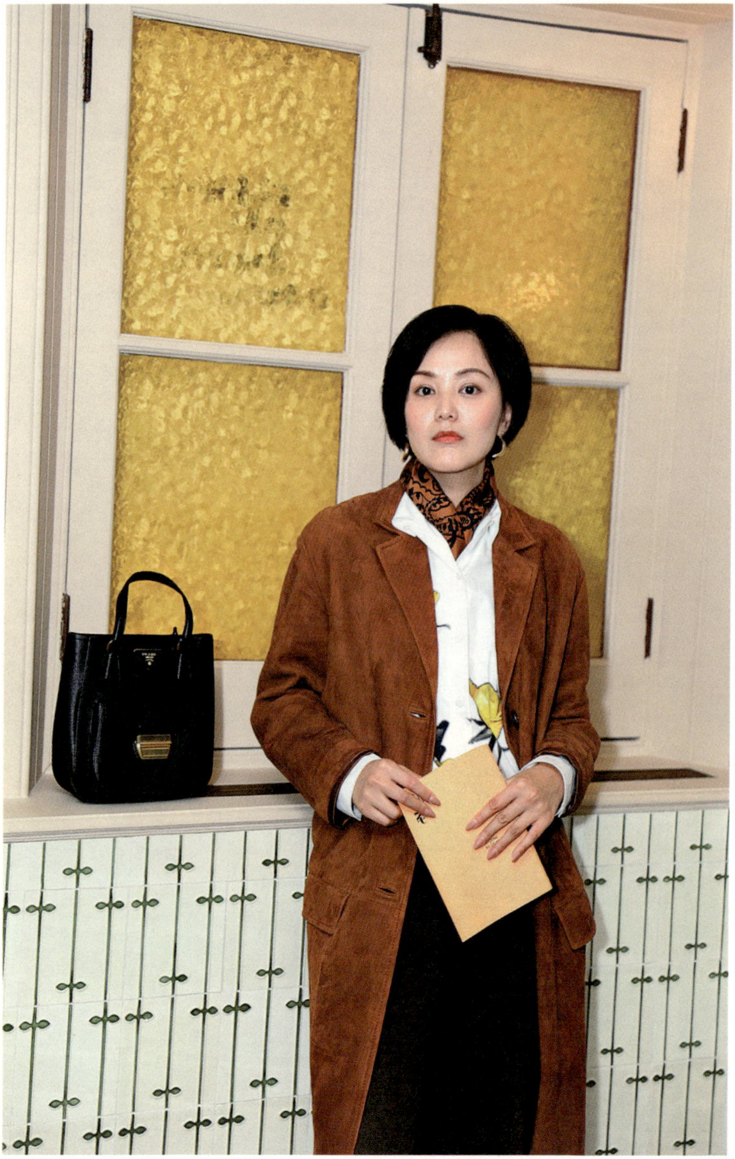

番外篇：我的穿衣小哲学

1.追求舒适是第一原则，如果一件衣服让你感觉束手束脚，观众看着一样不舒服。

2.永远要得体着装，做自己也要有个度，要为环境和场合找平衡，否则就是粗鲁了。

3.要么尊重dresscode，要么就不去。

4.买你能买得起的最好的东西。这里注意：是好不是贵，但通常绝对好的东西一定是贵的。我同样建议不要把最初的消费价格作为唯一的衡量标准（这点等同于买表），耐用度、舒适感和视觉上美妙的穿着痕迹，这些都是好品质衣物历久弥新的特征和价值。我们应该把目光放得长远些。

5.不要对那些网络上博人眼球的段子信以为真：买优质（贵）衣物不是为了穿一次就扔的，那是缺心眼，不能不以为耻反以为荣。衣物似男友，需要时间磨合，之后它们赠予你落落大方的仪态，甚至自信。

6.基于上一条,要懂得保养衣物,而不仅仅是送去干洗店。恕我直言,大部分干洗店都非常恶心。

7.那如何保养?衣服或鞋,要轮流穿戴,让它们在多次穿着间得到休息。

8.之前反复收到一个问题:大衣如何清洗?我的答案是我很少洗或不洗。因为综合数量和穿着频次来看,每件大衣在冬天统共穿不过一周。我会在每次脱下大衣之后拿软毛刷子刷一刷,然后挂在阳台彻底通风。需要的话,局部清洁污渍。我反对过度清洁,那样做对衣物的伤害更大。

9.穿着之后拿软毛刷子刷去灰尘和通风是对衣物最基础的保护。熨烫衣物也应该有所节制,除非非熨烫不可,否则可以试着洗澡时把衣服挂进浴室,这么做不仅像江湖上传言的那样"可以去除火锅味儿",也能轻易抚平衣物上的褶皱(三宅一生不在讨论范围内)。

10.但是要留意,针织衣物永远不应该被挂起来。

11.如果经常改衣服,务必要找到一个手艺上佳的可靠裁缝,之前看谁的书说过的"一个只会在四分之一英寸内做文章"的裁缝。因为他应当知道再大的改动就会彻底改变衣服的形状和线条。

12.按季节穿衣。你决定夏天单穿的衣物永远不应该被套在冬天的衣服里;叠穿搭配也是这样:季节面料互相优先匹配。

13.简约节制应当是普世的穿衣哲学。不要被趋势和时髦点牵着鼻子走,除非它们正好是你的穿衣风格。衣服永远是衬托人的,不要让它们把你吞掉。简约并不等于乏味,一个高明穿衣者会故意在细节处为观众留有线索。个性应该悄悄展现,而不是压得别人喘不过气来。

14.普通人永远不要高看自己的搭配能力,以至于同时穿着两种以上的印花图案,如果非要,浏览温莎公爵的所有照片后再这样做。

15.衬衫领部到胸部口袋巾位置、从裤脚袜子到皮鞋这两个区域是男性穿衣时应当重点关注的:前者请注意领子与脸型和脖子的比例统一;后者遵循一条古早规则:鞋子的颜色要比长裤深一个色调。当代社会,袜子倒可以略风骚点儿。但光脚穿皮鞋配正装,这不合理,更不时髦。

16.多买:真丝、亚麻、棉布、开司米衣物;少买—— 我的意思是—— 争取不买:花哨的人造材质,看起来廉价且闪亮的东西。它们大多属于次抛型单品,配不上你。

17.内衣和鞋真不要买便宜的。

18.对于自己珍视的鞋子,使用雪松木鞋楦,它在保持鞋型挺括的同时还能吸湿气。

19.设计师们创造了广义上的时尚,但你的风格要完全靠自己了。翻译一下这句话就是:衣服并不能让你时尚起来。你读的书、看的电影、生活经历,以及你所受到的教育,它们必须互相配合得上才行。

20.所以,所谓"混搭"也不是东一件西一件试图自圆其说地瞎穿。它更像某种意大利式的"故作凌乱",是从小耳濡目染、浸淫其中练就的本能。譬如你拿柔软褪色的牛仔裤搭配磨合完美的旧羊绒衫,外面再套件男装夹克,也绝对会有人衣合一、自然流露的优雅。

21.永远不要刻意隆重。用力过猛的人才会想着完美无缺,这是生瓜蛋子们对精致最大的误会。高手们愿意花费大量时间精心布置一个无伤大雅的"小失误",但面对赞美时却不承认下过心思,都说:赶着出门,随便抓两件就套身上了,嘻嘻。

22.不要对自己太过自信,老想着"百变"这回事。对于咱们普通人来说,找准一种最适合自己的风格,稳扎稳打穿五十年就已经是最大胜利。

23.最后这条很重要:不要试图模仿潮人的穿衣方式,他们控制不住自己。

02 手表

海王新传

提起宝玑（Breguet），你脑海里弹出的第一个词是啥？不要"那不勒斯""Classique"那种系列名，而是一个彻底的形容词。其实我心里很明白可以得到哪些答案，但它们全部并非实情，宝玑从始至终在我心中只有一个形象：拥有某种克制的尊严。

用通俗的话解释，就是保持住低调出世的神秘感，这让它成为一个非常难写的品牌。毕竟，在依赖网络热词和事件主导全民关注度的今天，岂止是宝玑，那些在历史上曾以惊人创造、濒临消失的手工艺和可以传世的品质赢得盛名的古老品牌，似乎都仅仅在大众偶尔厌腻被某些商业产品疯狂霸屏、需要一个它们的反义词出现之际才会博得并不隆重的集体赞美。

而这显然远不是他们得以体面存在的本意。

当然啦，只想做个品牌普及的话，怎么写都可以，最取巧的做法就是划拉划拉新闻稿，文字功底稍好点儿的换成自己的表达，加入一些煽动性比较强、大众喜闻乐见的吉祥话儿。但我觉得那些赞歌并

不需要我再唱一遍,也帮不到任何人,今天仅简单谈谈自己有限的一些看法:

宝玑到底尊贵在何处?

两年前跟朋友去看《至暗时刻》时,我灵光一现,说隐约记得温斯顿·丘吉尔(Winston Churchill)本人是宝玑的铁杆拥趸啊,常年戴块儿金怀表,在电影开头不久处夫人帮着整理衣服时就给了细节镜头。回来惦记着这事,一查,怀表型号765,功能是三问计时。电影里头的确以丘吉尔本人珍藏的No.765怀表为蓝本,专门复刻了一只来完满人物形象。

我之前读过一本传记,有一段讲事实上这只怀表是丘吉尔从叔叔马尔伯勒公爵那儿承袭来的,他自己则在佩戴的五十年间送回宝玑进行了四次保养,1946年那次宝玑还给免费了,理由是向他在战争期间的功勋致敬,丘吉尔回赠了自己签名的著作《作战》(*Into Battle*)。 考虑到英法历史上微妙的关系,在影片的背后,实际上有很多耐人寻味的故事可以往深里说道说道。

那阵子正巧在过年前后,大家都挺闲的,一派放假前夕集体混日子的盛景,所以有大把时间在网上为"如何评价丘吉尔"吵翻天。如此天赐良机又是冲奥影片,换作别的品牌,这空手白来的宣传契机绝对要刻不容缓地跟进呀,把市场搞到响声冲天。

可宝玑什么都没做。昨天我搜了搜当年网上的新闻,发现零星两三则还是报道英国那边怎么组织看片会并借此展出了Classique整条线的作品。我猜想在我们这儿，宝玑更希望消费者在对手表有足够成熟清晰的认识前不要被旁的花边分散掉注意力，以免从根儿上就降低了品牌的格调；再一个，别说丘吉尔，再往前数一百来年，欧洲大陆忙着互相残杀的那段日子里，又有哪个皇室贵族不是宝玑最忠诚的客户？逃亡期间还不忘订表那种。

有谁会去拿早已习以为常的日常来炒作呢。

阿伯拉罕-路易·宝玑先生，年纪轻轻就主动背井离乡，从瑞士搬去了法国凡尔赛宫廷附近，是因为他在制表行当里多次显露早慧的铁证而法国制表业又历来都处于世界先锋地位（跟着是英国，再后来才到瑞士），更是因为那个年代宫廷才是手表消费重地。

不知道大家对路易十四（Louis XIV）引入奢华昂贵的宫廷服饰和穿着礼仪来玩转宫廷众生的政治抱负那段历史是否略有耳闻。也是从那个时期开始，手表就成了与鼻烟盒比肩的皇家馈赠佳品。

这种风气在宝玑先生所处的路易十五（Louis XV）年代更为蔚然成风，并且坊间传说：路易十五似乎真正对制表业的发展颇为上心，时不时就会约见自己欣赏的钟表匠。

这么一看，作为创始人的宝玑先生除了因革新式技术创新被后世反复赞颂，更让品牌独享"皇室专供"宠爱的——在我看来——是他出色的外交才华。众所周知很多搞技术出身的都有沟通障碍，社交完全不行，但宝玑先生是那个年代的情智双高典型，所以以法国为起点，路易十五、当时的太子妃玛丽·安托瓦内特（Marie

Antoinette),再到后来的拿破仑以及他最小的妹妹、那不勒斯王后卡洛琳·缪拉(Caroline Murat)……无一不是他最忠诚的铁杆客户。

事实上,对当代女性极具诱惑力的鹅蛋形那不勒斯王后系列(REINE DE NAPLES)女表,原型就是这个那不勒斯王后卡洛琳·缪拉委托宝玑制作发明的,而且是历史上第一枚已知的可以佩戴在手腕上的表,编号2639。换了任何一个其他的品牌,你又能上哪儿去购买这种成套的渊源呢?

职业生涯的起点就站在这种高度,显而易见宝玑品牌的基调早已埋好:为皇室贵族、精英阶层而造并满足他们的所有挑剔。我听过很多手表或珠宝品牌自称为王,但没有历经世代被宫廷和权力圈吹毛求疵这一道坎儿,又怎么有资格贸然自冠此头衔?

所以每当制表业提起宝玑二字,我们总要展开笔记本上的全新一页,以免装不下他那些决定了行业走向的全新发明:单指针怀表、交感子母座钟、陀飞轮、触摸表、自动上链怀表、降落伞避震装置、音簧……据说宝玑先生过世以后,法国科学院曾公开悼念评述他四十八年的职业生涯:在这一行业中研发推出的革新性产品的数量远超任何一人,将精确计时的艺术提升到无与伦比的高度。

作为普通观众,你可以暂时搞不懂陀飞轮是干什么的,不清楚避震装置对于手表机芯的意义如何。但对于我——一个完全称不上精英却总企图混入精英队伍的女性而言——无论多少次近距离欣赏宝玑的作品,总能瞬间打动我的,是它从没打着"迎合年青一代"而

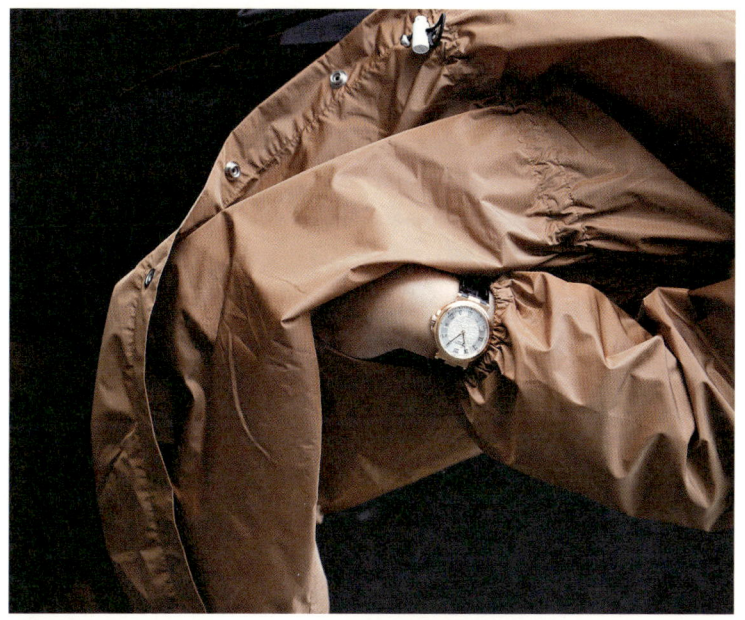

宝玑有几个更为人所熟知的经典型号,但我觉得新航海系列的综合性价比是最高的,而且在设计上还带有宝玑的几大经典元素:金壳、宝玑针和玑镂刻花。

仓促改变的、低调却极为考究的新古典风格设计美学。

在我心里，那是真正的优雅。

据说品牌创立不久的十八世纪末，制表业在设计上深陷巴洛克和洛可可时代的美学理念裹步不前，手表又小又圆，常常被过度装饰，视觉效果笨重不说，还加大了读表难度。宝玑当时大刀阔斧地流水化了所有零件，还为自动腕表设计了扁平的表壳，去除视觉上冗余的部分，以纯粹的线条和精工细作的细节处理为品牌招牌特色。

直到现在依然广为人知的，是珐琅表盘上装饰着优雅小巧的阿拉伯数字，你一定知道它被称为"宝玑数字"，并颇为频繁地在大量其他品牌的表盘上窥见它的影子。

而到了十九世纪初，宝玑又突发奇想地将手表的秒针移到表盘一侧，"偏心式表盘"自那时起成为一种全新的设计，两百年后的今天，依然是无数品牌声称想要"与众不同"时的选择。

很多人曾在我写字的公众号后台以"宝玑"为关键字进行搜索，有时我会跟他们聊上两句，问问到底喜欢宝玑什么。大多数的回答都围绕着设计展开毫不吝惜的赞美。我想，无论哪一代人，懂不懂机械原理，但凡接受过最基本的美学教育，心里都很明白自己的购买动机：需要得体出现的场合容不下浮夸的美学，而宝玑的古典美就是经典隽永、可以穿越时光的。

以这两年频繁升级的Marine航海系列腕表为例。Marine航海系列脱胎于两个世纪前的航海天文钟,事实上航海钟在宝玑年代之前的1700年就诞生了,本来并不算一个需求多大众化的领域,但紧随其后一打就是十四年的西班牙王位继承战将它发扬光大了。为了争夺海洋的霸主权和遏制当年强大的法国海军,英国国会重金悬赏一个精密的航海钟,当时穿梭于英法两国间知名的钟表匠们为此操碎了心。

由此航海天文钟正式上线,大规模走入历史舞台。到了十八世纪末,在卢浮宫举办的法国博览会上,钟表这个行当的潮流已经全部关乎航海天文钟和精密时钟的竞赛了,民用怀表反而降到了次要的位置。那时宝玑工坊在航海时计方面没什么经验,但依然凭借"经度表调准器和擒纵机构设计"完美地拿下金奖。

我想这对于彼时的宝玑而言意义一定很重大,因为他在一个远非自己专长的领域大获成功,也由此证明了自己有能力掌握制表这门艺术的任何一个方面,没有短板。

以此为契机,宝玑开始向法国海军连续供货十年,并荣膺路易十八颁发的"法国皇家海军御用制表师"的称号。宝玑先生过世后,海军急着闹独立并因此与供货商出于利益考量没有选择宝玑的儿子为官方合作对象,此时政府依然出面力邀宝玑工坊继续供货(一如他们在二十世纪拿下航空领域的官方合作一样)。

所以今天的Marine航海系列背负着"突破了自己"、向历史致敬的内涵。在非战争年代,我们并不真的需要仰仗手表来计算位置和距离,但那些暗藏功能性的钱币饰纹、醒目的夜光涂层、波浪饰纹玑镂刻花表盘、宝玑指针、60秒陀飞轮……不但亮明了自身承袭的血统从何而来，又在每一个可以捕捉的微小细节中撑住了品牌的荣光。

更为珍贵的是，哪怕在当代语境下，宝玑对这个系列的处理也并非全盘"运动化""年轻化"，而是坚持古典优雅的设计路数，但一定会内搭精准可靠的成熟机芯。这使得最为挑剔的商务精英也可以加入时髦但不刻板的街拍队伍当中，实现真正的business causal并与此同时不会抱怨腕表太过华而不实。

这是我最欣赏宝玑的一个地方：它们的手表，乍一看大多都秉承着万变不离其宗的古典设计美学——宝玑数字、玑镂刻花、偏心设计、素雅标志的表盘，但这绝不意味着它们因此将自己的购买群体限定在某一类品位的持有者身上。

恰恰相反，一旦你的审美可以接受这种"低调克制却细节丰富，值得回味再三"的设计，宝玑就会成为你可以一路戴下去、包容性十分广阔的选择。更无须刻意强调宝玑本就以复杂功能和精密机械结构为金字招牌的机芯创作了。

奢侈品在历史上曾经代表了创新和每个开创者革命性的点子、设计和发明，他们曾给世界带来了一股股彼此不尽相同的新气象。然而今天，其中的大多数却因为害怕特立独行而开始生产高度同质化的产品并配以劣质的营销，失去了昔日奢侈品所闪动的英雄气魄。

我透过宝玑，总能看到专属于旧时代的吉光片羽，那股微微克制的尊严，其中蕴含对丰富过往的无比醉心和对广袤未来的深厚期许，他们沿着这个方向一路走来，未来也不一定会经历翻天覆地的打碎重建，但这不卑不亢、一步一个脚印的做派，可能是对奢侈品精神最美好的诠释了。

一种可能并不适合每个人的霸道

去年十一月的某一天,宝格丽找上我,问我愿不愿意在今年巴塞尔珠宝钟表展(BaselWorld)的时候直播给大家实时聊两句新表,并表示在我前面打头阵的是当时的品牌全球代言人,"不用手机直播,用那种特别特别高清的摄像机"。

我听完疯狂摆手,"万万使不得",手机模模糊糊看不清楚人儿再加一个大滤镜还好点,高清摄像机一上那是真真儿徒增三十斤。我仅有的一次用高清摄像机的直播经历还历历在目,我妈冷冷地看完全程截图发我,附文"这谁?",我不敢点开,远远眯着眼儿瞥了一眼那个小图效果:一个闪着佛光的三百斤胖子。的确十分高清。

回家后我跟我妈谈到这件事,她上下打量了我一番说:"我觉得你瘦了呢。"
"真哒?"我两眼发光。

当即又贱又自信地转回去一口应下来,并在表展现场代言人的隔壁小单间侃侃而谈了半个小时。结束后微信对话框跳出二十来个截图，遍布着我妈打的三十多个"哈哈"，她还说："这大脸盘子是我女儿吗？"北京五环内已经没有妈这么坑自己闺女了。

虽然摄像机里的我是一个不可能低于三百斤的、絮叨的胖子，但手表的质感还可以的，所以今天我打算给大家捋一捋宝格丽的重点手表新品——其实主打的也并没有悬念，当然是Serpenti啦。

很多人给Serpenti唱赞歌，觉得它独特、逼真，像首饰一样"一看就知道谁家的"，这些我都同意。但我觉得Serpenti这个系列最瞩目的特色是给日常佩戴增加了仪式感。因为按照常理来讲，这种拥有大颗彩色宝石或者夸张体积感的设计，真的很难让普通人有把握日常佩戴，会让人觉得太戏剧化或者有点硬撑。但宝格丽却把这些宏大的表达做成了一切似乎都在情理当中、没什么了不起的日常，跳出了传统珠宝手表品牌的审美维度。

无论社会上流行极简还是奢华，宝格丽美在自成体系。

那是一种什么样的美？上个月我看了部BBC的纪录片叫 *Cleopatra*，完了意识到宝格丽一直以来拥有的审美体系坚定而持久：非常古罗马。或许大多数人并不了解埃及艳后到底怎么回事，伊丽莎白·泰勒（Elizabeth Taylor）又是如何演绎了她，但这不重要。提起宝格丽，每个人都无法免俗地想到这二位，那种佩戴在她们身上的大颗彩宝所产生的仪式感在宝格丽和其他珠宝品牌间划出了一条泾渭分明的界线。

我在直播里其实提到一句蛇表的渊源，很多稿件里描述它"是从古

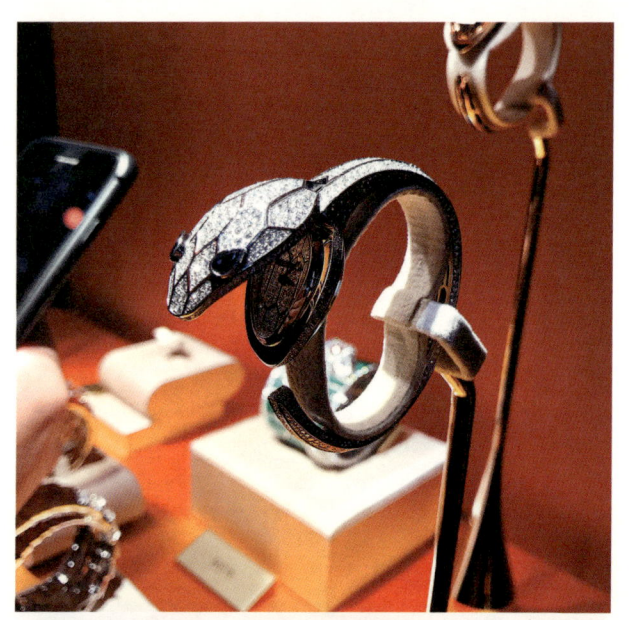

展览中千变万化的 Serpenti 蛇表，以及可以徒手速写出它们的艺术家。

罗马、古希腊的文化中得到灵感"的，个人觉得不是特别准确。古罗马、古希腊对蛇的感觉不太好，反倒是古埃及崇拜蛇，反过来影响了他们。

特别是1922年著名的图坦卡蒙法老墓被发现后，埃及风格一下子又在欧洲引爆了。

20世纪40年代这个系列刚面世的时候，Serpenti痴迷于塑造一条极为具象的蛇，它们蜿蜒盘旋、鳞片闪闪反光，上面铺满了珍贵彩宝，直白表达霸气。简单讲，它们很难被控制，或者说驾驭它们需要具备从内到外的整体气场。但矛盾的是，无可挑剔的礼服和妆容往往又会与周围环境脱节，让观众被一种癫狂、失控的戏剧感所压迫。可要我说，这些偏偏都是Serpenti的精髓所在。

但直到这两年，我才真正认为是普通人下手这一系列腕表的最好时机，因为它们越来越抽象化，以简洁一笔勾画出流畅的蛇形概念，气场仍在，但在当代语境下更蜕化为一种凌厉的时髦。我们终于可以只穿件白衬衫就把它绕上手腕了。

金属款（钢、金或间金）是我认为这个系列最值得收入囊中的单品，它们辨识度高、霸道、首饰感强烈，金光闪闪的很复古，解决了"出门全身上下只给配饰一个额度"这类人的难题。

去年开始Serpenti更是全面开挂，单圈蛇表温文尔雅又节制，特别是用了全白色陶瓷当蛇身的那只，触感温润，几乎适合四季的任何场合了；而今年巴塞尔表展最令人印象深刻的是他们大刀阔斧地把金属蛇身给整段砍掉，换上了轻薄的彩色水蛇皮表带，年轻了，搭配场合也更丰富了。

这是我真正欣赏宝格丽的地方，她们每季总能把自己最得心应手的设计玩出新花样，你以为这下要山穷水尽了，结果她们又整点儿邪的。

而对普通消费者来说，我常常会收到来自亲朋好友的两种担心：1.到底该怎么戴；2.戴着不箍得慌吗，实在是"看着疼"（大多是男性问这题，女生为了美啥都不管了）。

关于怎么戴：你只要由"蛇尾巴"开始顺势往手上一绕，它自然而然就"上道"了。虽然我一直自嘲这个视觉效果弄不好就像被网兜捆住的大肘子，但事实上一点儿也不箍得慌。我手腕不算细，六七个小时戴下来肯定会有印子，可你戴非造型腕表也一样会有，Serpenti也没有再多其他不适了。不过话又说回来，跟穿高跟鞋的心路历程比，这些又算什么哦。

浏览全世界风华绝代的女性佩戴Serpenti蛇表图时，我突然想到前两天跟朋友聊到"有气场"这个词该怎么用，他说："我觉得要用fierce，sharp有点精明、斤斤计较的意思，fierce不一样，Beyoncé就是fierce的感觉。"在我心中，宝格丽——或者说Serpenti——就是这种气场全开的霸道，普通女孩儿看到了会觉得"不行不行，这个我真的驾驭不来"，但出手消费它的人恰恰是那种不允许别人看不到自己霸道的女生。

那驾驭不来Serpenti的怎么办?也请你们先留步,别生气,看一看Lvcea。

Lvcea系列前几年刚要上市的时候,品牌找我们几个意见领袖攒了一个挺有意思的局,我姑且称之为"起小名儿局"吧。大家围坐在这些手表四周,以一种注视新生儿般的怜爱姿态抚摸、试戴着它们,当场有人冷不丁提议"不如叫小红帽儿吧,形象",我们哈哈大笑,"太通俗了吧",插科打诨就过去了。

今天再想起这个梗竟然觉得妙,Serpenti是宝格丽标志性的图腾方向系列,而Lvcea除了规规矩矩地强调比例和优雅外,其实呼应的是宝格丽一直以来的彩宝优势。当时有人提议的"小红帽",就指向表冠上这一咪咪大的彩色宝石细节:有过碧玺,有过粉色蓝宝石,毫

Lvcea女表优雅闪耀,在一派霸气景象的宝格丽女表梯队当中是最适合日常职场配搭的。

无疑问它们都是品牌血统的小小标注。

这个系列我首推买大三针刻度镶钻款，特色就是配搭难度低、利用率高，容易戴着好看，适用于几乎所有依然对着装穿戴还有严格要求的职场女性。值得注意的是当表圈镶钻时，Lvcea和BB系列看起来长得差不多，区分的"小撇步"就是表冠。以前总觉得它们都是优雅克制的调调，直到昨天跟朋友出去玩儿时用蓝色丝绸衬衫配了很像Lvcea的BB系列，发现优雅只是前调，往后努努力能将它戴出文艺清新的感觉，这个部分主要靠激发，依赖个人潜力。

其次提名月相款——如果你觉得三针表盘太素，又不想通过无休止的钻石叠加来进阶的话。拥有复杂功能的女表我不知道今日今时在女性消费者心目中是否还拥有一席之地，但时常会被"女性懂表了！爱亮眼设计更爱复杂功能"这种文案搞得哭笑不得。我个人觉得类似宣言不是非常正确，也并没有讨好到女性买家。因为老实说，无论带不带复杂功能，我们都会下手买比较好看的那只。相较于复杂功能，其实顶级设计更难获得。这就是为什么好像有那么多伟大的品牌，但我们常常会困惑看不到它们更加像样作品的原因。

另一个需要被重视的问题是，宝格丽的绚烂艳丽属于浑然天成型的，或许并不适合每个人，但它的任意一件产品都毫无疑问地提供了丰富的视觉层次——那种不同彩色宝石间的碰撞和美学搭配，热闹却不聒噪的佩戴效果。哪怕是男表，他们对比例和线条的掌控，我认为都值得我们在穿衣戴物时反复学习借鉴。难怪有关意大利的纪录片中都会不断强调一个现实：今日的意大利设计，一样是文艺复兴风格的继承者。

好啦，写到最后我要强行把话题拉回到与宝格丽有着千丝万缕联系的埃及艳后身上。

我第一次看她的故事时觉得困惑：一个少女，成为古代世界实力最雄厚的帝国之继承人；她还是一代女皇，牢牢掌控着罗马帝国的大权，同时诱惑了罗马帝国两位最杰出的将领，却最终选择以毒蛇了结自己的一生。后来发现每次听的故事版本都不一样，埃及艳后千人千面，或许没有人知道真实的历史到底怎样，《安东尼与克莉奥佩特拉》（Anthony&Cleopatra）这本书的作者阿德里安博士一语道破：人们对她的解读实际上反映出自己的设想和对世界的欲望，而通常这些欲望折射出我们希望现实和历史是什么样的。

今年在巴塞尔表展上看表时，某个时刻我突然产生了类似感受：自己对哪怕同一件手表和珠宝作品的理解，每年都不一样。这当然跟时代和品牌发展都有关，但更重要的是我在变。我解读它们的时候总想要或多或少加入自己的理解：我希望它们是什么样的、代表了什么，我自己的理解甚至在某种程度上盖过了它的本来面目。

说到底，抛开说明书一样的技术资料和"我喜欢"的任性，我们选择的每一只表不都在偷偷告诉别人"这就是我"吗？

所以，请问你有什么权利judge我的选择，告诉我什么是对什么是错呢？

我爸的表

我爸这个男的，50后，天蝎座，消费理念十分成熟且克制：他不买表，他戴我的。

我揣测，我爸心里头觉得我的表就是他的。所以每逢提出给他买点什么的时候，他从不言及手表等贵价产品，都是喊"运动衣""球鞋""冲锋衣"。（有一次叫了"大鹅"，我哭着说："爸，你可曾知道，你的女儿都还没穿过'大鹅'。"）因为他心里清楚得很：我反正喜欢买男表，大部分时间又把手表闲置在那儿并不戴，他想戴随便挑块儿就好了嘛，当面还要什么自行车呢。不得不佩服，这点不动声色却要啥有啥是天蝎座独有的天资。

也正因为我不常戴表，我爸反而时不时点我一句，"你看，要不是因为我平时帮你活络着换着戴，你的表早就都停了"。听话听音儿，锣鼓听声儿，这话不仅在无意识间展现了他自己对机械表具备某些模糊的常识，话里话外还让我感觉对他抱有一份亏欠。

好的，感恩了父亲，我的人形转表器。

我爸虽然精且贼乎,但据我观察他很有原则:上来先问价格,不管啥牌子,超过五万的表绝不会戴着出门,最多在楼下抽烟时佩戴。假使真遇到什么识货的乡亲们,他也不咋呼,很稳得住局面,云淡风轻地表示:哎哟这玩意我也不懂,都是闺女给置办的!

可以可以,我虽然常年在小区出现时都面无表情,人看着高冷孤僻,但老李的这种行为无疑帮我在街坊邻居面前树立了极其正面的孝顺口碑。我打心眼儿里一方面很感激,另一方面也真的心疼:他们五十年代出生的人,从那个艰苦的环境中摔打过来,东西稍微贵点儿就舍不得买,哪怕不用他掏钱的,拿到手里也格外珍惜,顶着最高使用极限去用,绝不轻言换新。

在我买过的那些男装手表里,有三四块比较能引起我爸的注意。我发现他喜好表盘稍微大一些,但千万不要太厚;是什么颜色不重要,但最好表盘布局里不要乱七八糟排列很多线条,简单干净的比较合他眼缘。其中的格拉苏蒂原创(Glashütte Original)和万国(IWC)是超过五万块的"贵"表,他戴的时候小心翼翼,生活里常戴的反倒是另外两只雪铁纳(Certina),都只有几千块,他舍得戴,戴着时也不用太管,很省心的。

到底舍得戴到什么程度?上周我拿出来拍照的时候,翻过表背当场就"嗷"了一声。那个伤痕累累的佩戴痕迹:父亲,这个表带,是用吃的吗?很多人买表其实并非基于佩戴习惯,而是单纯好这个物件,或者经济上宽裕了就想把钱花在觉得钱花了不亏、未来也能表现坚挺的领域。我爸不是哦,他炒菜都要戴着表,这么一看,这个表确实是用吃的了。

我爸抢我的 tee 穿。

这两只雪铁纳，一只我去年戴着去巴塞尔表展回来就被他拿去溜溜儿戴了一年半，我这耳聪目明的，看表带如此面目全非就赶紧给换了一条，另一只是今年去巴塞尔的时候给他订的新表。

后来表到货了，我偷拍了他（穿着我的tee）试戴的图发到微博上，有人点评："哇这个老友记的tee我也要去买！"

我："Seriously？做个人吧朋友，我穿的时候都没人这么喊。"

雪铁纳这两只表看上去都是咖啡色系，其实本质上大不同，我简单说两句。了解斯沃琪集团（Swatch Group）的人可能知道，同宝珀、欧米茄、浪琴（Longines）、天梭（Tissot）这些品牌一样，雪铁纳也是其中一员，只不过背靠大集团，每个品牌所担纲的角色是不一样的。

在我看来，今年以前的雪铁纳几乎把所有劲儿都使在了强调性能上，简单说就是当你动起来时这个表好不好使。毕竟在1888年至今的漫长历史中，这个中档价位的品牌大部分声音都跟探险、登山、赛车、潜水这些字眼挂在一起，它最出名的就是给所有表都用了DS双保险技术。这个技术我也了解得不真切，但知道它作用下来就是在表内部添加各种垫圈，让手表更加耐磨、紧固、禁造。所以如果将雪铁纳这个品牌拟人化的话，就……有点像那种不修边幅又不太解风情、只顾着当发烧友、跟设备结婚的大直男吧。

既然我爸可以选择穿我的老友记tee、力证自己并非他们中的一员，我就绕开了运动款，买了块相对正装的表，它的机芯也是斯沃琪在集团内部推陈共享的那块80小时长动力机芯。这样他戴着方便,两三天不戴也不至于停了;其次我出国出差时戴着也方便。我这个人,随爹,太贵重的珠宝和腕表也不舍得让它们舟车劳顿走四方,价格低一点,心没那么痛。

不过雪铁纳以往的设计呢,坦白说也是夸不大出来哈哈。

今年买这只纯属计划之外,因为纵向着几年来看,我感觉雪铁纳在今年有了一个大的提升:在意设计了。当时在巴塞尔品牌新品介绍的小屋儿里,我掏出手机给品牌的人看我爸把上只表戴成了什么鬼样子,对方当场督促我赶紧给老爷子换表带,此外就推荐这个新表。名字叫PH200M,有点绕口,但设计属于很bold、记忆点很强的那类,在我看来不同于雪铁纳以往的任何设计。他解释:PH200M实际是复刻了六十年代(1966—1967年)自家的一个潜水款,性能上还是继续配备品牌招牌的DS双保险、80小时长动力机芯等等。

当时我觉得挺好看,就发了个图给我爸,问他喜不喜欢。

他回:"多少钱?"
我:"五千多。"
他:"可。"

领导派头拿得很足,绝不过分表露喜好,一个"可"字以作答小李这份试卷。

我哪儿敢怠慢,给父亲花五千块还要犹豫吗?当场就订了,到手后

我抢我爸的表戴。

发现这个表拿在手里欣赏与在表展现场看样表的感觉又完全不同，我反倒抢过来日常戴了好几次。要我说，它最大的设计优势是：特别秋冬！"秋冬"表形容意时多用于服装和彩妆界，而在手表世界闻所未闻。我用它形容这只表，是因为特别喜欢那条质感好像日本机场买的Royce生巧克力表面的表带，以及表带尾部缝线那两针。对我爸这种审美相对保守的上辈人来说，可能整体比较硬朗，但细节又能成为提亮闷骚日常的一笔。

但我不要保守，我为它大胆起用了衣柜里所有同色系服装，夏可浓郁热烈，冬天就尽量温暖亮眼。有次穿了套粉橘色系衣裤配它发到朋友圈，得到我妈成为我微信好友（三年）以来的首次点赞，她还点评："这次总算看清了你穿的是啥。"

这就是我的父母，永远在遣词造句方面给予我灵感和温暖。

新表从拿到手到现在两个多月了，我观察我爸炒菜的时候还在戴旧表，出门锻炼或者遛弯时偶尔会惦记着换上新的，很有里有面儿的。估计是尚处在那个新东西放在心尖儿上爱、手心儿里捧着的阶段。

我们在探讨一个品牌时，总会更多地以中立审视的态度去挖掘它的历史、传承、创新和文化内涵，但这些终究都抵不过人与它们之间产生的情感传递，具体在我这儿，就是父母在不自知的状态下流露出的真实喜爱。这种喜爱内涵丰富：有对我买东西买到点子上的褒奖，有对自己手使物件儿的珍惜和舍不得，甚至还有某些对我的心疼——这么贵的东西，有一个就得了，翻来覆去买更多也用不上，闲置在那儿到底是浪费了。

所以我妈常暗戳戳地在我耳旁念紧箍咒：送礼不随东，累死也无功。但我知道他们不是不喜欢，父母的视角总是与我们不同，我们想用钱来证明爱意，但他们就总是关注你过得怎么样，辛不辛苦，是不是开心。这种爱的互换，永远是不对等的。

我以前写过一篇文章叫《是不是只有买东西才是真的对自己好》，其实我们都知道当然不是。对一个人好，似乎不仅仅关乎物质，还在于想他所想、给他更多的陪伴，在遗憾之前握住离自己最近的幸福。

记得我二十几岁的时候电视里播放关于"剩女"定义的新闻，我爸对此嗤之以鼻："切，二十几岁叫什么剩女，怎么也得三十五以上吧。"现在我三十六了，还死活赖在父母家不愿意搬出去，我爸却说："有我在，还能少得了你一双筷子？"

过去的十年，我们互相影响，思想上都在成长，变成了更好的自己。这种改变，于身处社会大环境中的我们来说是顺理成章的，但对从那个相对保守的正统年代走过来的父辈而言，我知道要与自己做怎样的对抗才能表现得如此包容和豁达。

那么我希望在未来的日子里，可以从他们手中接棒过来"有我在"这一份安心。

妈耶，不知道为什么写着写着表又开始掏心窝子抒情，这下尴尬了。爸，如果你也翻看到这篇，别的话都放在心底不要说了，赶紧拍照发到你100个群里帮闺女推销推销这本书才是来真格的啊。

这表到底是多少人心中的白月光？

去年的某个周末，我钻进宝珀旗舰店，把女表可着劲儿地试了一圈。其实这些经典型号我心中早已门儿清，但每年总免不了这一趟，主要目的是自查：又大了一岁，看看自己在气质上有没有离理想中的贤良淑德更近些，此时宝珀的手表之于我就是一面明镜。

不止我。

三五年间，宝珀凭借端庄标致的正室容颜以及滑稽月相（网友语）那副意味深长的神秘姿态（外加嘴角一颗痣），笼络住大批当代独立女性的心。就在前天还有个姑娘跟我说，本打算换辆车，无聊时翻看我的旧文章，结果车没换，倒是买了只宝珀表。

虽然她们暂时还做不到把所有真心都交付于这一个品牌，有组织有纪律犹如男性购表者那般，在各种视频弹幕和评论区忠贞地喊出诸如"天地良心珀"这种口号；但那些最终相中宝珀的女性们，都会在决意买单前后达成某种心照不宣的共识，这种默契我懂：之所以选宝珀，为的可不是已经流俗泛滥了的"优雅"二字，而是它自始至终坚定而温柔、腹有诗书气自华的文人气质。

这样的气质在圈内几乎是独一份，使它成为某种奇妙存在：在各位都争相美得霸道、美得明目张胆时，宝珀的美没有侵略性，而是给观看者留有反复回味的余地，再加上长得一身正气、很能镇住场子的样子，所以成为许多爱慕者心中赛得过时间的白月光。在认定是它的过程中，更是生出诸多"曾经沧海难为水"般的玩物感慨。

要说宝珀这个牌子，其实红很多年了，几乎在十几年前我刚入行时前辈们就反复提及并大力歌颂，讲它的古韵和细节之美，讲名震表坛的"第一柳叶针"，还有当年一直在获奖的超薄设计之类。但它最终出圈儿、走入主流视野大概还是得益于诸位表主对五十噚腕表口口相传的美誉；再顺着这条线索往深里挖挖，得，人家竟然还有另一个热卖支点：传说市面儿上最终买了月相表的人，85%都选了宝珀的月相设计。

这两只表，前者是第一只现代意义上的潜水表，它是历经各国主流海军实战检验的制式装备，通体拥有某种仪器般的线条美感，为工具表添了贵气；后者盘正条顺，极为斯文内敛，当时坊间不知打谁开始启用了这样文绉绉的表达，讲它"完全符合黄金分割之美"。宝珀这一文一武两位急先锋作为新时代儒雅设计的典范，便在群众心目中掀起了阵阵涛浪。对那些笃信"相由心生"四字理论的人而言，顺着这些利落的设计细节一路摸上去，更是可以抽丝剥茧地洞悉整个品牌的文化气质。

这还只是外在，可能很多人知道宝珀作为品牌诞生快三个世纪了，是手表圈最古老的顶级瑞士制表品牌,现在隶属于斯沃琪集团。差不多十年前,同被斯沃琪集团在1992年就收为麾下的顶级机芯厂Frédéric Piguet改名成Manufacture Blancpain。考虑到Frédéric Piguet机芯厂自诞生以来就与宝珀一脉相承的前缘,此番行为实际上是亲上加亲了。

曾经我以凡人之心揣测了一下这盘神仙布局:首先自然是体现宝珀在集团战略层面的重要性(别忘了,它可是斯沃琪集团用来对打xxxx、xxxx和xx的啊!),因为重要,能得到的集团资源以及新技术的使用权限自然不一般;再就是品牌产量随着名气也起来了,多到足以支撑一个工厂的运作,所以就干脆更名易主,独为我一家所用。考虑到Frédéric Piguet亦曾向许多顶级手表品牌提供基础机芯,不得不说宝珀是个狠人。

这股狠劲在工厂更名后主要体现在自我鞭策上,从2006年到今天,宝珀发明了50枚自制机芯,这个数字即使对顶级品牌而言也十分惊人,体现了蓬勃的创造力和相当的勤勉刻苦。很多人不爱听聊机芯,觉得跟读说明书似的,我理解,但说这段是为了摆明一个基本事实:宝珀将自制机芯装入旗下每一枚腕表的心脏,不分性别平等对待,就因为要守护住自己广为人知的一大坚持——从来只做机械表。

这么一看,新时代的锐意革新同样是为了尊重一路走来的旧时传统呢。

前两个月,宝珀有个女装腕表展从纽约启程,抵达上海。该展览源于一位藏家以22.5万美元的价格将梦露（Marilyn Monroe）曾拥有的一款宝珀鸡尾酒定制腕表拍回故土，这款表是见过场面的：在梦露与二十世纪福克斯公司因为《双凤奇缘》的出演问题而僵持不下的1962年5月11号，她不顾公司高层反对，坚持飞到纽约出席肯尼迪总统的生日派对并表演了那曲令人难以忘怀的《生日快乐，总统先生》。

传闻中这段重要旅程是由宝珀这款定制珠宝腕表相伴的。

这表设计不似今日之宝珀，而是二三十年代典型的装饰艺术风格（Art Deco）之作。从三十年代开始往后数这二三十年，宝珀由其历史上唯一一位女掌门贝蒂·费尔特（Betty Fiechter）掌舵，听说她本人独立果敢，一心想在宝珀内部推进女装腕表的发展，想办法把机芯精简缩小至可以装入那时小小珠宝腕表的心脏。梦露定制表搭载的或许就是贝蒂·费尔特专注变革的成果。

不止梦露，葛丽泰·嘉宝（Greta Garbo）、琼·克劳馥（Joan Crawford）等，那些闪耀在三五十年代的荧幕星星们都是经常到访宝珀专卖店的忠实客户。这些珍贵的历史资料告诉我们，女人从来都不简单，特别是梦露，明面儿上珠光宝气地唱着钻石是女孩儿最好的朋友，私底下却对珠宝并无多少占有欲望，抒发的也尽是些喂马劈柴、我纠结我难受的文艺青年情怀。

艺术形象和真实自我之间的极大错位与反差、人与人之间难以达到的理解与尊重，也就随之贯穿了她令人唏嘘的一生。

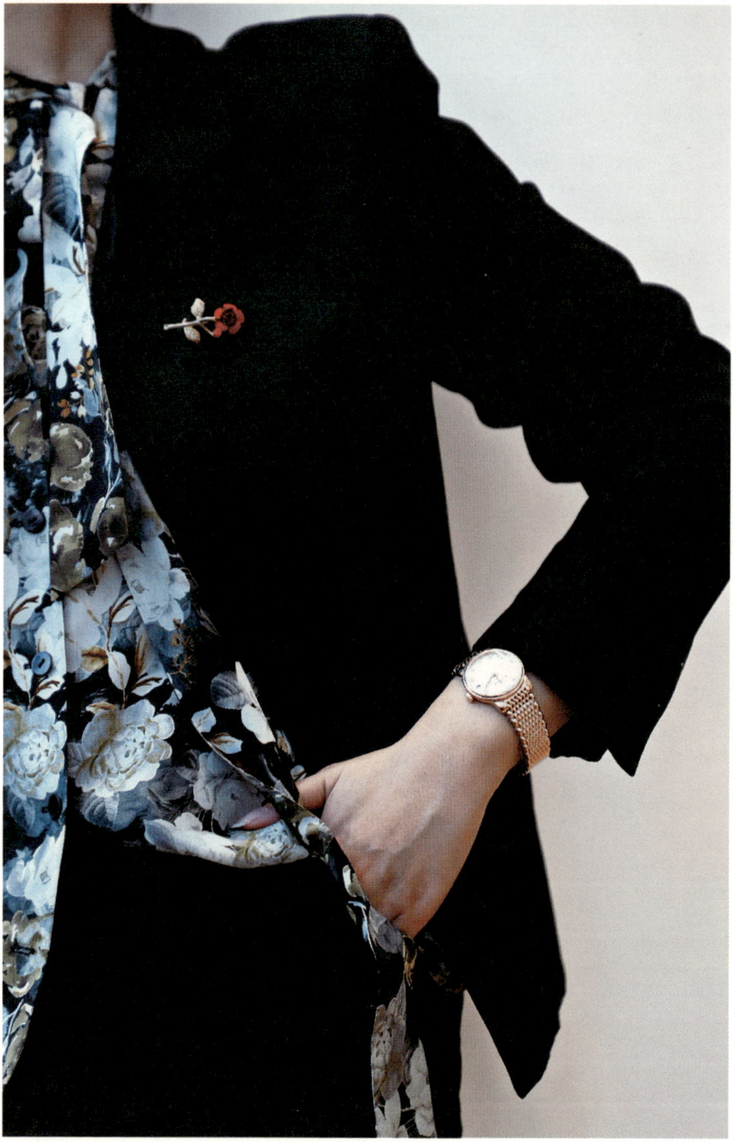

宝珀的女装腕表给人一种端庄标致的正室观感：简洁、耐看、腹有诗书气自华。

既然说到了女表展，我也谈谈我对宝珀女表的认识。

宝珀对女表的定位浓缩于三个词：独立、浪漫、智慧。在这三大方针的指引下，时下声势最猛的作品我估计还是"月亮美人"，因为月相本来就是宝珀的当家招牌和传统热卖款，月亮美人的月相脸上对比寻常款式又多了小小一颗痣，有浪漫情怀，还有点儿淘气。

这颗痣原本取自欧洲某项古老传统，大意是女的如果向男的表露心迹，想告诉他"我可以"，就点上这么一颗。但在现代社会你不能这么用：第一不保证对象听过这个传说，浪漫不到位就显得做作了；第二这种暗示太含蓄了，赶上眼神儿不利落的还得说你装神弄鬼的。

所以梦露跟宝珀的这段缘来得及时，为这只表立即注入当代解读：你看这月相脸，跟梦女神嘴角处的那颗痣有异曲同工之妙呢。有些俏皮，但终归还是端庄纯真之中夹带了一丝闷骚。

不过宝珀的本事并不限于将月相做得优美浪漫，他们更在意的，其实是整个面盘的布局均衡之美。所以如果单纯想用手表构建出一个受过良好教育、举止得体的穿戴者形象，那么女装系列的任何一款腕表都能帮你实现这个目的，比如我最为长情的偏心日期逆跳腕表，它的表盘处处皆是细节美：云朵般的白色贝母、全白镶钻、人脸月相和蓝色蛇形指针；翻转到背后，花朵形摆陀之下，是宝珀为这款腕表特别研制的复杂机芯Cal.2650RL。

很多女性对机芯并没什么兴致，这不勉强，但有一点你需要了解：

一表两面，机芯一侧，表盘一侧。机芯的布局和零件的安置同样影响着面朝你的表盘设计，而并非只是个在幕后提供技术保障的老大哥。

不喜欢表盘太多元素的可以看看全新编织表带鹅蛋窗显示金表，当年我初识宝珀，第一眼就被钢壳黑皮带的Villeret系列超薄表夺魂，心中涟漪荡出去一圈圈，到今天都还死死记得昔日定价：钢款六万人民币整。Villeret系列的后续新作全部纤薄、贴合，特别简洁耐看，我在B站偶尔撞见手表视频里感慨"宝珀这表真的有毒"的弹幕，基本上都是冲它喊话的。

这里有一个温馨提醒：宝珀现在统称所有女表为女装系列，而不再像男表那样还按Villeret、五十噚等系列名称呼着。所以你去找特定款式时可以说女装系列，也可进一步说是女装系列的Villeret、月亮美人、五十噚等，都好使。

但今年上手之后给我最多惊喜的是Ladybird贵妇鸟腕表，说起来这款设计也是上面提到的女掌门人贝蒂·费希特留给宝珀的重要文化遗产之一：她率先在五十年代推出当时最小的圆形机械腕表，在流光溢彩优雅闪耀的时代背景中，虽然依然克制自持，但更有珠宝表的格调。

从前我对小表（表盘直径小于30mm）都采取选择性失明的处理方式，直接绕过不看，嫌它们娘。怎想这两年年纪上来了气质也变了些，自己带头儿娘起来了，这怪得了谁？我喜欢黑表带配白盘的款式，绑在我15.5cm的手围上依然显得温柔自在，不像绑五花肉。配

Ladybird 贵妇鸟腕表诞生当年是最小的圆形机械女表，在当代佩戴场景中依然是小手腕福音。

合着有细节的衬衫袖口、领口和大衣形状，一瞬间我也说不好自己到底是想角色扮演摄政时期人物（简·奥斯汀之类的）还是打算遵从维多利亚时代的繁文缛节了呢。

所以我也鼓励大家不要一味地追赶大表潮流，大表有大表的美，但绑在过于纤细的手腕上总归有些比例失调，非但不帅气，观感上还愣呆呆的；那些总在抱怨表盘大到覆盖了整个手腕，心里虽馋却因为戴不上干着急的小骨架女孩，请进店多试试，或许能像我一样找到与自己气质更吻合的惊喜。毕竟，宝珀已经用顶级的机芯和工艺给普通人吃了颗技术上的定心丸，设计之类的，依个人喜好就足够了。

好啦，最后说句实在的，摆事实归摆事实，但到实际操作阶段，我并没觉得"世界上最古老"的品牌名号能对我真情实意扔钱产生多大的撼动力，也完全不想依靠本文一口吃个胖子似的为大家灌输宝珀在复杂功能机芯制作上的过人绝技。一个存在了超过两百八十年的正统品牌，如果今日今时我依然被它吸引想要掏钱，一定是因为它足够与时俱进，从第一眼起其设计就由外及内地正中我心意。

曾有位时尚批评家写下过"如今的穿衣打扮更多是看心情，而不是恪守古老礼仪"这样的言论，但从另一个角度来看，若不能跟着报菜名似的礼仪规则走，在搭配上就显然需要更多的技巧。我长情于宝珀，是因为无论Villeret还是五十噚，Ladybird贵妇鸟还是月亮美人，在它们身上普通人都可以找到不懂什么技巧却可以穿搭得体的可能性，因为宝珀的表就是扶美的。

同等价位，有比宝珀设计得大胆而取巧的，你也大可上金上钻看起来很贵，但这两种我基本绕过了，毕竟，我还没放弃往李教授气质上努力。我认同宝珀随着时代快速调整却始终不逾矩、有分寸的经营哲学，也有心成为这样的人。

尽管偶尔私下会埋怨两句"它低调得太过分"，但一旦回归到那些容不下浮夸美学的日常时刻，我总还是会感慨宝珀的隽永之姿令所有喧闹和张扬相形之下都黯然失色。

五十噚我戴了五个月零十天

真正的经典

竟然还没有打心眼儿里起腻,要知道,我同一个包也绝不会连用超过三天的。写到这儿,我双手捂住胸口转过头冲妈妈大喊了一句:"今年我真真儿是长大了。"

标题并不严谨,我戴的是五十噚Bathyscaphe,它是五十噚的民用版,诞生之初就被五十噚的荣光所加持,衔着金勺子闯天下。五十噚大张旗鼓的军用尺寸和华丽的仪器线条在这条产品线中被大大弱化和隐藏了,Bathyscaphe更像是肌肉男的斯文面,古典内敛,对小手腕友好。前者让即使对手表零认知的路人也能依靠"本能反应"对这个系列的复刻情怀有点儿感觉;而将尺寸缩小是1956年品牌决定推出Bathyscaphe的初衷,到了今天,我觉得事实证明这个动作将五十噚的消费边界推出男性范畴,跨到了女性这一侧来。

毕竟,哪怕在钟表界集体被"大尺寸"下了蛊的前两年,我还是坚定地认为,女生戴表还是得老实一点儿,因为我们戴男表能不能真的"率性好看",跟大不大没啥关系,跟表好不好看才有关系。这时候,相较于男性消费者对于五十噚的绝对追捧,我感觉Bathyscaphe成了女性出门炫耀自己"气场压制住男表"的一方绝妙武器。

因为五十噚真的太大了,第一次试戴时我准备好的满腔热情就被它的尺寸洗劫一空,只能在群众一轮又一轮"好看"的呐喊声中悲情地别过脸去,恶狠狠地感叹能把它拖上手腕的女性大概少之又少。这个时候,Bathyscaphe就完美登场了,有一种备胎顺理成章摇身变正牌的feel。

五十噚的创造者让-雅克·费希特(Jean-Jacques Fiechter)本人是这块手表的最佳代言人,能查到的历史资料一致声称他毕生痴迷有二:一是莎翁剧作,二是发烧友级潜水。坊间传闻他哼唱着莎士比亚《暴风雨》中的名句"五噚的水深处躺着你的父亲……"创造出了五十噚这块世界上第一款专业潜水腕表,并以英制长度单位"噚"来命名。这,当然,百分百是一个因喜爱而创造出经典产品的成功案例。

五十噚,小一百米,说的就是这只表可以下潜的最大深度。

这一命名饱含费希特对剧作的迷恋,更凝结了莎士比亚的智。因为在莎翁狂热于创作的年代,市面儿上不曾出版过任何一本语言指南手册。也就是说,当时的剧作家是没有地方查证自己所使用的生词、难词是否合乎语法和语境的,甚至连"查证"(look up)这个词都在大几十年后才出现在英语词汇里。但莎士比亚、埃德蒙·斯宾塞(Edmund Spenser)、培根(Francis Bacon)这些大师的天才之处就在于他们不需要任何参考书,就可以准确地把词汇投掷到它应当出现的位置,我相信"噚"就是这百万词汇之一。

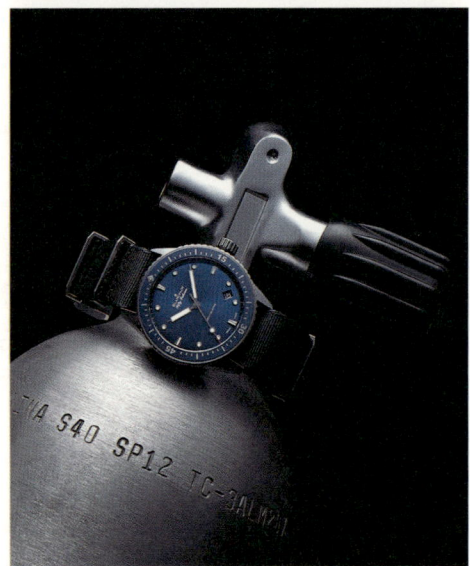

五十噚阳刚，有种仪器之美；"深海潜水器"（Bathyscaphe）更优雅，是"正装式"的复刻。本篇图片由宝珀提供。

钟表编辑们曾经开玩笑说早年的军表都是功能走先，不太在乎颜值的，从这个角度看我觉得宝珀是值得为自己鼓鼓掌的。以军表为起点，首次投产上市就是"服役"于尤贝尔蛙人特战队，五十噚却难能可贵地拥有丰富细节但不张扬，值得一再回味。群里有个老表主曾动情发声："五十噚和金光闪闪不沾边儿，你远远看它黑乎乎的一坨老朴素了，但一近身，发现是高档货。"

正如我之前曾提到过的，五十噚的"高档"高档在它着重体现的是腕表的仪器感和仪式感，那种豪华的线条好像超越了设计者所声称的"专业潜水队员的工具表"这一初衷，真的戴它下水？我猜事到如今很多人依然过不了"舍不得"这道心理关。简单来说，它不像表，更像是一台小型腕上潜水器。

谁知道他们就真的把军用五十噚缩小尺寸，调整细节，以"深海潜水器"命名，在五十噚诞生后的四十年，为和平年代那些走在大马路上的迷弟迷妹们推出。而我自己的这款，就是宝珀在2013年推出的复刻款。

复刻的，正是1956年的初代设计。

好的，终于进正题了。我自己从差不多今年六月开始戴Bathyscaphe，正当（潜水表）季。我在佩戴的第一天就在微博上大力赞颂这只表，赞颂的要点竟然是轻。在此之前我的购表习惯是冲动型的，赶上啥买啥，而且固执地喜欢存在感强的、有点儿分量的男装运动表，接二连三地把几个知名潜水表都收入囊中，虽然不后悔，但一天戴下来手腕真的太苦了，仗着年轻，我心里想：苦算啥,它酷啊。

所以在入Bathyscaphe之前,摆在我面前最实际的问题是:到底有没有必要再进阶,投资一只高级品牌的潜水表?我能不能做到一而再再而三地反复佩戴它?但试戴的时候它就已经部分征服了我:请问这么轻的表不天天戴是要干吗?

它的轻我觉得大部分来自航海帆布表带的使用。我对表带的选择有个偏执点:几乎从来只选钢带。因为皮带和橡胶带初戴都"艮",硬邦邦的很容易在手腕上错位或支棱着,表盘歪到一侧。这个细节虽然小得不得了,但在某些瞬间对职场人士来说是礼仪上的灾难。

航海帆布表带从第一支五十噚用到现在,除了专业考量之外,我觉得最大的优势就是轻便耐磨、弹性好又亲肤,戴得越久越舒服。还有它的可塑性真的很强,跟爱马仕的小Twilly搭在一起也不唐突,还莫名呈现出一种刚柔并济的女侠气质(为了引领潮流我已经口不择言了),试想如果是钢表带,将不会有这种效果。

而通过各式各样的街拍不难发现,Bathyscaphe虽然身怀军表和运动表DNA,但将它与上班的西装套装进行搭配,既不抢风头又不突兀。这其实是我最为推崇这只表的地方:它的复刻是不粗糙的、正装式的复刻,是上班族可以容易地依照街拍图模仿搭配的。因为当你凑近研究它的细节,会发现那些调整过的圆点刻度、粗细结合指针、斜切面表耳、表圈等的确沿袭了初代的设计精神没错,但更加强调的,其实是新时代的利落感。

从前两年开始，宝珀又把普通钢款材质更换为钛合金或者陶瓷，三个月前我路过银泰中心时曾好奇试戴，上手后已经轻到感觉不出什么了。而近期最为让人印象深刻的作品，则是通体全蓝的Bathyscaphe飞返计时腕表，腕表身后更强烈的引申义是公益和慈善，但它被呈现出来的那一刻，我在心底"哗"了一声，很清新。对普通的消费者来说，讲真，慈善不慈善或许不是关键，它对我们来说是虚无缥缈、似懂非懂的。但如果每个"为慈善"而作的产品都保有这样的水准和诚意，还愁没有大批表迷积极赶往为海洋环境增砖添瓦的大道吗？

写到这儿其实我自己有一个领悟：哪怕每一家都在做潜水表并宣称自己由来已久的军事用途，但真正出彩的设计，还是会跳脱出比较类似的产品，让人心甘情愿地为它买单。

最后，入门级别之上的爱表人顺理成章地更加看重手表的机械性能，那么我也提一提。Bathyscaphe理论上的优势依次是：潜水、防磁、五天长动力。体现在日常佩戴中，我觉得就是省心。你隔三岔五地戴戴就行，不太用惦记勤上表、调日期这件事；另外都说硅游丝双层表壳很防磁，其实对我们普通人来说就是一句定心丸："不懂，但听起来很厉害的样子"，不过为了写这篇推送我也破天荒地测了一下误差，仅有±1秒/天。

但我真心劝大家不要老有事儿没事儿地掐表算误差，并且大惊小怪地拿一次结果去当人形公平秤。想拿机械表们当新闻联播对时器的话，那么我建议你不要买。买一个iPhone，把所有时区勾出来，最准了。

再说说潜水功能。有天群里聊天说到下水要不要戴五十噚,炸出来几个宝珀表主。一个说,我舍不得戴,真的,这个理念还是你传授给我的(他云指了我),你说水鬼是工具表但五十噚更像有仪器感的艺术品,有点不忍心戴艺术品下去造。另一个说,下水出来,戴着一款艺术品撩头发,太酷了,表姐觉得呢?我冷冷地答:"主要看身材。"

不过话说回来,我毕竟是一个溺过就再也不敢下水的旱鸭子,所以这只表的水下表现我是不会帮你们测评的。即便敢下水,我还是舍不得戴,过不了这个心理关。因为我穷惯了,要把表留到大场合戴,显得自己特别有钱(说完这句话的我戴上墨镜昂首挺胸地转身走了)。

五十噚还有一个绝杀值得一提。在付款前30秒你会出现常规性的踌躇,那个时候我大多数的心理活动并不是"这款表值不值",而是"我的天,最近花钱花秃噜儿了",然后开始云加减自己到底花了多少钱。会察言观色的销售看你还在犹豫,就会适时地提出宝珀的表盒——就是那个找美国塘鹅(Pelican)做的防水防爆的小箱子。这个刹那非常蛊惑,你最后一道心理防线约在2秒后被击垮。

有位读者在群里飞速打字:"销售还说你可以用这个装上戒指,沉海底去,然后跟女朋友假意潜水,借机求婚。"

这位销售,真的好有生活情趣好会卖哦,气!

Audemars Piguet：浑身上下都是棱角

顶级腕表界的时髦分子

女人活到二三十岁的时候有一天会非常奇妙，在某个时刻她很可能全盘否定自己之前的审美：开始化低调的裸妆；讨厌自己穿得像个蜻蜓似的，试着去体会节制的美感；终于意识到冷色调金属（钢/银）的质感多少有点单薄缺乏层次，发誓要大规模拥抱温暖的金。把我彻底领入这个时刻的，是去年年初在日内瓦钟表沙龙上爱彼那一条有关"金"和"金色"的短片。

我现场举着手机拍下整条视频，咬牙使用4G流量传给了好朋友，附文："你学习一下，这才是时髦啊！"她回我："别扯这些有的没的，啥时候买？"我很沉着（李总般地）："合适的时候。"

合适的时候——我说得比较要脸——意思就是我买得起的时候吧。

不知道从什么时候起，我想大概是打知道这个品牌的第一天起吧，爱彼（Audemars Piguet）就给我一种奇特的观感：它奢华张扬却同时可以经受住最挑剔的时尚审视，这在手表世界是十分难得的存在。连天生就容易跟暴发户品位扯上暧昧关系的黄金和玫瑰金，在它手里也化腐朽为神奇，荡漾出一股时髦贵公子般的气质。

更妙的是，品牌拥有者似乎还推崇着一套远离潮流的价值取向，这也直接使得它吸引到的爱好者，很少会使用拿好东西给自己壮胆儿的炫耀式句式，而是发自内心地喜欢，痴迷于手表本身：它的奢华、低调、个性、细节和与时髦的关联度。当然，这跟同级别品牌的受众群中爱彼爱好者更为年轻不迂腐也有很大关系，这个后面细说。

Audemars Piguet品牌起始于1875年，两位来自不同钟表世家的年轻钟表天才米尔斯·路易斯·奥德英斯（Jules Louis Audemars）和爱德华·奥古斯特·皮盖（Edward August Piguet）在顶级手表命脉之地汝拉地区的布拉苏丝（Le Brassus）创立了它，到今天品牌都从未易主或归并于哪个奢侈品大集团，依然牢牢地锁死在两大家族的控制下。从以上发展史上看，我觉得创始人和历任家族成员都非常捍卫这个品牌的血统和精神，另外一个佐证就是正因为出身如此，他们坚持研发具备超薄、复杂功能、镂空等元素的机芯，并将其中的小部分输出给其他十几家著名的高级钟表企业常年使用。大家感兴趣的话可以上网搜一搜这个名单。

所以，不要因为腕表长相俊俏而误会了爱彼，它根本是一家以制表技艺赢取人心的手表企业。

这也解释了为什么在千禧年抵达之前，爱彼决意连年推出集制表技术和工艺大成于一身的八款腕表，你可以说它们是对两个多世纪钟表发展的总结，也可以说是以飨粉丝，但在我看来它们更是为"收藏级别"的腕表定出了一个标准。有这些东西在，某些品牌在吹牛的时候还是要掂量掂量自己几斤几两的，不能闭着眼睛瞎吹了。

表迷们蠢蠢欲动，很老派地为这一系列起出八十年代风格小名儿："八大天王"！

"八大天王"当然不是我们普通消费者可以随便觊觎的，但我们也有自己的小目标——皇家橡树（Royal Oak），无论跟谁聊到爱彼都忍不住兴奋地搓搓小手儿。

1972年，当时刚刚自立门户不久的设计师杰罗·尊达（Gérald Genta）为爱彼设计了这款腕表，皇家橡树是"一棵在战役中保护了英国查理二世的橡树，同时也是皇室战舰屡次选用的名字"，这个梗我想大家都知道吧？但于爱彼来说，这个名字更多了一层延续皇家和贵族名望的寓意，据说其中的某一艘橡木船身外面还包裹了一层精钢，正如初代皇家橡树一样，曲线完美，内心金贵，伴随着浪花和飞沫诞生。

二十世纪七十年代是一个什么样子的状况大家心里都很清楚：时尚界被异国情调席卷，计算机时代的来临改变了工业设计的思路，石英热潮将传统制表业击落谷底。所以爱彼的这个举动是极为前卫大胆的，不仅仅在设计上新奇惊人，而且第一次在高级制表领域提出来一个闻所未闻的概念：要打造奢华的运动表。

奢华配运动表，走到今天这个概念已经被爱彼吃得透透的。

去年十月爱彼在上海开展，历史上难能一见的表款悉数到场。当时我拍下72年那支皇家橡树的照片发到微博上，有位年纪很轻的粉丝留言："表表，我真诚发问，有没有哪款表外形很像AP，有个金属外圈加螺丝，但是价格在三万以内呢？"大家都在下面岔他。

这件事对我的启发是：哪怕时隔四十年，皇家橡树对于90后甚至00后都依然保有强大的号召力。这只能说明一件事——如果一个设计可以长盛不衰，那么它的吸引力一定来自设计本身的魅力，而不是什么古怪风潮的影响。因为未来的人不会在乎今天流行的风潮，只有真正好的设计才会在每个时代都"杀很大"。

之前在一本讲设计的书里面读到，豪华汽车品牌团队有专精汽车把手的技师，一如伦勃朗工作室里会有主攻禽鸟颈部环状羽毛的专家一样。皇家橡树之所以禁得住推敲，是在于它每一个细节的质感：八颗固定表圈的六角形白金螺丝、流畅现代的表壳线条、超薄自动上链机芯2121……还有，据说表盘工艺大师罗兰·蒂尔（Roland Tille）当年在一台传统格纹机上专门为这款表创造了装饰纹。

有人曾经跟我点评，这些叫作"Grande Tapisserie"的盘面饰纹是爱彼最不落窠臼的一笔。

从第一天起，皇家橡树和比它晚20年诞生的皇家橡树离岸型腕表，大多就都有着固定的设计和风格：前者更为经典斯文，而离岸型因为全部是计时码表，更经常地被认作专门为极限运动打造的强力腕表。我曾经不自量力地直接把它们套上手，结果整个手腕都被腕表吞噬掉了，看起来太可怜了，辜负了我爸每顿两个纯肉菜配大馒头的家庭常备菜谱。

这种情况直到皇家橡树系列开始出计时码表才好转，毕竟后来他们收敛多了……

那个时候你会不得不承认，哪怕有钱，消费皇家橡树也是有门槛的。有些"有型"，不是谁都驾驭得了：你要准备好小臂线条明确的体格、带风的气场和健康均匀的肤色。

而那些跨越过这道线的表友，我见过他们中的许多就肆意妄为起来，上瘾似的收集各式材质、配色的皇家橡树或者离岸型。我女性朋友王姐对此百思不得其解：这不都长得一样吗？有必要出一个买一个吗？

从以钢材质打造"豪华运动表"并大获成功开始，皇家橡树系列就成为我们心中"贵公子"的必戴之物。图片版权归 Audemars Piguet 所有。

另外一个直男朋友冷笑回应："土鳖，想想你们买爱马仕包那劲头儿吧。"

的确，表和表怎么会一样？那些每年全新开发的锻造炭、钛金属、陶瓷材质、刺绣图案，限量版指针的一抹红，宽一点窄一点的时标和指针，计时小表盘的位置，表壳表链的打磨……单就背透不背透这一点，就足够让人选择焦虑的了。而相较于这些看得到的设计，这些爱好者更看重的显然是爱彼制表工匠的手艺以及经典作品不断被革新的创意。

拿今年的新表举例，我最喜欢霜金和皇家橡树系列的计时码表（镂空的太贵，我敢爱不敢言）。霜金是一种佛罗伦萨的锤金工艺，整个铺陈在表壳表链上，一闪一闪的好看哭了，配合表盘标志性的饰纹，既不过于张扬，又拥有丰富的细节，值得反复回味。

计时码表这个话题更值得单开一篇大书特书：很难有谁钟情机械律动却不想亲手把玩操作一流的计时码表。皇家橡树系列的计时码表比离岸型要晚几年，但它显然更薄更细腻，弥补了很多人想戴运动表但无奈咱东方体格输在起跑线上，只能含恨放弃离岸型的遗憾。

很多人抱怨运动表跟西装搭不上，袖口鼓出一大包，我觉得这是有关运动表的stereotype了。一来，除了特别求存在感的那一类，当代运动表已经学得很会克制自己了，何况作为做超薄的顶级好手，爱彼比较新的款式连壳带芯厚度控制在只有五毫米多一点；二来，就我经年累月在Instagram上搜图的经验而言，当代各国男性早就发展出一条拿质感很好的运动表去搭配西装的新路子了。

那么，能把爱彼戴得好看的男青年们到底都是什么样子的人？

这是在本文最后我想着重聊聊的。我提名一下Anil，一位手腕不戴上八斤手表珠宝就不会拍照的住在Instagram上的朋友，想让他单戴手表不加配饰地走出家门儿更是绝对没戏。

搜索并欣赏他的收藏，任凭你对金表多么嗤之以鼻，也会在心底轻轻叹一个"嚯"字吧。

我还留意到，前两年在爱彼余德耀美术馆展览的发布会上，代表这家企业发声的董事会副主席奥利弗·奥德莫斯（Oliver Audemars），是个以高领针织衫搭配机车夹克的时髦硬汉，绝非传统印象中那种在这种场合出现时永远西装革履的外企高管形象。

想到了比AP多了一个PLE的APPLE欤。

而在现实中，尽管最频繁地与爱彼产生关系的大都是"壕""粗犷""奢华""金光闪闪"这样的词汇，但神奇的是，如果你亲身去店里试戴或者接触到真实的爱彼爱好者们，会发现他们身上其实很少会流露出刻意炫富式的招摇，哪怕万众瞩目，呈现出来的也往往是把富贵拿捏得恰到好处的、阳光的、接受过良好教育的时髦贵公子气质。

反观将爱彼视为竞争对手的某些品牌，多年来我也有幸见识过以拥有这些表为终极目标的某些客人。无论戴多贵多稀有的表，出门社交时都只会讲三流笑话，令全场人集体尴尬，没人愿意接话，只想派一辆豪车赶紧把他送到虹桥火车站，打发他们踏上回老家的高铁时再给从流动摊位上带两盒无锡水蜜桃。

我们试图通过一些选择向外界表明自己是什么样的人，结果却往往自曝其短，事与愿违。

尼克·伍斯特（Nick Wooster）之所以成为老花花公子们矢志不渝的模仿对象，我倒真不觉得是因为他多有钱，而是因为任何人都幻想自己到那个年龄时，可以保有如他一般的姿态、型格、工作态度和气度。

这些可以把爱彼戴得很好的陌生人们，恰恰折射出品牌的哲学和价值观。

许多品牌都愿意偏离自己的设计初衷去向更多的亚洲消费者低头，净发布一些符合当下风潮的、无趣却好卖的平庸之作。但爱彼对品位的判定却非常"专横"，它的产品口味永远是属于爱彼而非你我的，我们可以不喜欢，但不能破了规矩。简而言之，它是需要我们慢慢走近它的那种品牌。但我认了。

至少这符合我对"奢侈品、工匠精神、顶级"这些词汇的理解：尽可能地低调于世、专注于物。

最后的最后，每家企业都夸口自己是创新的，但这种宣言并不能说明什么。有谁会认为自己陈旧呢？可现实的残酷在于：如果你自己就是潮水的一部分,又怎么能够预见得到潮流的方向呢?

在我看来,很多好的东西第一眼都不是最出挑的,甚至可能还会让人觉得太过离经叛道从而不被接受,这,是创新和颠覆的代价。因为它们是属于未来的,它们身上时刻有那种创作的紧绷感,在不断质疑自己,是超脱当代审美的。所以,别讲话,别反驳,保持专注,让时间和历史来证明。

希望爱彼坚持住,绝对不能投降噢!
拜托啦!

今次被沛纳海勾引了一道

这不合理，通常都是我先出招的

两个礼拜前，沛纳海（Panerai）的公关打给我说："表姐我们的新表到店了，你快来鉴赏一下，这个新品，厉害了，叫Due。"

一直以来我对沛纳海的感情是不喜欢也不讨厌，持很温和的中立态度，但这个Due，勾引到我了。

2009年，二十世纪福克斯公司出了一部校园歌舞美剧叫作《欢乐合唱团》（Glee），我直到第三季才知道这部剧的存在，并迅速沉迷其中，因为那个时候的我太孤独了，我翻来覆去地刷，哪怕不在看剧的时候也拿它当作生活背景音，企图让屋子里充满跟我无关的欢声笑语和音乐。也是通过这部剧，我学到"Duet"这个词是"对唱、二重唱"的意思，所以当沛纳海的公关在电话里提到"Due"的时候，我虎躯一震，"是时候了"，我像大多数drama的女孩子一样，暗暗给自己加戏：去看看我的青春。

很多人喜欢一个产品就能单纯围绕它本身说出个山无棱天地合来，我不行，我明白物件跟我之间的激情会迅速褪去，迷上任何一个东西也都因为它和我有过情感联结：我们曾在某一刻同时伸出触角，发送不足为外人道的讯号。

我因保罗·纽曼（Paul Newman）喜欢上劳力士迪通拿，但对保罗·纽曼的爱却绝非来自他钟爱的迪通拿，而是曾结结实实打动过我的一本书《出埃及记》，其电影版是保罗主演的，十分震撼，于是对迪通拿自然有层次更丰富、更值得回味的感情。我还喜欢NOMOS，很多看上这个表的人都会假装自己很懂包豪斯，我不懂哦，我只是对十八世纪的德国浪漫主义特别感兴趣，而恰好NOMOS不像格拉苏蒂原创或者朗格那么正襟危坐，它简单、清新、朴拙，让人很容易放下防备，暂时真诚地面对自己的情绪。

而这次的Due，像上面我所说的，它的名字直译就是"二、第二"，跟在最为畅销的Luminor后面，我理解就是说Due是这个系列的第二种壳型。这很重要吗？差不多，因为它变得非常薄，解决了很多确实喜欢大表但又真的无法驾驭市面上现有沛纳海款式的女孩子的苦恼。

我觉得沛纳海要为前几年手表圈的大表风潮负责，因为我觉得这潮流根儿上是由它而来的。但很多品牌也不管自己家有没有这个基因，一股脑儿挖空心思地给做大，反正现代人就喜欢大嘛。其实那不叫大，叫率性，特别闪动着人格当中真性情那部分的魅力。要说我国网友也真是最损的那批，黏上毛比猴儿都精：遇着真好的，他们夸不大动；越是遇着那一瓶子不满半瓶子晃荡的，反而夸得越狠，就等着人家得意得失去理智，从而出更大的洋相。很多丑大丑大的表款就是这么被不明真相地炒起来的，抹着自己油光锃亮的大背

Luminor 系列的表冠护桥瞩目。

头,越卖越丧失自我:欸我卖得这么好,不涨价还在等什么,骗上个三万五万先。

沛纳海不在这列,"大"是它骨子里的DNA。一个朋友说有次给他妈展示了一下沛纳海,他妈妈说:"哎哟这表咋比水表还大呢?"

这话部分正确,沛纳海可以说是从水中诞生的。1936年,品牌为意大利皇家海军制作了第一块实验作品Radiomir(大到47mm),专供突击队员在海底作战时使用。Radiomir这个名字来自沛纳海发明的一种亮度特别高的自发光物质,后来它被更新的材料Luminor所取代,这两个单词也成了沛纳海最出名的两条产品线的名称。

2008年我刚入行不久,有人跟我耳语:"懂表的人买劳力士,懂表又时髦的都去买沛纳海了。"对这句话的理解自然是见仁见智,但当时我只有劳力士的脑子里记住了另外一个品牌——沛纳海。我去互联网上查这个表的照片，我天，这表好选，所有表都长一样。

若干年后我才了解，2008年其实是沛纳海刚被历峰收购后第一次带着作品亮相，气势如虹。那个时候哪儿有什么人知道这个品牌，凡登集团（现在的历峰）的老大约翰·鲁伯特（Johann Rupert）之所以执意收购沛纳海，就是因为史泰龙（Sylvester Stallone）在电影《十万火急》中佩戴了沛纳海为其特别制作的Lunimor Slytech腕表，从而引发了富豪阶层对这个以制造古董军用设备见长的品牌的兴趣。

钱来了。

相对 Luminor 的大块头而言，Radiomir 系列线条更加流畅。

我觉得沛纳海蛮聪明的，他们不硬做自己不擅长的，也不被潮流所左右、忙不迭地跟风。到今天为止，沛纳海的几乎所有产品都在自己的历史资料中找得到文字背书。我上面说感觉所有的沛纳海都长得一样，事实上这并不仅仅是我的感觉，而是大多数普通消费者对它的第一直观印象。稍微熟悉点儿的大概会再加一句，有的表有一大坨表冠，有的没有。

活到今天，我终于把沛纳海的四个系列彻底分清楚。在网上写文章时，经常有人在我后台键入"沛纳海"企图获得一些自动弹出的品牌信息，每到这时，我就会跳出来冷冷问他们是不是喜欢这个品牌，有人说是，其他几个就很实诚，说因为要去沛纳海面试，想临时突击一下。

好的，今天李老师就把突击要点放一放。

Radiomir。沛纳海设计的第一款腕表，腕表名称来自表盘上那种巨亮的物质。这个系列的表很大，直径47mm，线形的表耳直接焊接在表壳上，表带宽。我觉得这个系列与我的气质最为相配，Lunimor的把头我戴太过了，而Radiomir的洋葱头把头和线形表耳是别具匠心、粗中有细的好细节。

Radiomir 1940。1940是指年代。其实四个系列看下来基本上就了解了沛纳海表壳的演变过程，再看新的Due，会秒懂。Radiomir 1940很重要，它大规模地变了变：表壳厚了，表耳不再是线形，改成跟表壳一块铸造了；表把头不是洋葱头，改圆柱了；整体感觉更凿实了，经过这一回合，抗打击能力再上一个台阶。

Luminor 1950。现在我身边的妹子们都能通过表右侧的一坨认出沛纳海了,也难怪,Luminor是沛纳海规模最庞大的系列。他们都在电影或生活里戴它:史泰龙、施瓦辛格(Arnold Schwarzenegger)、巨石强森(Dwayne Johnson)、成龙……我也不乐意再继续举例了,反正就是每一个人——每一个叫得上名字的动作巨星。Luminor本身也是一种自发光物料,比Radiomir更厉害。有多亮?坦白说我并没有在care,真正影响我们明面儿上观感的其实是表盘右边这一大坨——他们叫它杠杆式表冠护桥。这个设计的初衷是保护表冠和防止误操作,听起来合理,但在我看来它在当代社会更重要的作用是显得更炫酷和防身吧。

Luminor。之前Luminor 1950的表壳是为了意大利海军水下突击队员做的,到了和平年代,就再改吧改吧,让我们这些岸上的男孩女孩也都戴起来,参加聚会时秀秀肌肉,扮扮假洒脱,所以Luminor这个民用系列就诞生了。

我时常觉得,群众对沛纳海的感情可能会非常两极,因为它完全忠于军表历史的做法容易让产品在形象上过于扁平单一,导致喜欢的人对所有产品历史和机芯型号都烂熟于心,看不上又自认为稍微了解点儿什么的只需提一句"市场营销"就可以让同类心领神会,交换神秘一笑。

我从来不是沛纳海的粉丝,但由衷地觉得那些像水表一样的Luminor戴在拥有完美线条的手臂上美得不言自喻,任何能够驾驭它的人都绝对值得骄傲。它的设计并非我最推崇的那类,但对更多普通的买表人来说直白又易于理解。于我而言,这才是在抽丝剥茧

走进新时代的 Luminor Due 系列，保留特色，但整体更纤薄紧凑。本篇图片由沛纳海提供。

的设计过程中最为难能可贵的思路。

很多女孩子哪怕非常娇小,一旦选对了系列,换一条表带,也能驾驭得恰如其分。这说明无论穿衣还是戴表,身体条件是一回事,由内而外的精神面貌才是拍板儿定性的关键指标。所以,我根本不关心Due到底薄了多少毫米,因为从各个品牌以往的实际情况来看,喜欢的人会一如既往地叫好,不喜欢的人依然会理都不去理地嫌弃。

文章写到结尾,本来想一如既往地推出一个观点给大家反复回味然后一拍大腿感慨:说得真对啊。但仔细想想,这次没什么观点,就希望大家敞开了做自己吧,不要老是想着证明什么或者做什么事去堵住别人的嘴,别人的嘴永远堵不住,再说了,堵住了,又有什么用。

Reverso: 最时髦的方形表

时髦是不卖弄时髦，并给时髦留有想象空间

我朋友@Sherry沈上周发来微信："问你噢，我想买一只积家（Jaeger-LeCoultre）的Reverso你觉得可以吗？感觉这表争议好大啊，网络上有人说它不服手，戴上没看着好看之类的。"

不服手？呵呵，恕我直言：这只表，服过谁？

我当即洋洋洒洒给她回了三大段，尤其提倡去专卖店里试戴，如果特别想买，忍住，等一等更新的Reverso One，它不单单是更新，而且更具女性趣味，有声有色。末了还十分严谨地附图两张。她猛敲键盘："啊！我觉得你说得好有道理啊！"过了半个小时，她又发："我现在在专卖店里，还是买了……"

好的，我的这些个朋友，没有一个听我的，她们愿意咋样就咋样吧。

十几年前刚入行时，我根本记不利落积家这个品牌，如果谁说它是一个小众品牌我是可以干脆认同的。但随着时间的推移，真假"小众品

牌"看多了，反而渐渐笃定了自己对它的爱。定义为"小众品牌"并非寓意积家缺少死忠粉儿，而是因为在我眼中它绝不像某些品牌，有意识地与大众保持距离，反而懂得如何在格调和销售量之间守稳微妙的平衡：既没有在突然盛极一时之后品尝被无尽仿造和山寨的命运，也不会舍本逐末地将力气铺到让自己与流行背道而驰这件矫情的小事上，而是低调又坚定地做好自己所擅长的技术和创意。

因此，积家得名"技术宅"。

"技术宅"这个名号，我一半同意一半不同意，喜欢积家，并不是因为它自行研发出上千枚机芯给自家和其他品牌搭用，也不是因为它做的复杂功能对我来说有多么致命的吸引力。而是因为作为一个普通的消费者，积家的产品把准了我的七寸，没有大logo、大装饰、大到可笑的表盘尺寸，不招摇但节制又得体。环顾周围的同品牌买家，大多数都呈现出一副受过良好教育、挑剔的、内敛的、难以被取悦的精英形象。不得不说，这些人才是无数品牌梦寐以求的财富。

在这个外向求胜的年代里，积家最为"卖弄"的设计不过是八十五年前就创造出来却一路热卖至今的旗舰型表款Reverso，无论多少次，每当我给周围观众演示这个"滑动—翻转"的动作时，总会收获"好神奇啊""真特别！"的评价，作为一个理智的技术强牌，这已经是充满惊喜的创意上限了。

但有趣并非Reverso诞生的初衷。

"为承受马球运动的猛烈撞击应运而生"这个梗想必大家已听过

三百多次了，我还是不能免俗地再稍微给捋一捋：二十世纪三十年代在印度军队中的英国军士酷爱马球比赛，但众所周知，手表表镜多脆弱啊，所以在激烈的比赛中大多数手表成为牺牲品。为了想办法让这些表更结实，军官的老熟人、钟表商塞萨尔·德·特雷（César de Trey）回到欧洲就求助于跟自己走得很近的钟表师雅克-大卫·拉考脱（Jacques-David LeCoultre），一起头脑风暴出这个可以翻转的表壳——把它推出表座，翻个面，平时看时间的表盘"藏"起来，用金属面示人和防御。

得名"Reverso"就是因为这个词在拉丁语中的含义是"可翻转"。由此，钟表界的一个热卖单品诞生了。

我第一次见这个表的时候不知道它会转，只是单纯地被Art Deco风格的矩形线条所打动。毕竟在圆形手表的主流大浪中，矩形不单单代表敢为天下先的先锋精神，还要承受得住一不留神就捆绑出现的比例灾难。本文开头网友提到的"不服手"我猜想就是手腕宽度与表盘之间的尺寸碰撞所导致的，这也就是为什么相较于更为老练世故的圆形设计，我坚持方形腕表更值得去店里真刀真枪地试戴几次。而最终顿悟到它可以滑动的机关之后，纵使老艺术家我也不禁跺脚感慨：这位钟表界的理科生浪漫起来真不是人。

正因为Art Deco万变不离其宗的风格就是做减法，Reverso多年来坚持在设计中保留单纯的线条和简洁的功能，直到二十世纪九十年代，搭载复杂功能的款式才陆续面世。即便如此，整条产品线还是延续着清冽的气质和愈加时髦的线条感。这种设计在以繁复为美的年代难免会被人诟病太过清汤寡水；到了崇尚"Less is More"

02 手表・Reverso：最时髦的方形表

积家双面翻转系列中型腕表以及表背千变万化的定制图案。
图片由积家品牌提供。

的二十一世纪，却独具某种预见性的摩登美感。

但有没有人不适合这样的表？一定有。Reverso并不适合沉溺于fancy设计的花蝴蝶们，但它是在穿衣戴物上更有自己主张人群的最佳statement式单品。因为想将这样的表戴出彩，除了要在财力上有所担当之外，更需要一点点桀骜不驯的艺术气质、对"追逐时尚"冷眼旁观的心态和得体不粗俗的消费观。

透过那样的佩戴者，即使是观众也可以含蓄地感觉到品牌狠狠的节制与不甘罢休的、工程师式的艺术野心。

如果抛开手表作品，单纯说说我为啥喜欢积家这个品牌，吸引我的不外乎格调和态度。不知道多少人在影院看大片时会留意到不少手表品牌斥重金获得的那五秒钟定格，积家却反其道而行之：他们先在《了不起的盖茨比》里抹去莱昂纳多手表的标志，而后悄无声息地发布跟《广告狂人》合作的限量款腕表。我到今天都记得，一个读者给我留言："我的天，我昨天走进香港路边的一家积家店，发现了《广告狂人》的限量款，它就那么躺在那儿，没人知道是啥，我立马给收了。"

这就是积家，它满足了我们无形间抖格调的隐秘心思，一种"就咱们知道"的荣誉感让同好们愿意继续追随这个品牌。

前几年，积家不但推出了一个美疯了的子系列Reverso One，还跟著名的"红底鞋"鞋履设计师克里斯蒂安·鲁布托（Christian Louboutin）合作了一道。后者曾经被戏称为"最为蔑视奢侈品行业"的人物,他从来没把接受和看好他的大集团当回事儿。

但我相信这些不足以成为积家对合作对象的考量。我翻了翻资料,鲁布托曾有过大胆创意,在自己的店里除了销售著名的红底鞋之外,还会生产更为隐秘独特的灰姑娘高跟鞋,它们数量有限,却成为顾客在这家店之外的地方不可能体验的独家记忆。除此之外,他还提供了一种定制服务,有需求的客人可以按照自己的脚定制出全新的、独一份的高跟鞋。

这些恰恰与Reverso翻转腕表的定制理念不谋而合。我对在手表背面如何定制的流程虽然知之甚少,但曾经见过有人把Art Deco风格的两字爱的箴言镌刻于表背,浪漫不浪漫先放一边儿,这么一来至少表被偷了对方也无法赖账啊!

还有人曾经抱怨Reverso实在太过单一,未来在市场上可能会表现被动,但纵使如此也挡不住广大粉丝对它的一片丹心。对很多持币观望的消费者来说,五到十万这个档位、有自己个性的产品,Reverso绝对名列前茅。特别是专为女性创作的Reverso One,更是搭上了独创字体这班时髦快车,向广大的文艺青年打开绿色通道。

最后,我并不觉得品牌和品牌之间有多大的可比性,更觉得只在一个时间点上横向对比所有品牌的人居心叵测。回到标题,说Reverso是最时髦的方形表,并不是纵观表界的结论,而只代表我自己的口味 —— 在我偏保守和传统的认知体系中,Reverso在纵向上持久又旺盛的生命力与我的个性最为相衬。有比它过的,我心知肚明自己驾驭不起；还有便宜多了的，也的确无法激发我的消费胃口。

喜欢它，就好像喜欢上了一个竟然有点浪漫的实验室理工男，你瞎逗他也意会，你无聊他也坦荡，不但都能稳得住神儿，还三不五时地给你拿出点儿惊喜。比起那些要死要活的大情大爱和没完没了的顾影自怜，我反而更愿意配合他那些处心积虑的小把戏和伪装在正统面孔下的叛逆诡计呢。

新时代戴金表，初衷早已高于"让别人看得到你"

大女主这一题，Boléro 押对了吗？

我认识一些社会上的朋友，他们对购买金表怀有强烈热情，或多或少流露过这种偏爱源自某种情结。

二十来年前，《古惑仔》系列影视剧让特定款式的金表成为小兄弟们梦寐以求的腕间符号，《伊莎贝拉》里那句著名的台词更成为中文世界里至今举凡提到金表必须引用的金科玉律。我们这些80后的老哥哥老姐姐因为很擅长自己感动自己，所以立马将金表情结纳入人生观的一部分：不要说戴表，人生在世，比让人看得起更要紧的，是先让人看得到你。从此，金表与越野车、花衬衫以及火锅一样，非但极具仪式感，而且成功地为事件主角笼罩上某种侠气的英雄主义色彩。在我看来，这些甚至已经与"钱"这个字眼毫无关联了。

似乎由劳力士牵头，金这种材质打一开始与腕表结合在一起时就非常硬核了：它超越了"财富"层面，直抵人的精神世界；它应当内涵丰富，直至与我们的价值观融为一体，表达某种态度。

紧接着时代风云变幻，一切都变得飞速而简短。奢侈品观在购买行为和消费的升级中一跃成为社会核心议题之一，金作为主要物料开始大面积出现在各类腕表甚至以前想都不敢想的运动表上。在贵金属腕表卖得最为疯狂甚至被理所当然地贴上"硬通货"标签的年代，人类财富积累的速度与手表的豪华程度以正相关的方式无限膨胀。

现在回头看看，谁不会为那十几年间社会的巨变以及精神高度兴奋到做什么都意气风发的自己而唏嘘感慨，那样的气氛让消费变得轻而易举：似乎苦难年代我们才需要精神引导；到了物质丰沃充沛的岁月，我们与心爱物件之间有足够多的化学反应就行了。

今天，在消费升级、消费降级、不消费都逐一成为令人狂热的时髦行为过后，我们对一切怂恿都失去了迎合的姿态，买东西越来越冷静理智，变得从自身实际出发。

之前在上海做了场线下分享会，主旨是尽量深入浅出地跟大家聊聊尚美巴黎（CHAUMET）刚刚面世的全金女表Boléro，所以自己也扮上了。两年前，我写过一篇《那种把买珠宝当日常的人》，曾用文字的方式给CHAUMET定了性并带着大家云观赏了一圈儿她们在紫禁城里那场气势磅礴的冠冕大展。打2007年首度进入中国市场以来，CHAUMET花了整整十年，献上了这场让业内外人士耳目一新、集体拍手叫好的古典盛宴，很多人看一次不够，还心甘情愿地拖来审美优异的朋友在浩浩荡荡的队伍末尾再次罚站。

我特别留意到民间风评中甚至有人毫不吝啬地盛赞CHAUMET为

珠宝界的CELINE：以轻盈干净的设计和艺术品位构建品牌命脉，故事性极强又易于传播。底子这么好就算了，CHAUMET还能做到坚决不去刻意拉高腔调，而是安静地展现高级质感，为大众在观赏时留有精神喘息出口，十分爱惜羽毛。

那个时候，新兴爱表人士都没有在意过CHAUMET的手表。客观说不止CHAUMET，大部分人面对所有以珠宝起家的品牌时，或许都只是理所应当地将它们的手表作品视为珠宝的某种延伸和附属，"捎带手儿做着玩儿的"那种。

事实上"珠宝的注脚"这种说法，在系列分布秉承极简和言之有物的CHAUMET体系内并没有错。不知道有多少人跟我一样，逛街逛得多了，就自然而然地意识到相较于其他知名珠宝品牌，CHAUMET的核心系列其实十分简洁好归纳，基本上就围绕着三大块儿：Joséphine、Lien和Jardin（最后这个花园系列是我的新晋心头好）。她们不太可能为了迎合当下的流行风潮，加班儿加点儿从天而降一个全新系列用来卖货走量。而市面上的这种爆款系列，大比例已与品牌的核心基因不存在什么关联了。

所以，当死忠粉儿们把该买的珠宝统统买过一轮时，顺理成章就瞄上了手表系列。在她们眼中，CHAUMET的手表同样脱胎于上面的三个珠宝系列，并与它们一齐折射出历史留给这个品牌的两大丰厚遗产：第一，结构繁复优美，象征着权力的珠宝；第二，当然是可以拿来传递心意的、充满诗意与大自然灵感的珠宝作品啦。

但Boléro多少有点例外，它走了一条全新的路。

从前我们总不可免俗地将"大金表"与劳力士和暴发户联系到一起,但今天 CHAUMET 的小巧金表为职场女士提供了另一种优雅搭配的可能。

这个系列筹备了将近一年,很多媒体进行报道时都宣称名字的灵感源自同名的慢节奏拉丁音乐,这种音乐以动人的旋律和重复性节拍为特色,并且恰好与CHAUMET诞生年份一致,似乎自有缘分安排。

我看完第一反应很真实:就这样哦?

老实说,对外行人而言,冷门的音乐形式如同盲区乱码令人云里雾里,诞生年份的契合也很容易被误会为牵强附会的解读。但当我把Boléro发到微博和群里时,马上有课代表发言:"波莱罗舞曲欸!"跟着这条线索再做一点功课,我发现Boléro实际上是二十世纪六十年代非常著名的一曲现代芭蕾舞,是当时的编舞大师莫里斯·贝雅(Maurice Béjart)根据1928年著名作曲家莫里斯·拉威尔(Maurice Ravel)创作的"Boléro"编排的。

我立马在微信上向中央芭蕾舞团的权威熟人请教:"Boléro是怎样的舞蹈和旋律,您喜欢吗?"她:"特别喜欢。我喜欢它更多的是因为贝雅的舞蹈作品,很有震撼力,重复的动作和音乐配合得天衣无缝,现代感极强。我们团想买这个作品,但他们不给,理由是要靠它赚钱的。"

于是我抱着搞学术的心态点开了这金贵的17分钟芭蕾,这一看不要紧,抛开"灵感来源"这些虚词,这舞蹈真正在视觉上给我这种普通人以强烈冲击和感染,并让我直观感受到其中蕴含的哲思:人与他周围一切人的互动。我这才算明白,什么拉丁音乐才不是CHAUMET想表达的,她们真正的兴趣所在,是Boléro芭蕾中对现代生活共鸣的那个部分。

从两百多年前开始，CHAUMET就是巴黎式学院派珠宝的代表品牌，她们的作品——无论珠宝还是手表——都与古典艺术、皇权有极大关联；她们最真实可信赖的客人，是公主王子、王公贵族。

然而Boléro系列的手表却弱化了所有的古典元素，在拍摄宣传册时找来了全世界的酷女孩：飞行员、芭蕾舞者、钢琴师、画廊老板、室内设计师⋯⋯镜头中的她们除了腕表之外，还恰到好处地叠搭了与腕表同时面世的戒指和全金宽版手链。我翻到飞行员的那幅肖像，马上联想到《夜航西飞》中的女主人公柏瑞尔·马卡姆（Beryl Markham），之前有人在微博中跟我讨论，如果《夜航西飞》拍成电影，最希望看到《英国病人》的女主角去演一演。

我想那是因为她们的脸既写满问题又是答案本身：孤独但温柔、坚韧、睿智、勇敢却没有攻击性。当代女性谁不想成为那样的妙人儿呢：一个可以遵从自己的意志生活并尽力活得精彩的人。

所以CHAUMET为Boléro取中文名"舞后"，表盘浑圆纯净似舞台，整条表带像珠宝一般柔软闪耀，希望它们可以点缀在那些把人生和世界当舞台的女性腕间；选择全金，是因为它广博深邃的物料特性，当人的阅历足够，金就会成为最画龙点睛的气质注脚。

线下活动当天，我为手表配了两枚戒指和一条手链做呼应，全身金灿灿的。其中一只戒指特别选小一码，卡在关节处，被很多人称赞是"最有风格的一笔"，眼睛恨不得一直追着它跑。很奇怪，以前这是我深恶痛绝的"暴发户"式堆砌，但现在似乎又觉得相当可以。这是我在变老过程中逐渐品出的珠宝和黄金的妙处：它们更懂得珍惜年龄带来的价值。

上月在伦敦跟朋友Grace闲聊，她是凯特·布兰切特（Cate Blanchett）的陈年老粉，《卡罗尔》播出后"大魔王"又斩获一批新的追随者，对此Grace曾颇有微词，觉得她们对偶像的爱不过建立在一个角色上而已，太浮于表面。还为新粉起了一个专有名词：Post-Carol era fans。

我们女孩间用无伤大雅的玩笑话表达着初升死忠粉的骄傲，但写这篇时我不断想到，我们曾经对有些人和物件无感，后来因为某个瞬间爱上，会不会别人一样觉得我们的爱太过肤浅、禁不起推敲？我们爱上的或许只是她们的一面没错，但这一面同样启发到我们：看，原来在不同的人生阶段，我们欣赏美的坐标其实是在不断改变的。

所以回到本文主题，无论是CHAUMET还是金表，曾经都被贴上过深入人心的标签，后者更常年在互联网上受到十分两极化的点评。那么你更欣赏它们的哪一面？其实无需回答或争辩，因为这本身就是一道没有正确答案的题，你处在哪样的人生阶段，就会拥有哪样的视角。

最近我读了一本行文优美又幽默的好书，名字叫《俄罗斯绅士》。故事讲的是在俄罗斯变革年代，被判软禁在克里姆林宫对面大都会酒店中的旧时贵族罗斯托夫伯爵如何以自己的视角观望社会巨变，并与此同时在软禁的酒店内开启人生新篇章,从而在精神上进入更广阔天地的故事。

其中有一段他提到自己的父亲为什么会向著名钟表品牌定制一台双响钟：因为父亲一直认为,人应该密切关注生活,而不该过多地关注钟表和时间,所以他希望一台钟每天只响两次,一次在中午十二点,这一声是对整个上午辛勤工作的总结,让我们心安理得地坐下来享用午餐；另一次在午夜十二点,它作为一种劝诫,质问我们是不是因为白天的大把时间都浪费了,所以到深夜才想起来有事情没做。

所以你看,今天CHAUMET希望当代女性可以常常思考自己与世界的关系,这反思并非在这个时代才会诞生,未来也一定不会断。她们试着将领悟出的小小哲思装进样貌现代的"舞后"腕表,像是悄悄脱离了自己的DNA似的。

但谁承想兜兜转转,"舞后"腕表歌颂的生活方式,又押中了百年前的贵族哲学？

3600 块买的香奈儿 vintage 黑金腕表

却让我体会到了难能可贵的惜物之心

昨天晚上回家很晚,工作台上放了妈妈给我切好的火龙果,我拿牙签小心地吃,边吃边脱表。

我只对Chanel这只表小心翼翼,别的表,伤痕累累,我不在乎。

去年九月。

日本东京中野地区的Jackroad表店早已被国人踏烂门槛,我去了,视线所及没有低于六位数的表,我被突如其来的贫穷感袭击了。就在此时,瞥见了标价不到九万日元的Vintage Première.

1987年香奈儿做了Première,第一只女表。做的时候他们想到香奈儿本人特别自我、讨厌被约束,所以拿掉了刻度,只保留指针。腕表形状和皮穿链使用了当时品牌已经成名的标志性设计——芳登广场俯视形状、香奈儿5号香水瓶盖和包袋细节。

取名Première是因为这个单词在高级定制服装里代表"首席裁缝

师",给第一款腕表讨个好彩头。然后,香奈儿在蒙田大道开张一家腕表店,独独售卖这一款表。注意,整个店里只有这一个选择。

Cool! 与众不同的创意其实从那时开始就好像水一样流动起来。但与现在不同的是,那时酷的人很少主动提醒别人自己很酷,很棒的公司更不必坚称自己非常顶级。

要有时有点boring,有时有点疯狂,再来一个绝妙的创意,这创意才妙得不得了。

对这只表,我起初不太有感觉,还说过不少坏话(约三千字左右)。

02 手表・3600 块买的香奈儿 vintage 黑金腕表

香奈儿的设计语言几乎体现在所有系列的产品上：皮穿链、菱格纹、Tweed。

怎料试戴上手，我无话可说。

"我要了"。
日本店员示意我等一等，他找来翻译，翻过手表，特别指出皮穿链的部分有一点断线。

"反正我要了，我听过的最低价。"我低头编辑朋友圈。

"因为那个瑕疵，我们再便宜你两万日元，维修费差不多是这么多。"他讲得诚恳，微微欠身。

我删掉刚刚提交的朋友圈文字，重新发："好的，史上最低价入手香奈儿vintage黑金腕表。"

之后店员掏出表布通身擦拭，好像在擦传家之宝。

懂得器物之美的，日本人算一个，意大利人再算一个。

我很感动，为了表示自己会好好对它、爱它、敬它的决心，我当着店员的面练习单手开合十余次，直至整个过程行云流水。我不容易。

然而，从去年九月戴到今天，皮穿链并没有恶化哪怕一点儿，戴它出门被赞漂亮时我常常会脱下表给朋友看背后的瑕疵，"真的很怕它老人家撑不住啊！"我哈哈大笑。

可其实买它的时候哪儿顾得上这么多。那个瞬间，是心甘情愿地被无限膨胀的购物欲所控制，眼睛里容不得别的，耳朵里放不下一个"不"字，非常傻，但我们都有这种时刻：甘愿做一个快乐的傻瓜。

我要感谢我自己，买了这只表，它不完美，却让我体会到了难能可贵的惜物之心。

劳力士全球首次且可能是唯一一次的 11 人局，I Was IN

我还是唯一一个被授权穿着大褂站在 Rolex 标下拍照的哦，好潇洒

十一月十六号，劳力士两个月前千挑万选了这个好日子，史上第一次对十一名重要媒体人开放北京劳力士维修保养中心参观。

公关九月打给我电话的时候我还在日本度假，她应该是环顾了四周，撂电话前低声附耳给我来了一句，"咳咳，不但是史上第一次，很可能还会是唯一一次噢，愿不愿意来？"我是那种在路上走着走着看见糖炒栗子排大队都要放下一切很投入地加入其中的派对型人格，当下立刻说了两百八十多次"I do"。

上午场，只有五个人。我环顾四周，都是各种平媒、网媒的主编、创始人之类的，只有我，是一个孤单的虚拟人物。介绍到我的时候，公关说，"这位就是当下正红的%#$#$#$（我的网络ID）"，大家就心照不宣地集体干笑着。我心里很苦，时代淹没了我。

为整场参观活动导览的是北京劳力士维修保养中心的负责人，他来之前工作人员特别跟大家强调：全程不能拍任何一张照片，也不能录音。于是每个人都露出一副"那稿子要用什么来配图啊"的表情。

我不怕，我一个月前就撒过娇了，还拍了独家照片并且已经得到了劳力士瑞士总部的授权。于是我潇洒地把手机往桌子上一放，"那就干脆不带手机咯"，大家虽心事重重，但纷纷效仿此举。我贼不贼？

劳力士在北京的维修保养中心今年才从东方广场搬到世纪财富中心，在三层和五层：三层分别是劳力士和帝舵的接待处，五层是整个维修部门。劳力士的接待处当然以绿色为主调，一侧送表一侧取表，还有一个小单间；到了帝舵一侧，是同样的格局和编排，配色变为红黑。在这个区域我问了个直指灵魂的问题："到底有没有遇到过假劳力士送来维修？"但在负责人先生心中，这种情况罕见，退一万步说，如果真的发生，工作人员要做的头一件事就是尽可能去判断表主本人有没有意识到他的表是假的。如果答案是否定的，这就是最糟糕的情况。为了不让表主在其他人面前丢脸，接待人员会把他请进VIP小单间单独解释。不过劝大家不要效仿这种验证行为，想进小屋，多买几只表也能达到这个目的。

以前我曾读到一本书，介绍的是意大利建筑师欧内斯托·内森·罗杰斯（Ernesto Nathan Rogers）的生平和作品，二十世纪六十年代米兰最有特色的建筑维拉斯卡大楼就是他负责兴建的。他在1946年为 *Domus* 杂志写的一篇短评中曾经说："你只要仔细检视一只汤匙的设计，就可以看出创造这只汤匙的社会能建出什么样的城市。"此话当然有以偏概全的嫌疑，但绝对不失令人反省之处。

在二战爆发前，法国工程师皮埃尔·布朗热（Pierre Boulanger）设计了雪铁龙Citroën 2CV车，他从根儿上就没考虑什么法国味儿，只是想要设计一辆连法国农民都买得起的、坚固耐用并且禁得住1930年法国乡间小路颠簸的汽车，结果做出了2CV。再早一点，1926年，劳力士的创始人汉斯·威尔斯多夫（Hans Wilsdorf）在45岁的时候，把劳力士蚝式腕表推出市场并申请了专利。防水功能我们在当下看起来不以为然，觉得难道不是每个表都应该如此吗，但当下也并不是这样，不信你马上把自己的表扔进水池里试试看。再一个，从二十年代到五六十年代，劳力士的这个发明都是一个了不得的成就。

为什么？因为它符合保罗·格雷厄姆（Paul Graham）在《黑客和画家》中提出的好设计的13条标准中的至少两条：1.好设计是解决主要问题的设计；2.好设计是看似容易的设计。说真的，看似容易的设计、看似轻松的文章、看似只有几根线条的名画作、看似简单的推理……如果它们真是"看似的"那么容易，为什么发现的人不是你啊？

在劳力士维修中心五楼，我有惊喜。

不过表在通过内部运送梯从三楼上到五楼之前，要在三楼的评估车间接受一群爷爷负责的初步评估。意思就是在你把表送到三楼窗口，客服专员让你喝杯水等一等的时候，爷爷们已经手脚麻利地把表头表链全拆了，机芯、外观、防水各项检查完毕后给出一份评估书，修要花多少钱、成本要多少钱等，然后马上返回给你。能接受，表这才上五楼。如果只是调表链之类的小事儿，三楼就给你一站解决了，立等可取。

在五楼，我们凭借阅历感觉维修保养部门可能就是间小房子，充其量也就一个大车间，但信心满满地推开大门时，发现里面还有三十多扇儿。进去前头一件事儿就是穿白大褂。我是一个白大褂女人，热爱各种表厂的白大褂,但始终坚信不管白大褂之间是不是有区别,只要穿上了这件印着"Rolex"标的,就算是不虚此行。如果这时我有手机,不让其他人帮着拍上个1000000000000000000张是不可能罢休的。不要问我这个数字怎么念。

五楼通过温度控制、压力处理把所有的粉尘和污染隔绝,分成白色和绿色两个区域。白色区域处理跟机芯和外观有关的一切问题,绿色区域负责打磨。坦白讲,很多资深媒体人在一起时很难谁服谁的气,大家都是专家难免心里会互相杠着。但当天气氛一片祥和,主要在于所有人都被震住了,因为这儿真的不像是一个维修中心,而根本就是表厂本厂啊!

如果表真的有问题,到五楼来的第一件事就是机芯和外观分离,外观该清洁的清洁,该打磨的打磨;机芯则有两条路可以走:要么去保险库里,要么就去工作车间。在这期间,同一只表的所有部分都会挂上相同的标签,混不了。

手表外观能出啥问题?就我的经验,大部分都是因为用表太造了,表壳、表链都是划痕,想送回去打磨。打磨部门是我们最后参观的部门,但我印象最深,原因有二:一是劳力士对于手表的不同部分都有不同的打磨强度、工具和角度,十分精准。很多人认为打磨就应该让手表恢复到出厂时新表的感觉,但事实上,如果打磨得太狠而让手表外在失掉了形状的完整性,劳力士反而会建议客人量力而行(我感觉就跟PS别过度一个意思);二来,相较于英文"polish"这个词,劳力士更愿意称自己的打磨过程为"touch-up"。"polish"有一种用力过猛的机械感,"touch-up"则十分飘逸和艺术，大概讲的就是手艺人一点一点地精雕细琢。

真像我们的人生啊。任何事，太用力，都不好看。

而对于手表外部和机芯部分的维修和保养，两件事最醒目：1.不管你认为机芯出了多么小的问题，劳力士维修部门的师傅都会把它们打开全盘检查一遍，其中囊括超声波洗、各个功能组件涂上最先进的油等等，需要换件零件儿的，换的是劳力士总部提供的原厂零部件。2.劳力士引以为傲的防水功能会是保养过程中的重点。怎么做？师傅测试两次，是把手表扔水里那种实实在在的防水测试——第一次不装机芯，给表壳先抽真空再加压，看密封性，以及排氦阀门是否正常工作（这个测试前表壳应该已经被洗干净，替换好封垫儿了）。第二次测试是在手表做完所有维修保养送回Quality Control部门时，此时机芯已经装配在内了。

我们参观时正好有一只Sea-Dweller处在这个过程中，质检人员先锁紧表底盖，然后完成空气测试，接下来将整个表头丢进装满水的机器。我瞥了一眼，模拟的是1220米水下的真实状况，测试时间15分钟。表每次被扔进水里，我就跟着叹一口气。相信所有爱表人在这一瞬间都能产生共情心理：无论自己的爱表防水深度如何无极限，都万万不舍得这么对它！

测试走时的准确性也真不是每天在几点钟对对表这么简单。保养中心专门为测试机芯走时是否精准设有一台机器。怎么做？今天的某刻拍下一张照片，之后每天的这一刻都如此这般，积累到一定量后逐一分析这些天时针、分针和秒针之间的角度，最终确认走时精准度有没有问题。如此对待一只表，我们对它细致拆卸、多次试验、精心打磨，我们计算它们的指针角度，记录它们的走时，模拟它们的真实佩戴场景……生而为人，有时候真的会羡慕，会希望可以被人如此用心对待呢。

在参观之前，我问出了大家最想了解的一个问题："手表一直没问题，到现在都没保养过，也不知道该多久保养一次，这能不能行？"

答案是，手表到底应该几年保养一次并没什么硬性规定，因为这跟佩戴者和佩戴习惯的关系大了去了。二十四小时不间断戴着表和对它百般呵护的情况肯定完全不同。原则上讲，劳力士机芯的保养周期最长可以有六七年，但我个人建议不要等那么久，感觉不太好的时候就送去看看，因为既然花大价钱买了心仪之物，爱物惜物也理应成为做人的本分。另外，从前几年开始，劳力士就用绿漆印章代替之前的红色版本了，它代表你买的表已经拥有顶级天文台认证的精准和可靠性，而且保修从两年延至五年了。对于我这种鸡贼表主，肯定是在五年内越多次免费检查越觉得划算……

最后，劳力士的维修保养部门有46位师傅，一多半女性，有满头红发的姑娘也有朋克头的小伙儿，超像在瑞士手表工厂看到的那些年轻人。我看着有趣，便提问："录用标准如何？"劳力士给出的答案则十分感性：知识、技能、手艺，这些统统可以学，但乐观向上、积极热情以及对自己所做之事怀有大爱的人生态度更难得。在我们的人生中，一份工作可以充满热情地做到十几年、几十年，甚至会快乐地延续一生，这才是一个人可遇不可求的幸福。

就祝，你我都有这种好运气。

NOMOS 柏林设计工坊游记

如果能有一个品牌让我翻出兜里最后一块铜板为它买单,我想应该是 NOMOS。毕竟,我又不是玩儿表的,我买不起百达翡丽,不赖社会,赖我

昨天晚上打开文档要写这篇文,突然邮箱跳出某个电商网站的一封信,它质问我:怎么回事儿?你选的东西已经在购物篮躺很久了,给你15%的优惠码好了,等不了了,since styles sell fast。我突然意识到自己为什么喜欢NOMOS了,因为那是我的style。

我对风格的寻觅始于在英国读书那个阶段,那时特别流行MSN Space,有个ID叫作"毒药"的男生真是惊到我了,他有一张穿Dior Homme 2005年春夏夹克对比当年广告片的照片,那种病恹恹的疏离感和不把整个世界放在心上的神情所带给我的冲击力,远远超过现在任何一位"博主"。他让我看到了有关风格的弦外之音,就是形成自己风格的人不仅仅搭得高明,也应该有那个观赏性和声明性,它能清脆地击中观者内心,让每一天的穿戴变成自己的statemate(态度、声明)。

基本上从那时开始,我开始尝试一切并有迹可循,我喜欢简洁的、有趣的、稍微出一点点格儿但又在掌握中的设计,NOMOS就是其中之一。

第一次实打实接触NOMOS是在2010年的巴塞尔表展上，跟当时的公关初次见面时我开门见山地表示自己喜欢简单隽永的表，他说："那你喜欢NOMOS势在必行，我们特别包豪斯。"当时的我翻了一个隐藏得恰到好处的白眼：搞什么，所有德国设计都能按图索骥追溯回包豪斯好吗，包豪斯是提到德国设计时的安全牌。

谁知道，NOMOS不仅仅是"设计得包豪斯"，它竟然还拥有那种有趣的文艺气息和出人意料的直白，它们才是俘获人心的撒手锏。NOMOS在我心目中是手表界的Marni。

NOMOS品牌是在1990年柏林墙倒塌后不久成立的，名字NOMOS源于希腊文，其中一个含义就是"公正分配"。后来我手贱去查了品牌各种系列的名字，发现它们多多少少都有一点由头。比如最昂贵的两个系列，一个叫作Lambda，另一个叫作Lux。前者是象征着内在价值的数学符号，我自己对它的解读是：因为NOMOS腕表的设计非常低调简练，所以佩戴者佩戴它展现出的应该是自己的风格和价值观，而并非炫富或者显摆。后者"Lux"是拉丁语"光亮"和"亮泽"的意思，NOMOS将自己最高端的金表以它命名，可想而知指向的是手表的用料和设计。

如果不是公关给我仔细讲解系列之间有什么微妙区别，我是断断分不清谁是谁的，而对一般喜欢NOMOS的人来说，当他们在谈论这个品牌的时候，十有八九讲的是Tangente。

那些"长得也很包豪斯"的设计师将Tangente的表耳做出性格，刻度的字体变形、线条拉长，并在转弯拐角处小心翼翼地做了圆滑的

NOMOS 总部本身就是柏林设计的最佳例证。部分图片版权归 NOMOS Glashütte 所有。

处理，整个表盘立刻颇具童趣又文艺。昨天我读一个美国资深评论家的文章，他写道："可能大家有所不知啊，Tangente的表盘设计事实上很明显地被NOMOS在格拉苏蒂镇的邻居Lange所影响，两家企业的感情很好。"我上网一搜，还真是神似呢，这大概就是人们嘴里的"德风"。

迪耶·萨迪奇曾经在自己的书中提道，"我一看到iMac中的Helvetica字体，就好像看到瑞士"，而NOMOS就有那种本事，让你一看到它很难不想到柏林，并且衷心希望做这些设计的人最好永远永远给我待在柏林。

很多人写柏林，都提到了布兰登堡门、阿德龙饭店之类的影响历史的伟大建筑，提到了德国民族对于历史的反思。他们写得酣畅淋漓、感人至深，书袋掉得一级棒，但我不想跟着这些文字认识世界，我对这个世界的感知只可能从我自己这儿获得。我特别孤僻，心思只放在自己的喜好上。

NOMOS在柏林的设计工坊Berlinerblau坐落在克罗伊茨贝格（Kreuzberg）区的一座战前建筑里，是我去过的最艺术的办公室：全白内饰，所有空间被落地窗的采光打通。刚进门的地方用彩色霓虹灯标出"Ahoi Glashütte"，这块灯牌曾经是2013年NOMOS在巴塞尔表展时的展馆装饰，"Ahoi"是海员之间互相打招呼时"Hello"的意思，品牌不但拿来做设计工坊的装饰，而且干脆将一条运动腕表线命名为Ahoi，暗指：它的防水性和运动型可是禁得住海员佩戴的哦。这条系列最大的特色就是：在为手表上弦的表冠周围，多了两条保护桥。

目光所及，整个工作坊内最触动到我的是无穷无尽的心情板（mood boards），这个板子上有粉色便签，有隔壁超市买来的红酒，有胡萝卜，还有某种好看的药瓶和刀切口很完美的半截大葱……它们全部是可能最终会影响NOMOS设计的生活元素。其实整个办公室又何尝不是一个巨大的心情板？它是我小时候最梦想的那种办公室：文艺又质朴，让人兴奋却不敢大声讲话，在此每一天都为新的创意翘首以待，最后，这里还有你可以想象得到的最酷的男同事——我是不会放过他们的。

Berlinerblau之所以拥有源源不断的创造力，得益于专职设计师和freelancers（自由职业者），当中以马克·布朗（Mark Braun）最为出名，据说他本人的工作室就在同一条街道的拐角处，时常过来头脑风暴。而2014年那一枚在表盘上以薄荷绿色展示腕表能量的Metro，正出自他之手。

他说，我想做一些外形新颖但给人感觉特别熟悉的设计。这句话很普通，但在我看来一针见血地道出了包豪斯的真谛。德国包豪斯学派的设计师实际上是采用了美国建筑师路易斯·苏利文（Louis Sullivan）的观点"功能决定形式"，然后在自己的理解上加以修正：以最佳的生产工艺制造外形优美但服务于实用功能，同时让人买得起的设计。

好的设计不但是有趣的、清新的设计，还是艰苦的、为功能所用的设计。

托马斯本人41岁，时任NOMOS设计部门的负责人，先后在柏林艺

02 手表・NOMOS 柏林设计工坊游记　　　　　　　　　　　　　　　　　　　　　153

术大学和伦敦中央圣马丁艺术学院攻读产品设计。他本人非常腼腆，做讲解的时候一字一顿，他说，每一只NOMOS腕表的设计都从面前这一桌子开始。我们按动快门，嘎嗒嘎嗒嘎嗒。

他拿最新的Neomatik系列举例。这个系列看起来似乎只是把颜色变一变，再放入自制擒纵系统的DUW3001机芯一笔了事，但其实在颜色的选择上狠狠下了功夫，"我们想找到一种不那么传统的、更年轻的独特颜色，它不合乎寻常，却可以禁得住时间流逝"。他们最终定下香槟色，因为它更加subtle，比金色有更多种层次，还有一种闺秀的文艺气质。而表盘上"Neomatik"的字样则有千百种灵感源，如果非要指出一个——

"那就是常常去光顾的冰激凌店的小勺。"

讲到最后，他带我们来到设计工坊的中心区域，拉开了整整三抽屉各个时期设计好却从未发表的NOMOS表盘，它们完全不同于专卖店里素雅的色系，形成一面彩虹墙。保罗·格雷厄姆（Paul Graham）曾经说，在设计中，你应当培养对自己的不满，因为好的设计是一种再设计，扔掉早期的设计是需要自信的，因为你那时必须具备了一种本事：能够看出什么地方可以再改进。

而这对大部分人来说恰恰是最不愿意做的：他们喜欢没完没了地恭喜自己，永远故作轻松。

抛开表说说我自己。非要选的话，NOMOS的男表比女表更加可以打动我，可能我这种在考试中度过自己少女时代的人，基本上未成年就已失去了心肝，对太过女性化的东西，听着就挺累，赞不太动。而NOMOS的男表恰到好处地有一种飘忽于文艺宅男和森男间的气质，我不是赞这两种气质，而是喜欢这种直白的文艺，这种文艺并非简单地复制德国式风格，而是将浪漫主义最在意的诗意纳入创作当中。

柏林的名字和天空的景象都会让人感觉暗淡，但房屋和建筑的缤纷色彩又会在NOMOS表盘上被微妙呈现，一种别具矛盾的美感。我不想再形容下去了，简单说，任何一款，我都想要拥有。

上次三联跟我合办的饭局上，有清秀的男孩子让我推荐一款一两万的石英表给他，我翻来覆去想不到合适的，最后说："如果不嫌弃是机械表的话，你看看NOMOS吧。"他当即搜图，一见倾心，流露出一种"那我就破例买一买机械表"的面色。

我喜欢经典的设计，也明白昂贵品牌的昂贵之处，但我不喜欢很多品牌对创作小心翼翼的态度——要殚精竭虑地一路经典下去。在我看来，无时无刻的完美让人乏味，好品牌不必一路连着出下去全是一个又一个的热卖单品，而是要有点小众美（并且永远变不成主流爱）、有点怪趣味美、有点不那么美的产品，跟着再来一个经典美，这种美才似乎水到渠成，得来全不费工夫。

所以，我喜欢NOMOS，它当然不是最好的，但它给我留出了最大的想象空间，而最完美的爱，永远需要借助想象力。

不急着证明自己的人一般都知道自己是谁

标题这句讲得再文绉绉点儿，就是雅典表（Ulysse Nardin）领导班子某天深夜拍脑门给自己定的位，俗称深夜鸡汤。一直以来，"与众不同"这四个字在中文世界里被从无数种角度、用无数种措辞重新表达，企图让听众从中接收到某种不一般的力量。这脱口而出似乎很随意的一句倒是分外符合我们身处浮躁环境对那枚定心丸的期许：人享受自己投入在做的事情就很快乐，坦然正视自己可能就属于"那一小拨人"，而不是让别人看着热闹，自己给自己加封和助威，然后为无数title所累。

说真的，我从没想过雅典可以客观得如此心平气和。把改编的这句发到网络上，大家十分拥护，有人（ID:CtrlS）还贴给我她自己讲过的同款金句："一切急于向别人证明的自己都不是自己。"

所以这一篇，我就斗胆说两句"做自己"这个话题。通常我这样的感触和启发都得益于与行业内某位大师敞开心扉的交谈，今次亦不例外。

雅典表大家可能听着陌生，但在上个月SIHH国际钟表沙龙上他们突然从一路负重前行的小众品牌蜕变为众人交口称赞的表圈潜力型选手。这让爱雅典表爱在前头并爱了颇为长久的那批soulmate型粉丝不太好受：眼看着一个又一个放在心尖儿上的手表品牌被国人从觉得稀罕到炒到泛滥，这样的成长曲线和大起大落，他们可不希望自己的爱牌儿再重走一遍。

我在收看B站某个表展现场播报的视频里，发现当雅典今年的新表Freak X被主持人拿在手里进行实时讲解时，画面里除了它应得的赞美外也飘过来一条惋惜："最终雅典还是向市场妥协了，当奇想不再奇思妙想，好心酸。"

对此我并非绝对赞同，但心有戚戚的，刚要跟一跟，又飘过来一条儿："没事儿哥们儿，女的暂时还不认识这表，一时半会儿不会哪儿哪儿都是的。"嗨！我这个情绪就停顿住了，千头万绪间也不知道应该拉住前一个辩驳还是堵住第二个反驳，因此就把自己心里头的这些疑惑和问题啊，都留给了雅典新上任的市场传讯官弗朗索瓦丝·贝佐拉（Françoise Bezzola），我俩在表展现场见了一面，喝着可乐趁热聊了聊。

这一聊，表倒是其次，她开阔了我。

起先我对这个人有兴趣一是因为她的简历：职业生涯以丹尼尔·罗斯（Daniel Roth）、杰罗·尊达（Gerald Genta）大师的工坊起步，后来更是一路从Versace、Zenith、Tag Heuer走到现在的Ulysse Nardin。性格迥异的品牌到底会让一个人对手表形成什么样的看法，这是我迫切想知道的之一。再来就是个人私心了：工作场合但凡看到她都是成套成套地穿Gucci，在穿衣上的情绪如此浓烈外向，却服务于这么"男"且低调的腕表品牌，我就很想近距离窥探这种反差下的她到底是怎样的人。

雅典玉玲珑系列，6点到9点刻度间的那道钻石波纹，质朴之上闪着点点光亮，为整个表盘平添一缕闷骚之意。

先说结果。

当然是情投意合：十分喜欢。她有一句话深深打动到我，我问"creative"这个词对她来说意味着什么，她答，"……being a child in the body of an adult……And it's the ability to be surprised and surprise yourself"。我整理录音时发给朋友这句并附带评价："大人身体中的儿童视野，你看人说得多好啊。"

朋友："嗬！真是不错，外焦里嫩。"

弗朗索瓦丝这么讲当然是有原因的。将发展脉络往祖宗辈儿上倒，雅典的领土在海洋。他们头两代掌舵人做的事就是在小两百年前把怀表和航海钟做得尽可能精准，这个精准跟我们今天说的民用手表的精准还不一样。头几百年欧洲各国对海上霸权旷日持久的争夺让航海钟成为彼时每条船必备的GPS导航，在那样的语境下，精准意味着"把命给你"的那种精准。

好几个品牌都有航海钟专家的美誉，但雅典似乎独独专注于此，他们并不东一榔头西一棒子在哪个领域都要有存在感，就卯着这一亩三分地钻研，最后成了十几个海军都要官配的军用装备。

弗朗索瓦丝讲，可能因为与海洋靠得近，视野更容易打开，所以品牌的价值观中有一大部分是去探索和追求自由，在这过程中，顺理成章地意识到了另一个值得融入血液的精神必须是不断革新：新的技术、材质，新的机芯和表达方式。"我们似乎在不断描述自己的价值观，描述虽并非等同于价值观本身，但可以让大众在不知道我们是谁的情况下将我们区别于其他品牌，注意到我们。"

到了和平年代的现代表款，雅典乐于将自己的奇思妙想和革新精神浇筑到呈现历史故事和画面的珐琅表上，浇筑到将整个宇宙装入其中的"天文三部曲"上……它们无一不是对旧世界某种精神的延续，但在新的时代背景下依然言之有物，配以精工细作，毫不轻浮卖弄。世纪之交，雅典推出了"奇想系列"（Freak）：没有表冠、表盘和指针，通常置于表背的机械结构本身被拿到表盘上成为指针；至于零件和材质，都以表界最新研究成果武装。

它们非常先锋，毫无疑问不是偏爱安全牌消费者的首选，甚至不是第三、第四选择。但它们又代表着雅典表一贯的作风：有人负责做梦，又有人负责将梦境中的大胆和出格——破解。这中间没有干瘪的符号式创作，不为逢迎而设计，唯一的驱动力就是遵循品牌的初心：精准和革新。

有时我想，我们是不是应该珍惜和感谢这样的"自己可能读不懂"的设计，它们的存在真正地丰富了这个行业，而不是让我们在每一年满怀希望时又重复观看那些高度趋同的腕表产品。

但明明很好的表在市场上却没得到世俗概念中的"成功"，而一直以持守和不迎合来麻痹自己，我觉得更令人惋惜和心酸。因为这个世界其实并不缺少精英客群，他们对刻意而为之的"经典"早已没了追捧的兴致，可以欣赏产品背后更出于直觉的东西，这就是前面我想去跟弹幕辩驳的一点。我认为，一个好的品牌不但可以制造经典产品，让人从中获得愉悦，更可以在精神上鼓舞大众打破思维边界，提升自己，更成熟地做选择，这是更加难能可贵的。

我们与物件的这种共鸣才是健康的，而不是相反：因为怕"不被主流认同"或者"没赶上潮流"而去消费。

以前读过一个采访，其中有段落大意讲："设计师心中的苦恼，是当一些品牌被很强大的财团公司收购后反而为市场带来的极大不平等，这种不平等操控了大众的认知和感受，而这些能力本应该由纯粹的创造力来支配。"

2014年，雅典开始属于开云集团，之后五年的时间证明这个品牌并没被操之过急地重新定位，担纲大集团的某个角色、演出某种性格，而是被允许按照自己的节奏发展。所以雅典招牌系列Freak发展到今天，我并不认为它向市场妥协了，而是一个成熟的系列在不断试探自己在不同认知水平的观众中的接受度和好感度。

再说了，如果真打算向市场妥协，何必选这个对于国人审美来说本来就先锋怪趣有难度的系列，直接躺在历史的功劳簿上卖航海系列那些小三针复古腕表或者能量储存腕表不是取巧得多？

我把那位弹幕发送者的忧虑拿来跟弗朗索瓦丝分享，她说Freak系列唯一的妥协就是价格，当年它一亮相就被很多表迷看上了，但也是因为那些创新（比如取消把头、新的上链系统、硅的运用等等）和表壳材质（铂金），它的定价不便宜。过去十几年这个系列被补充、丰富了许多个版本，今年这个版本其实保留了最招牌的设计，然后在环保材质和机械结构上再做文章，从而实现了将价格降下来的可能。"单独哪块Freak并不能被称为一个系列,只有当这个系列的表款都能被拥有不同需求的人所欣赏时,它才是完整的。"

不同于爱彼皇家橡树这种尽人皆知的主力系列,我觉得十几年如一日在一个看似离我们生活很远的小众系列上深耕并试图把它调整得更丰富整齐的勇气,真真儿不是谁都有的。再问弗朗索瓦丝有没有什么可以推荐给女生的东西,她又马上澄清:唔,如果雅典有性别的话眼下一定是男性,所以我们想先全力把男表做好,没准儿过两年,会悄悄接近女性。

其实才不是呢。

他们一早就创作了玉玲珑这个女表系列,它的线条简约优雅,表盘上荡漾出一条钻石波纹,但也就克制于此了,绝无过度装饰。我从十二月开始试戴一支情人节特别版本玉玲珑,钻石波浪环绕的6、7、8刻度位置被换成了隐约闪现的"520",一副老实人笨拙说爱的闷骚劲儿。

所以"过两年再悄悄接近女性"的说辞,也是因为要为自己争取多一点时间把女表调整得更尽善尽美吧?

而无论面向男性还是女性,摆在很多品牌眼前最现实的问题是国人对手表的审美。十年前,更多的中国男性喜欢传统尺寸的金壳正装腕表,这显然不是雅典的设计,但时代在变,弗朗索瓦丝相信今天在创作上依然选择"安全牌"的话未来将非常艰难,她有信心雅典在中国会博得那些"渴望自己不同"的消费者的青睐:"那些在人群中渴望stand out的人;那些可能已经拥有了爱彼、宇舶(Hublot)、

却还在'要不同'这条路上不知足的人。"

我打断她:"你倒是不在乎雅典可能并非他们的第一只表哦?"

"当然没问题,我根本不在乎雅典到底是他们的第一只还是第五只表,只要消费者们愿意去了解这个品牌,能在我们的创作中找到共鸣,第几只的名分有什么关系呢。"

我被她坦然轻松地提到其他品牌的态度给逗乐了,所以在一杯可乐快喝完之际提了最后一个问题:"在其他手表品牌的经历如何贡献于你当下的工作?"

她酝酿了好一会儿,说了下面这些话。

雅典女装潜水腕表。这哪儿像潜水表?外形闪亮、机芯强大,直接从水里去到晚宴也毫不违和。

"这些品牌真的完全不同,我从Daniel Roth、Gerald Genta的工坊开始进入手表行业,起初什么都不懂,要从手表是什么、怎么运转起来开始学习,又因为是小公司,所以几乎要做一切。但这种"做一切"的经历,让我拥有了从国际角度看整个市场的视野。然后我去了Versace,学着把手表带入一个非专业领域,用时装语言去表达。

"之后在Zenith的工作经验非常有趣,因为当时的重中之重是Waking up a Sleeping Beauty(唤醒睡美人)——那时真力时还没找到自己合适的定位,基本上就是卖机芯给xxx(著名手表品牌),所以我们铆足了劲要耕耘品牌自身的价值,但又苦于没钱。哈哈,只好豁出一张脸跟媒体死磕,真正正正是对公关能力的磨炼。

"到了豪雅,又是完全相反的一番景象,豪雅是一艘巨型飞船、声音制造者。在那儿的十年是我对如何制定市场策略的精进:你要怎么花好手中的每一个美元。

"今天我怀揣着这些经历来到雅典,这是个看起来非常小但有着强大历史传承和制表工艺的品牌。你问我过去的经验如何贡献于现在的工作,告诉你哦,在我面前就是一扇打开的门,我们可以做一切但又觉得不要着急做这些,因为你一旦失去了自我、开始跟别人比较,就会陷入无尽的比较当中,然后失去创作的自由。

"而那种自由,可能就是你之前提到的creativity。"

网友说：这表我看一次哭一次

网友的爱恨总是很激烈

ID"菲利普钟"是我微信公众号的一位男性读者，每回我写到宝玑，他都会准时出现在评论席，"质问"为何留言咨询女表并提到那不勒斯时我总让他再看看别的、切合实际选表，他说他的心好痛。我虽然不太清楚他到底为啥痛，但都积极反馈主动消除误会："我不是说那不勒斯不好，而是以它为代表嘱咐大家碰上异形表壳一定要多小心，上专卖店试了贴合妥当再加购也不迟啊。"

他面对我的回复沉默不作声，让人猜不透，总之是谜一样的男人。虽然有阵子没再看到他的留言，但我每次想到这事儿都被那份单纯的执拗和长情所触动，进而在内心深处觉得好像欠了那不勒斯一个巨大的人情，不还上堵得慌，今天单独挑出来快速说两句。

好多人可能对表感觉不强，兴趣也欠奉，但在芸芸众表中一眼看到宝玑时还是会有种"第一眼直觉"：它们好像哪儿有点与众不同，似乎完全站到了当代社会的对立面，浑身上下荡漾着脱俗的翩翩古风。

我来帮大家总结：说白了，宝玑就是有一种贵族式的审美。这种审美是由内向外渗透的，基本上跟你用多少金、上多少克拉钻以及钻有多闪都没太大关系，因为它就不是靠这些外向求胜的东西对观众进行审美疲劳式的轰炸的。宝玑有着从新古典主义年代一路走来的正统审美，因此盘面设计丁是丁卯是卯的：玑镂刻花、钱币纹、宝玑时标和指针、雅致的漆面表盘或明亮的珐琅……这些该出现的招牌元素一个也不会少，组合起来又协调得十分精准，比例上平衡而节制，有皇室风范。

这种美学实际上跟当下潮流鲜有交叉重叠之处，但手表相较于其他领域本就更加板着来的，所以对深谙其中之道的成熟买表人而言，宝玑就是那种标准的买完之后再无后顾之忧，可以生生世世戴下去也不会厌的存在。个人经验来看，年轻时我们的审美会变化反复，容易受到外部世界的煽风点火，主要都在摸索寻找；等见得足够多，审美稳定下来之后，我们的选择反而是趋同的：那些简洁而高级的。

上月在伦敦时我曾向一位高定大师请教：如果用几个词形容自己的设计，里面会不会有"decent"这个词啊？他想了想说，要看你说的decent是以什么为参考了，如果是in terms of indecent，那我的设计就是decent的。Decent这词，我国自诩中产或精神上步入中产的群众很爱使用，如果拿来表彰宝玑的话，那么这个参考坐标我觉得应该是in terms of loud。

宝玑的安静是滴水穿石式的，之前读了点资料，发现整个宝玑家族的几辈传人都有点儿知识分子下海当儒商的意思，有人是历史学

万千女性心目中的"白月光"。

家,有人研究飞机制造,多多少少都搞点儿学术的。这些经验和经历好像一面镜子,潜移默化投射到男表身上,照出来的是将情绪收起来的冷静克制,还有对"工具"精益求精的较真劲儿。

而当这镜中余晖洒向女表时,却激荡出一环环饱含艺术情怀的涟漪,那不勒斯王后系列(REINE DE NAPLES)有时好似人间富贵花,而另外一些时刻则浪漫而稚拙。它们背后是两位长久以来一直被历史津津乐道的名女人:拿破仑一世最小的妹妹卡洛琳·缪拉,以及大部分时间还是让人心疼的路易十六王后玛丽·安托瓦内特。

以前跟朋友聊天,提到那不勒斯时她总说那是自己心头的白月光,是暂时只能远距离紧紧盯住的女神,买女表的终极梦想就是有天可以将她拥入怀中,从此无怨无悔抽身离场。我看这与其是在畅想买表进阶路,不如说是我们审美和品位的成长史。

要知道,那不勒斯系列打一开始就不属于我等凡间女子的审美,我听现任宝玑副总裁也是宝玑博物馆馆长伊曼纽尔(Emmanuel)回忆说,这个表的初代版本是创始人宝玑先生跟卡洛琳·缪拉(也是那不勒斯王后)三番五次交流的成果。它的起点其实是"将怀表戴在手腕上"这个在当时听起来绝对先锋的想法,为了达到目的,轮廓由原先的正圆变成了更加女性化的鹅蛋形。而很多人可能不了解的是:当表壳形状发生改变时,机芯结构一样需要调整、改变去应对,而制表界多项革新式技术的发明者宝玑先生恰好拥有此种高超手艺。

所以那不勒斯内外兼修,再加上一个皇室眼界约等于五千来个KOL

（意见领袖）齐齐带货，它在2002年新生于现代宝玑大家庭时，得到的市场赞美异乎寻常地齐整："啊我为它尖叫""好像艺术品啊""终极梦想表款"……

抛开古早年代不提。

面对女表时，人类的本能总是将更多眼光放在它的外部设计上，这简直再正确不过了。但那不勒斯最珍贵的地方，恰恰是它明明已经拥有倾国倾城的容颜，还十分懂得自我激励，悄没声儿地与时俱进：总走在尝鲜的第一方阵，给内在机芯武装上最新、最好的技术。

活活儿像一个"比你优秀还比你努力"的励志女性。我特别讨厌鸡汤，我恨这样的人，但偶尔有几个瞬间也迫切想成为她。

普通人上互联网浏览那不勒斯的全部款式时，我估计心中选择的天平会在各种不同的配色和材质上来回倾斜，但昨天我按顺序观看不同年代的作品，发现机芯及零部件的升级也特别值得大家考量（不要头大，就和买手机为啥要买最新型号的道理一样）。举个例子，宝玑所隶属的斯沃琪集团在2006年左右开始引入硅游丝，硅这种物质没什么贵的，但制作工艺麻烦，被几个品牌和集团所垄断，斯沃琪集团就是其一，旗下品牌自那时起得以共享最新研发成果。

硅本身因为不受磁嘛，所以用在手表里头，搁每个人周身都被磁场环绕的当代社会更是特别必要，最简单直观的好处就是尽量让手表少受磁、走时更准，不耽误事儿。我观察，自2006年以来那不勒斯非但没有像大部分女装腕表那样选搭石英机芯，反而变本加厉地（成语误用）一直在升级零部件，从硅游丝，到这两年的硅制擒纵叉、擒纵轮……他们对每种先进物料或发明的态度是：先试用观望，确认它表现稳定后再大规模应用铺陈。

说真的，我不太确定有多少女性会欣赏这种做法。这里里外外的细节设计和技术更迭往深里看是可以带来某种更私人的快感，那些可以洞察到此种快感的器物爱好者，其实也源于自身审美观的一部分。所以曾有时装作家写下结论："精妙的手工艺会带我们走向更高的欣赏层面，而它亦能反作用于手工艺的精益求精。手艺和审美之间的相互作用，同样是文化的产物之一。"

但如果仅仅把手表框在文化和欣赏的层面探讨，显然太过于高高在上、脱离实际生活了。我每次戴那不勒斯之前最担心的，是怕自己没有配得上它的从容风范和气质。但看到全新的深红色版本后我也不管自己有没有这个金刚钻儿了，硬揽了一把瓷器活儿。

事实上这个系列的上手佩戴感相当好，远远看过去表盘的弧度在阳光与阴影间好像一整块儿水晶，圆润剔透的。我还喜欢渐变式大小数字和偏心表盘及表冠的巧思，这些不但全部属于宝玑的标志性特色，而且为手表带来不唐突不刻意的细节变化，比起被千篇一律鼓吹的"优雅"，更值得反复回味。

所以在本文的最后，我希望"菲利普钟"可以读到我真诚的忏悔：那不勒斯王后系列十分优秀，不单是因为作为异形表壳它是可以严丝合缝贴合手腕的存在，更在于它从不自我标榜却真实服务于穿衣完成度的造型感。

从前手表界总是过分强调技术远胜于强调设计,而今天我在最正统的技术型品牌身上看到两者齐头并进、互相较量的影子,这更给人在得体搭配这条路上食髓知味、继续前进的勇气。

欧米茄的不变与变

以圣诞节为信号,一年一度的全民花钱嘉年华大幕徐徐拉开。以往我都对年底疯狂扔钱这件事儿挺不以为然的,唯一的庆祝方式是手持薯片身陷沙发里,刷一遍《甄嬛传》再刷一遍《琅琊榜》,追随人物命运落下几行真挚热泪权当发泄,不用花钱即可收获内心的安定满足。但今年不行啊,今年太太太累了,需要花钱方能得以抚慰。

经粗略心算,自打进入无心工作的十二月,我是以每天三单为底线来肉眼可见地割肉撒钱。虽说花的都是零敲碎打的小钱,但聚沙成塔,21号眼瞅手机微账单的数字着实不微,各条明细一路自查下来,发现最为不悔的消费还是裸石啊珍珠啊手表之类的。

所以在此我呼吁大家:辛苦一年赚来的钱,还是紧着wishlist里的大件儿买,无论悦己还是赠予亲人,买一件是一件,好的器物能陪伴我们的时间不逊于爱人,绝非只配拥有季抛、半年抛的命运,它们值得长长久久。所以在朋友们持币观望的犹豫彷徨期,我能略尽绵薄之力的,就是决心连写几篇,除了普及知识外,更要把利弊都摊在面儿上,助姐妹们花起钱来更得劲儿。

本期我以总分总的结构先来说说欧米茄。

打欧米茄开始说的原因有三。第一，上个月才刚刚升级过的第五代星座可谓2019年最姗姗来迟也最滚烫热手的全新款式。顺着时间线往回倒，各大品牌在今年两大表展SIHH和Baselworld上发布的实物从七月开始陆续进店上架，可这第五代星座甚至都没在三月巴塞尔钟表展欧米茄的新品中露面，上个月全新发布即上架，于品牌而言是2019—2020年度承前启后之角色，可见其被投以厚望的分量。

第二，客观来说，在各种"花大钱"的关键时刻，咱们老百姓倾向于选择的，大概率还是久负盛名、群众基础又深厚的知名品牌；诚然如今市面儿上拥挤着不少相对小众、质量亦保有水准的新兴厂牌，但想想看，我们连点菜都要跟着"热销"走、点个耳熟，更何况是在要扔出去大几万的时候呢？

习惯性依赖排行榜的主要原因，是很多人在自己的知识盲区内并不知道该如何选择具体目标，而仅仅是有个模糊的需求。在此种几近于半盲买的情况下，欧米茄这样的品牌为购物提供了最好的保障：大集团的品控和服务、别处买不来的历史渊源、成熟稳定的技术发明、对最前沿物料的尝试，以及因为拥有这个市场里最庞大数量的消费者而养成的对市场口味的敏感嗅觉和改变能力。

有点儿类似于我们在条件允许范围内就医一定都奔着三甲医院去那意思，除了专有所长的业务能力，这里还具有更好的整体素质和配套服务。毕竟，一周看三百个病人对比一周看十个，长此以往对技艺的精进和经验的积累能起到的效果有云泥之别。

第三呢，不知道大家发现没，很多手表品牌是靠一个系列甚至一只表养活全家，产品线极不均衡。但非常难得，欧米茄的四个主力系列（星座、碟飞、海马、超霸）是势均力敌、好似左右互搏彼此抢客户式的存在。

没短板说到底靠的是历史丰沛有得挖，不需要自己临时起意编一个"灵感"；消费者买起来有底气和信心，反过来对品牌的可持续发展也大有裨益：哪个都喜欢，买了这个还想那个，这个戴着靠谱，转头回来还得把那个买了。如此这般四个系列齐头并进，比争赶超。

这四个系列中我的心尖儿肉是超霸，我爱超霸爱到还曾说过不少星座的坏话呢，怎想时隔五年当腕间缠绕上这条灰绿色表带时，我竟也迎来了少有的"真香"时刻，所以这已经出到第五代的新星座我怎么也要念叨两句。

对欧米茄动过心思的人想来都做过如下功课：若想买潜水表，海马定会在备选名单上拥有一席之地；讲情怀、追抚历史的话，超霸与登月间的关联或许是整个手表界都难以翻越的一座高山。

那星座呢？拿结果论成败的人往往会说，星座卖得好，它活跃在消费第一线，跟碟飞轮流守护销售冠军奖杯。但得到这个冠军倒也未必仅仅仰仗于昔日保守正统、易被大多数人接受的外形，更因为星座就是欧米茄的精准旗舰，诸多新技术也是以星座和碟飞为试验田，继而应用到其他两个产品线以完成全产品线覆盖的，知道这一点的人未必多。

第五代星座经历了迄今为止最全面细致的升级：不但技术上直达顶配，设计上也下足了心思，时髦度提升了。

也难怪，打星座系列一诞生，就捆绑了重要的角色使命：1952年的初代版本承袭自1948年欧米茄向自己100周年致敬的纪念型腕表，致敬的重点是欧米茄最在意的精准特性。所以星座腕表打那时起就全系列天文台认证了，这也是为什么如今每一款星座的表底都会镌刻日内瓦天文台的形象和八颗星星，八不是意味"发"，而是代表在天文台竞赛中欧米茄曾六次夺冠并两创世界纪录。

二战后至五十年代无论对时装、珠宝还是腕表而言都是个集中爆发、百花齐放的时间段，这时现代意义上的潜水表、赛车表正式进入市场，但说白了它们也不是真让你戴着去冒险的，而是拓宽了腕表在实际生活中的功能性。

有些表是战争腕表的民众化，更象征某种精神，比如海马；也正因为如此，后来的碟飞系列其实是从海马中脱离出来的、气质上更文质彬彬的小支线，我感觉这么做的目的就是在功能上做细分：后者显然是我们普通人可以每日佩戴在脚下这方土地的经典款。

可星座不同，星座在主心骨儿上从没走过任何弯路，就是死磕精准度。所以它不需要007的加持，也可以没有煊赫一时的登月功勋，因为远在这些事情发生之前，它已是更广大消费者心中欧米茄的代表。

说起来十几年前我对这个系列还颇有微词，主要集中在男表设计不那么可心儿、不合眼缘上，我嫌表壳上的"托爪"太大、表盘又太平铺直叙、没有起伏；但归根结底，还是因为戴它上手的人，怎么都是标准的老干部形象，说好的精致绅士呢？每当面对此情此景，我再掉过头看看辛迪·克劳馥（Cindy Crawford）和她的"My Choice"星座女表，落差之大仿佛步入两个世界。对比男表，欧米茄的女表要时髦优雅得多，也颇具女人味。

后来星座在2003和2009年完成两次升级。一次的成果是将全新的同轴擒纵机芯装入星座"双鹰"的心脏，这个举动让它成为欧米茄真正意义上笼罩着主角光环的腕表，内外兼修，自信且强大；另一次是设计升级，现在回想更像是伟大革新前的试水信号。

星座男表真正一鸣惊人的时刻，在我心中是尊霸的揭幕，欧米茄借由它完成了首个至臻天文台认证。他们联合瑞士计量研究院（METAS）发明了至臻天文台认证，这个认证要求机芯首先就是通过了瑞士天文台认证的优异选手，更将其装入表壳，再对整个表头模拟真实佩戴场景进行二次评估，这其中的大部分考验，都是针对手表防磁能力的测试。而众所周知，欧米茄已经将防磁能力提高到了15000高斯。

从此，至臻天文台认证成为欧米茄的核心竞争力，它象征着精准之上还可能存在的精准，而这次变革，如老时光那般，还是由星座牵头完成。

你以为这只是噱头？

同轴擒纵的出现曾是对某种古典时代杠杆擒纵一统天下的反叛，至臻天文台认证更将这种反叛归于当代语境并发扬光大。类比五十年代出现的潜水表，彼时人人都感到匪夷所思：为什么手表要防水？

我们又不会把它扔水里去。今天面对无处不在的磁场环境时，已无人再发出"为什么手表要防磁"这种感慨，因为世界早就不是你理所应当以为的那个世界，新的改变每一刻都在发生。

从把"托爪"第一次放到表盘两侧意欲将手表箍得更紧点儿以防水，到推出拿掉"托爪"、复刻古典外形却身怀尖端技艺的尊霸；从杠杆擒纵到同轴擒纵再到至臻天文台认证；从精钢到Sedna®18K金、从圆柱形表冠到取而代之的渐窄的锥形设计，星座的每一次改变，为的从来都不是某一类人，而是最深最广的消费人群。它无需像超霸一般，总要留出位置成全喜好追抚历史的表皮——当年登月腕表所搭载的手动机芯cal.321虽说时间上久远了些，但依然生产在册，为的就是圆满情怀。

星座这条线存在的意义，就是提供那种"你不懂表也没关系，我已经自作主张把最好的都备上了，你踏实用吧"的贴心感。从前它死磕精准，也因此被老一辈认可，近几年心思更兼顾到外形上的时髦，对比我看不上眼的老干部时代，讲实话气质上已经改变许多，更有活力也更加现代了。

当然啦，有超霸在前，我可以依然嘴硬，宣称对它不那么倾心，但实在无法站在客观角度否认星座是一只有良心的好表。凡事之间，讲"最喜欢"时一定掺杂了个人感情，若能换位思考，于别人而言，更比不上"最适合"三个字。

何况昨晚我仔细阅读资料，发现第五代星座当真是经历了可谓迄今为止最全面细致的升级。以前我说过星座主打表海战术，同时负责时尚闪耀,所以你能想到的材质、颜色和尺寸组合它全都有。今年星座更是在此基础上死磕细节,比如表壳、托爪这些部分的抛光打磨和倒角处理;比如重新设计的、灵感来自纽约自由塔三角形切面的小时刻度;还有从佩戴便捷度出发,可以自调延伸2毫米的表扣,等等。

最重要的是,他们将星座全系列腕表的机芯都更换成至臻天文台认证机芯了。在品牌内,这基本算是顶配了。

这种对待星座的姿态才是欧米茄最打动我的地方。老实说,手表行业大部分时间真的很像旧时宫廷,传统保守封闭,不太欢迎改变;如果非要变,也几乎总在强调技术或者工艺,时刻端着一股知识分子的傲气不放松,让大众挺难产生共情心,更导致机芯的精准和外形的时髦似乎在这个领域从来都是水火不容的存在。

但过去几年,我在这个历史最为正统的专业制表品牌身上,在一个曾经我觉得可能快不行了的老牌系列中看到一种朝着大时代市场口味迅速跟进的行动力。这种改变并不盲目取巧,而是从自身出发,巩固优势、重建短板,结果让这个系列以一种全然不同的气质重新亮相,因此逆风翻盘,肉眼可见地被年轻一代张开双臂抱回来。

星座的改变是这两年带给我思考最多的圈内现象之一,这其中道理说一千道一万,汇聚成一句话:惧怕改变并不能自保,因为改变才是永远不变的,不是吗?

The Best Is Yet to Come

> 我们都是这样，必须跟时间死磕

先说两个冷门知识。

1.当年《乔布斯传》刚刚面世的时候，一张著名的图片全网飞，照片里年轻的乔布斯（Steve Jobs）坐在自家一个空房间的地上，手握咖啡杯读书，整个房间空荡荡的，有人猜：这大概是禅修呢吧。书里接着写："他没办法装饰自己的房间，因为找不到任何符合他标准的设计。"

除了身旁的灯，那是一盏蒂芙尼（Tiffany）的古董落地灯。

2.前几个星期看关于建筑大师路易斯·康（Louis Kahn）的纪录片，主线故事里还穿插了其他大师对他的回忆，他们谈到康时，都仿佛在讲一位久远的古代英雄。

我不懂建筑，但隐约感觉人人都崇拜路易斯·康，因为你很少碰到谁，会以精神的方式去呈现物质。空间、光影和体积是康最擅长调遣的设计语言，但如果你去同印度和孟加拉的建筑师交谈，会发现他们更是赞许康有着开化的灵魂，用建筑给了他们的人民经久不息的爱。

贝聿铭（Leoh Ming Pei）接的案子要丰富得多，他讲："如果有业主不喜欢我的设计，我不会在意，我会改日再来；但我想Kahn不会这样，他会据理力争、强势反驳。这样还能被赏识，就是真的有共鸣，会成为永远的业主。这不是我能做到的。"

我想贝老他的言外之意是：并非谁都有那个不顾商业七寸而坚持艺术的劲头和偏执度的。大家心里都明戏，纯艺术创作……谁会理呢？

设计了古根海姆博物馆的建筑师弗兰克·盖里（Frank O.Gehry）（跟康一样是犹太人）很不接受建筑界的现代主义，觉得它们太冷漠又不注重形式。但他的第一件建筑作品是向路易斯·康致敬的。康设计的虽是现代建筑，却带有古代遗迹的感觉，"仿若美国建筑界的一股新鲜空气"。

弗兰克·盖里2006年为Tiffany做设计，把自己建筑中的革新理念搬入首饰创作当中。

这些美国设计师：路易斯·康、史蒂夫·乔布斯、弗兰克·盖里、查尔斯·蒂芙尼，他们的设计观念和领域大相径庭，但初衷十分质朴且统一：他们都相信好设计能带来更美好的生活。

在这个大基础上，我想谈一谈Tiffany的设计，特别是手表设计。

十年前我刚入行的时候，有人给我展示了一幅图：一只表盘上同时刻有百达翡丽（Petak Philippe）和Tiffany&Co.双标的手表。那时候我还年轻，"哗"了一声跟着问："Tiffany哪儿来的本事让PP往自己表盘上写它的名字？"朋友意味深长地纠正我："依我看，这是Tiffany在提携PP才是。"

现在偶尔想起类似这样的对话我都苦笑着摇摇头，赶紧把它们扫进"年少轻狂不懂事"的尘封记忆大库房里。不知从什么时候起，我们都能谈论几句新奇八卦，但其中大部分的素材似乎源于我们对信息来源途径和自己判断力的过度自信。

1837年查尔斯·蒂芙尼（Charles Lewis Tiffany）在百老汇开办了一家独具特色的店铺，用来出售超凡臻品珠宝。彼时的美国诞生不过短短六十年，在某一点上却已与今天特别类似：纽约对于全世界最有抱负的追梦人来说都自带巨大光环，人群从八方涌入一探究竟。

这是被新世界独霸的人口红利。

跟着的五十年里，创办人查尔斯·蒂芙尼先生先后抛出两项意义深远的创意，看似拜时代所赐，但其实更闪动着他对稍纵即逝的机会的把握和远见，让Tiffany这个品牌大放异彩，强势走入大众视野并成为今日的经典。

一个是他在1886年推出蒂芙尼六爪镶嵌钻戒，它比彼时的任何钻戒都要明亮璀璨，后来我们都曾近距离被它迷倒，那样的设计让钻石光芒万丈，因为美感出众而为订婚钻戒应该长成什么样子下了定义；它的后代更是深入人心，以至于我们从无尽的文学、电影、音乐作品甚至坊间流传的爱情故事里都能撞见这小小的T字logo。

再一个，十九世纪中期处于美国看欧洲、时尚的中心从路易十四年代起就强势平移到巴黎的历史阶段。那时最著名的时尚大V当属欧仁妮皇后（Queen Eugénie），她堪称十九世纪的格蕾丝·凯利（Grace Kelly），其行为举止、品位和选择被粉丝滤镜无限放大，流行至全世界范围。

有幅德国画家弗朗兹·克萨韦尔·温特哈尔特（Franz Xavier Winterhalter）绘制的欧仁妮皇后身着浅浅绿松石色（也有人叫它知更鸟蛋色）裙子的宫廷画，不知道大家有没有印象，查尔斯·蒂芙尼先生当然一样被它所吸引，但不仅仅是吸引那么简单，他敏锐地抓住了这个机会，将裙子淡淡的蓝绿色定为Tiffany的官方颜色。

色号1837，据说它的配方公式是公司高度机密，估计Patone也没承想这款为蒂芙尼特别调制的颜色竟拥有如此感染力：Tiffany blue的小盒子配以白色缎带，彼时每一个走在潮流前端的人都会迅速对它所盛之物产生憧憬和联想，当然，她们更加向往的，可能是打开它这个行为所象征的对全新生活旅程的开启。

由于小蓝盒一时间爆红，查尔斯·蒂芙尼先生甚至曾在《纽约太阳报》上发表了一句著名言论："无论出价多高，蒂凡尼礼盒都绝不单独出售。"

在这民众对Tiffany的热情水涨船高的同期，Tiffany还有没有去拓展品牌的业务边界呢？有的。故事的开头是蒂芙尼先生在1851年结识了百达翡丽的创始人之一安东尼·百达（Antonie Norbert de Patek）先生，几年后就成为其在美国唯一的经销商，帮助百达翡丽的手表走进美国大众视野。期间也不是没经历过狗血的剧情，比如被竞争对手仿造，做出PP假表卖给当时还不知应如何辨别真假的美国消费者。

我忘了在哪儿曾读到过刊登在1860年美国杂志上的Tiffany声明一则，中心思想当然是打击假货，与此同时Tiffany也列出真表的诸多特征，其一就是"……the genuine is engraved with the name of Tiffany&Co., in addition to Patek Philippe&Co.……"。百达翡丽和Tiffany&Co.的合作绵延至今，后世的双标对于广大表迷来说更有一种可遇不可求的收藏价值，但我大胆猜测，双标最初除了致敬蒂芙尼合作伙伴的身份，更具有甄别真假的实用功效，用以警示大众——镌刻双标是经由唯一合作方蒂芙尼售出的瑞士腕表的特征之一。

所以，除了百达翡丽，大家可能还见到过同样刻有Tiffany&Co.双标的Omega、Breguet、Audemars Piguet等。

我感觉从那个时候起，Tiffany就没打算像把它视为竞争对手的Waltham或者Elgin那样把消费人群定得过广。Tiffany的要求更高，更在意材料、品质和工艺。而要保证这些，你是没办法"走量"的——精致的珐琅黄金怀表，可以实现整点和刻钟报时的问表，更小、搭载更薄机芯的精巧腕表，还有被丰富宝石装饰的女士手镯表,在十九世纪末相继出现于象征着蒂芙尼超凡臻美工艺的Blue Book里,那是收藏者和爱好者一整年翘首以待的珍品目录。

如果说超过一百五十年的制表经验以及与顶级瑞士品牌的合作历史给蒂芙尼带来了什么启示,我猜应该是:他们洞悉了高级腕表的边界应该在哪儿,并试图在其中融入带有品牌DNA的美国式设计。而这样做只有一个目的:用美丽的设计把大众引向更美好的生活。

美国企业真的很单纯。旧世界的品牌这个时候就要给你上价值观讲传承了。

我那天去逛街顺手翻了翻图册,新时代的蒂芙尼推出过好几个手表系列,我记得自己第一次认认真真近距离摊开观赏的叫CT60,当时有人在边儿上给我解读:这套是为了致敬创始人查尔斯·蒂芙尼先生的,也象征着纽约时间。在纽约,人们不追随时间,而是在60秒中尽力去创造点什么,所以我们叫它CT60。

我觉得他讲得很好,因为这表确实线条流畅、气质摩登,与纽约很般配。

但如果我们返回去看罗斯福总统在1945年生日时收到的那一枚Tiffany全历腕表,又会不自觉地把两者放在一起做比较,似乎能隐约窥见CT60真正的灵感来源。这只表现在躺在蒂芙尼古董表珍藏室中,据说因为被戴得很勤很用力,以至于表带上的针脚都开线了。

后来我追了部纪录片，发现实物竟然蛮小的。所以新的CT60表盘显然被扩了扩，颜色更加年轻、运动化，其他则尽力向当年的细节看齐。考虑到中间这七十年的时间跨度，我认为CT60已经在保留旧设计的同时改造得很酷、很顺应潮流了。

与CT60差不多同时期相继面世的还有East West和今年的Metro。

East West就比较有趣，据说设计灵感来自四十年代的手袋表，所以整个造型方方正正的，并且很妙地躺倒下来。这样设计最大的受益者我真的要讲是驾驶员，开车时随便瞟一眼就掌握时间。

我上周出门穿得粉粉的以为很减龄，自信心就开始乱膨胀，搭了这个表，我妈精彩点评"你这么配会不会像那种上了年纪的女的故意装年轻呢"，我微微一笑很那个。

什么鬼话！发到微博大家都在问我是什么表咧！

Metro是今年的新表，我觉得设计灵感就不必去追究了，因为它线条流畅很当代，一定会是穿越年代经久不衰类型的，你就随便配，通勤或者朋友聚会都没什么不协调的，看着很高级。这表我看对女性而言最大的闪光点其实应该是表冠上那颗明亮式切割钻石吧，literally是"闪光点"了，每颗钻石还给独立编上了号。

我喜欢最贵的那只，除了钻石又用了玫瑰金，而且颜色处理得特别微妙。我不知道在男的眼里颜色是如何存在的，但对我们来说，金色、棕色、裸色，它们各自都可以有一百种不同的表达。我喜欢它的

East West 更鬼马一点，它"躺倒"在你手腕上。

小三针和由中心散开的放射纹设计，在阳光下每一个角度都可以折射出更多的细微光芒，伸展手臂的时候光晕流转。

照片发到朋友圈，有人评价："夕阳下的你感觉特别美好。"我回："嘿嘿嘿。"

我觉得美好的东西才会让人充满力量。

打个岔，不知道大家前两天有没有看到石黑一雄（Kazuo Ishiguro）获得诺贝尔文学奖时的致辞视频，他提到诺贝尔奖与许多伟大的思想一样，都起源于一个简单到连孩子也能轻松理解的构想。这也是它在全世界人民的心中都可以占据强有力的一席之地的原因。

"当我们看到自己国家的人获得了诺贝尔奖时，心里产生那种自豪感，跟看到运动员收获奥运金牌时完全不同，我们不会认为自己的民族优于其他民族。而恰恰相反，获得诺奖的自豪感是当得知我们中的某位为全人类的共同努力做出了重大贡献时，所引发的一种更广泛的、统一的情感。"

听他这番话时，我就正在写到上面那一句"我觉得美好的东西才会让人充满力量"，当下却花了十几分钟走神儿。因为如果你投入去思考，会发现在这个容易焦虑和少了些确定的时代，历久弥新的设计给我们带来的精神上的慰藉和生活中迸发出的美好情感，也是类似的。

贝聿铭回忆当年他当面赞美路易斯·康设计的理查兹医学中心，觉

夕阳下 Metro 闪动着温暖光芒，特美好。

得那是"很了不起的建筑群"时,康却神秘回应,"Well, the best is yet to come",哈哈。结果索尔克生物研究所(Salk Institute for Biological Studies)就来了!它美得像是二十世纪的雅典卫城,更为实用:实验室横跨建筑物的长度、每个科学家都有独立的书房、可以毫无阻挡地望向太平洋……怎么说,这建筑似乎拥有一种精神特质,把人们的生活变得美好。

转回头再来看Tiffany的这条手表分支。一百多年来,与很多同样伟大的品牌分享过同块表盘,这些款式的拍卖价格可能会被炒到不可思议。但我还是坚持认为,"The best is yet to come",是因为它们不够好吗?当然不是。

Tiffany是脱胎于美国精神的一个品牌,纽约Tiffany专卖店门头挂着的阿特拉斯(Atlas)大钟,至今还是纽约人最信赖的公共时计;不止这个,走入纽约中央车站,你抬头就可以看到著名的十月星空天花板,车站穹顶以世界上最壮丽的蒂芙尼彩色玻璃镶嵌而成,巨大的由路易斯·康福特·蒂芙尼(Louis Comfort Tiffany)设计的时钟再次成为中央车站乃至纽约的城市象征。

伟大的城市吸引有抱负的人。

但我想伟大的城市也能孕育伟大的品牌。提到蒂芙尼,我们自然而然会联想到那些摄人心魂的宝石、Tiffany Blue、奥黛丽·赫本(Audrey Hepburn),或者《情归阿拉巴马》里的那一句对所有女性有效的"pick one"。但把这些集结在一起形成一个完整的Tiffany式表达的,是浸淫在这座城中的人,他们才是产品背后的筋骨。给我介绍CT60的那位店员他说得对，在纽约，人们不追随时间，纽约人关心的永远是未来。

可能因为到了那个时候，对于"the best"的评断已经不在你我手中，人们会在每天的佩戴中感觉它们伟大，哪怕他们也讲不清楚到底伟大的是什么。

我把 NOMOS 比秋天

说起来大自然真是神奇，就在处暑节气过后的第二天，北京的阵阵秋风开始顺着脖颈往衣服里钻，早晚也变凉了许多。这意味着我们终于又熬过了一个不可思议的夏天，往每年最珍贵、最令人不舍，也特别容易忧伤抒情的文艺黄金季节迈进了。

秋天让周边景象都因为某种潜在氛围的烘托而成为移动的小型画作，无论是你为餐桌摆上的花，还是在傍晚时会流连的江边疏林，一切目光所及之处的色彩都在不留神间由空灵活泼向浓郁温柔悄悄过渡。四季更迭甚至还会直接作用于人类肉身之上：当眼下这种洗完脸皮肤开始微微发紧的日子一露头儿，你就知道，自己也要从头到脚换秋装，并且勤勤勉勉地抹身体乳了。

饱和度足够强的蓝配深卡其、各种颜色的条纹衫搭风衣是我在秋天最舒服自在的日常穿着，为此我特意买了一只装配有深棕色皮表带的白色珐琅盘NOMOS腕表。对于不熟悉NOMOS的人来说，你一打眼望过去，他们的腕表作品呈现出整齐划一的干净文艺气质。但事实上"文艺"只是这个品牌最提纲挈领的核心词汇，在此旗帜鲜明的

假装低调——有关奢侈品的闲话集

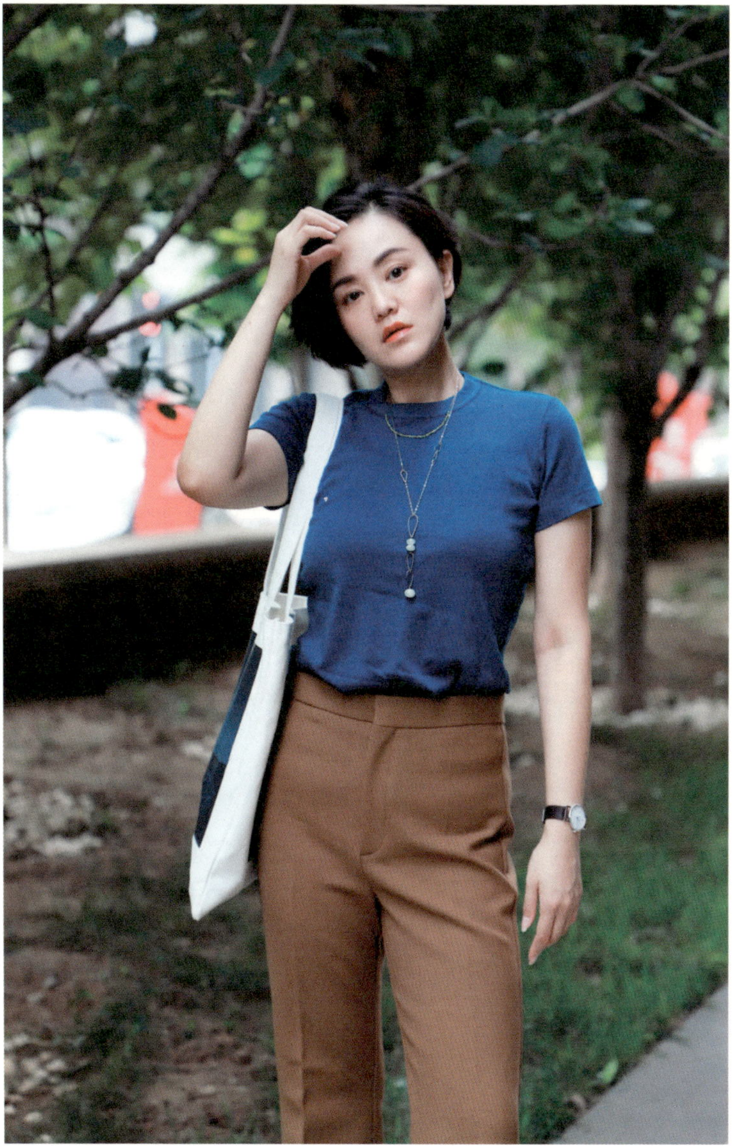

大方向上，更歪歪扭扭地生长出有关文艺的许多小枝杈：文艺的复古、文艺的极简、文艺的职场、文艺的运动，甚至文艺的富贵等等。

它们仿若一奶同胞：共享血缘，眉眼相似。只有当你再走近些时，才可以体会到那种哪怕同为文艺兄弟，性格也可以大相径庭的个体魅力，比如我的这只。它实属披着文艺外衣的古典美人，在NOMOS体系内，代号Ludwig 242。

在Ludwig 242之前，我从来没有买过任何罗马数字时标腕表，主要原因在于市面上这种设计的手表通常都太过于"正襟危坐"了，有种"既然咱都用罗马时标了，就干脆把金壳和鳄鱼皮表带这三件套都给焊死在一起吧"的沉重感。好像"古典"必须依托某种刻意老气横秋的爹味儿才能形成威慑力和沧桑感。

这在我看来不但是一种糟糕的刻板印象，更是过时的审美。

Ludwig 242却很懂得如何以四两拨千斤：它在整体风格上保有与其他兄弟系列相仿的现代气质，指针、字体、尺寸、材质都一脉相承，仅对刻度和时标进行再设计。早就深入人心的稚趣阿拉伯数字被改造成纤细轻盈的罗马时标，再配上一圈封闭的轨道式刻度圈，既不刻意与其他作品隔绝、脱节，又成就了这系列独特的古典韵味。

它的设计再次印证了保罗·格雷厄姆（Paul Graham）在《黑客与画家》中对"好设计"的一条真知灼见：好的设计是一种再设计。

正因为有这样的布局和细节，在我眼里，Ludwig 242就是一块带

有秋冬色彩和性格的腕表，毕竟，如果将穿衣戴物的风格以季节来做投射的话，有谁想要在春夏复古呢？但到了秋冬，你看满街的大地色、灯芯绒、做旧喇叭裤、粗棒针毛衣、千鸟纹、贝雷帽……都太好看了呀！

温柔深邃的深色和细节丰富耐看的叠穿不仅仅揭示风格，更带来某种心理上的暗示和安全感：那代表我们可能在此时并不急于、也不真心乐意一个劲儿地匆忙往前冲，而是想要坐下来跟自己好好相处一会儿，或者找朋友倾诉一番对宇宙的迷茫和好奇，由着自己虚度些时光。

这时候，"安静感"就成为NOMOS气质中更戳人的另一面特质。我总会被如Ludwig 242这样的珐琅材质的表盘所吸引，无论是晨光熹微还是夕阳在侧，那种光影下迷人又温润的釉质质感就成为让人依赖的情绪安抚剂，不但百看不厌、历久弥新，与古典隽永的设

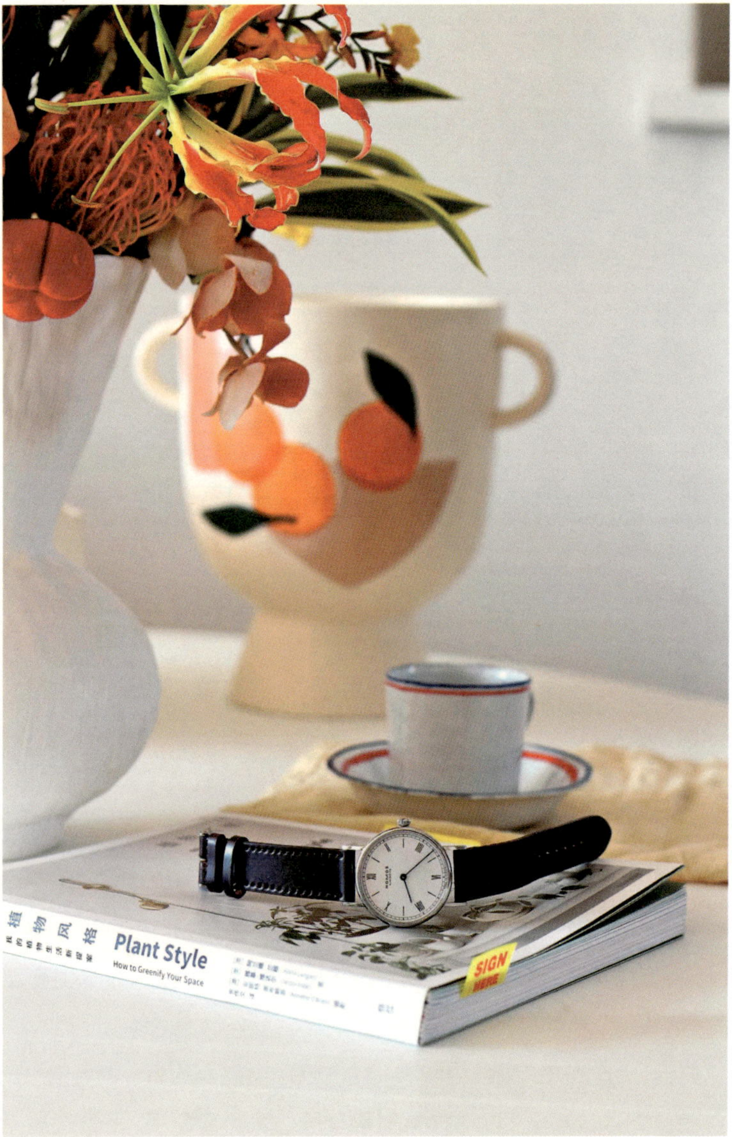
植物风格
Plant Style
How to Greenify Your Space
SIGN
HERE

计细节搭配在一起所营造的沉静氛围，更真实有助于为观者的浮躁情绪按下暂停键，长出一口气，恢复理智，或多或少朝着早上刚出门时的平稳状态复点儿位。

有天清晨，我把自己拥有的几只NOMOS腕表并排摆放在一起欣赏：Tangente棱角分明，十分现代，有"包豪斯设计典范"的盛名在外；Metro未来感十足，还是手表艺术与室内设计的跨界成果；Club洋溢着年轻的活力；Tetra前卫方正，专为寻求与众不同的人士所做。Ludwig呢？Ludwig就像一位无惧时光流逝的古典美女，永远保有你初见她时timeless的美好模样。

你会觉得NOMOS的手表彼此都太过相似吗？如果有人问我这个问题，我会反问对方："你会觉得每个秋天都是雷同的，会对这样的秋天厌倦吗？"我把NOMOS比秋天，因为它们都带给我最轻松愉悦的身心享受，哪怕有时候你心里头痒痒，想要去寻些这安定宁静世界外的刺激来证明自己的存在，末了还跑不掉要丢盔弃甲，重归它们的怀抱自愈疗伤。

这种美好到底该如何形容？

故园风雨中在《巷里林泉》中描写自己少女时代暗恋的英俊少年的美时，有一句总结让我印象深刻，今天也拿来用在NOMOS身上，用在我们都爱的秋天身上：

"那天早上我意识到他们的美，这美是超过他们具体的英俊、健康、可爱，是取自这一切又高于这一切的抽象。"

经典满屋

从家具到手表，原型设计的魅力和魔力

说起来你可能不信，远在装修开始前，我已经给自己的小房子攒下了两件经典作品：一是乔治·尼尔森（George Nelson）设计的棒棒糖时钟；另外就是平实无华却早已被公认为经典设计的Anglepoise万向灯。

前者是我五年前去瑞士出差时拐到位于瑞德两国边境处的、著名的设计公园Vitra Campus现场选购，并最终由好友不远万里背回国的；后者的购买过程更加离奇：有天半夜我被一股强大的力量所指引，神不知鬼不觉地打开某生活方式App，刚巧撞见Anglepoise×Paul Smith限量版在偷偷做下架清仓处理，所有颜色一律半价，人民币盛惠749元，就这种好事儿都能让起夜的我撞见，不买岂不是白白牺牲了自己的睡眠质量？

朋友听闻啧啧称奇："这也行？看来预算控制干不过神秘力量啊。"

在家居设计界，像Anglepoise和棒棒糖时钟这样的作品，被称为原型式设计。Anglepoise的初代版本是被Herbert Terry Ltd.公司间接

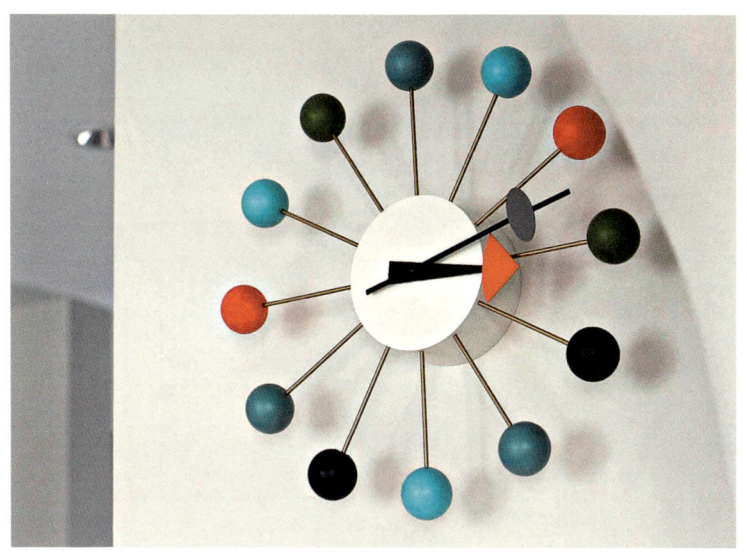

乔治·尼尔森设计的棒棒糖时钟（Nelson Ball Clock）。

创造的，他们的本意根本不是做什么全新的灯具，只是打算为生产弹簧的家族企业把路子往外拓一拓，争取拿到更多订单，所以用了很多弹簧去调节灯臂，Anglepoise万向灯就应运而生了。虽然这种诞生过程纯属无心插柳，但Anglepoise却借由弹簧间的互相牵扯达到完美平衡，在外观上技惊四座；同时，它还能让人立马明白这东西是什么、如何操作，造型也十分质朴、毫无虚饰，所以一经推出就成为经典的设计语言。

有人嗅出了它设计中暗藏的英国意味，事实的确如此，我们今天能买到手的Anglepoise万向灯版本，大多已经由英国著名产品设计大师肯尼斯·格兰奇（Kenneth Grange）在保有其权威设计的基础上从细微处调整外观，让它在新时代语境下也让人越看越顺眼，更无需说保罗·史密斯（Paul Smith）限量版本中的色彩加持了。

02 手表·经典满屋　　　　　　　　　　　　　　　　　　201

经由英国著名产品设计大师肯尼斯·格兰奇调整呈现的经典设计 Anglepoise 万向灯。

乔治·尼尔森则威名在外,我有幸在 Vitra Campus 一隅欣赏到自二十世纪四十年代起,他和团队为家具生产商赫尔曼·米勒(Herman Miller)创作的多款灯具和时钟。传闻中,乔治·尼尔森与查尔斯·伊姆斯(Charle Eames)亦师亦友的关系更为米勒不断上升的国际地位加码,同时也提供了不少令人津津乐道的谈资;而无论是前者的气泡灯、棒棒糖钟,还是后者著名的伊姆斯椅,直至今天都被安置于全世界数以百万计的起居室、书房、图书馆和公共空间内,成为永不过时的经典品位之选。

哪怕你去逛逛宜家,都会发现数款气泡灯和伊姆斯椅的平价替代版本，售价不过几百元。

这本身倒也延续了他们当年做设计的初衷：并不是源自多么崇高的愿望，就是去对抗贵得离谱的同类型单品，并尽可能地把功能、美学、情感、文化都联结起来，融入自己所做之物，让人人都可以享受得到。所以我要感谢Vitra将八十年代就已经停产的棒棒糖钟重新投入生产。我对它一见钟情，不仅因为它彼时是波普风格的代表作品之一，更在于它为我客厅增添了糖果般的童趣色彩，让自己和朋友环顾四周时眼前一亮、心情缤纷。

也正因为如此，棒棒糖时钟上墙的那一天，我认为理所应当把摩凡陀的博物馆女表翻出来，挂在餐桌前的壁龛里与之遥相辉映。记得装修系列首篇文章刚出来时，有人建议我保留一个房间作为腕表陈列室，我说早就计划好了一个行为艺术，就是买个手表陈列玻璃立柜，专为自己做mini表展，每隔一段时间换一块，遇着什么稀罕绝版的款式，下面就立个牌子：售罄。

这当然只是灵光乍现的玩笑话，因为当整间屋子都拾掇完毕初露温柔模样时，我心中觉得跟它气质最为相配的那只表随之出现了：与乔治·尼尔森同时代的另一个乔治——美国包豪斯艺术家内森·乔治·霍威特（Nathan George Horwitt）为摩凡陀创造的博物馆系列腕表。更有意思的渊源是，博物馆系列腕表、伊姆斯椅和棒棒糖时钟都先后被MoMA所收藏，成为标记那段设计史的经典符号。

查到这儿时我相当欣慰：就是说总算有咱老百姓都买得起的博物馆藏品了呗？

美国包豪斯艺术家内森·乔治·霍威特为摩凡陀创造的博物馆系列腕表。

前面说到原型设计，我对这四个字的理解是：创造原型产品就相当于创造某个类别中以前从来没出现过的全新产品，它们不仅要在外观上展现出设计师在艺术上的雄心，功能也同样重要。需要附上说明书才能操作的物品绝非原型；吸引人的原型设计，必定会将功能率直地放到设计中，你一眼就能看明白它怎么用（比如会计手边的计算器、曾经带有转盘的老式电话等等）。

从这个角度看，博物馆系列腕表又何尝不是手表界的原型设计呢？

作为包豪斯学派的艺术家，内森·乔治·霍威特对这只表的操作与乔治·尼尔森创作棒棒糖时钟时的心路历程简直如出一辙：为什么一定要用12个数字来一板一眼地代表时间？难道没有这些数字大家就不知道是几点了吗？

所以他比乔治·尼尔森还狠，只将一个金色圆点放在12点的位置象征太阳，因为"时间是地球沿着其轨道围绕太阳运转的位置"。在普适的、朴素的科学观中，有了这两针一点，孩童也可以大概了解当下时间，但手表本身却拥有了一个前所未有的极简面貌。

你知道吗？同样把包豪斯风格作为设计理念的美国家具品牌诺尔（Knoll）差不多也在摩凡陀博物馆表盘诞生的时间点创立，它们有一句简明扼要的创作铁律："Modern Always"。 其中所蕴含的创作哲学，是家具应该去填补建筑的室内空间，而不是去抢占空间的。所以像子宫椅、郁金香桌椅这样线条简洁凝练又舒服好坐的经典杰作相继产生。

在博物馆表盘上，我也看到了设计师那种"绝不允许多余元素去挤占空间"的克制做派，正因为如此，每每望向它查阅时间时，我都会被静谧深邃而非吵吵闹闹的表盘安慰，无论多急躁也可以重归心平气和。或许这也是罗伯特·格鲁丁（Robert Grudin）在《设计与真理》中写下"好设计是健康的精神状态的物质呈现，跟随好设计便能发现自身美好"这样语句的原因。

而通过观察Anglepoise万向灯、摩凡陀博物馆腕表、Nelson棒棒糖时钟这些作品，我们是不是也可以这样理解：正因为伟大的设计师坚

持在创作中善于去除冗余,保证其简洁凝练的外观,以及坚持设计为功能所用的务实作风,这些作品才得以无论在哪个时代,都可以像流水一样立即适应当时的审美,建立起自己的经典地位。

我把"博物馆系列手表在我家"这几幅图展示给摩凡陀的工作人员,他不吝盛赞:"表姐你看,博物馆系列是摩凡陀最招牌的手表系列,你家就跟博物馆似的,简直不能再般配了。"于我而言,这无疑是登天的谬赞,一间全凭个人喜好随意叠放的私人住宅如何能与在艺术上处处体现大师雄心的公共空间和被训练过的专业品位相提并论。

但我同时心知肚明,他的赞美中藏着我的愿望:美好的产品就像一个承诺,它让我们浮想联翩,好像未来就如这般美好顺遂。

你甚至可以戴着它去结婚

1936年,当时还未退位的爱德华八世(退位后的温莎公爵,被誉为二十世纪头号男装偶像)赠予爱人辛普森夫人一条由数百颗钻石和红宝石交缠而成、形态仿若领巾般从颈间倾斜而下的Cravate项链。后者曾佩戴这款项链穿梭于许多衣香鬓影的社交舞会,最为公众所眼熟的一张图,莫过于在1971年著名的My Fair Lady舞会上被抓拍的优雅仪态。

同年,被誉为二十世纪四大舞会之一的普鲁斯特百年诞辰舞会中,不但有普鲁斯特的"铁粉"圣罗兰亲自操刀为舞会名流们设计的礼服若干;你叫得上叫不上名字的星星们更是悉数盛装到场,星光熠熠,说的是人,更是她们身上的钻石和宝石。

整个二十世纪,如温莎公爵夫妇这样的王室成员、文学巨匠、名流和好莱坞明星最乐此不疲的社交活动,便是可着全世界一个接一个地参加舞会了。特别是在二十世纪前半叶,时尚实际上被视为一种生活方式,在某种程度上更像是"贵族的工作和消遣",所以瞩目的华服和巧夺天工的闪耀珠宝理所应当地站到舞台中心,成为头等重要的

舞会"装备"。

不知是不是就是被这样的历史轶事所感染并希望时光倒流不止五十年，宝珀将2021年底呈现的女装腕表新作命名为"钻石舞会"。此举在我看来可谓高调调皮了，明知道不少人对宝珀腕表的认知都集中在某一面上——就是那种形象优雅、带有知识分子气质的女性，平日里说话办事得体不逾矩，弄不好还有些文艺气息在身上——但偏偏要喊你看她流光溢彩的另一面：

怎么办，毕竟我们戴宝珀的女性也是要去舞会的呀！你不要把我们当成不解风情的优雅呆子。

假装低调——有关奢侈品的闲话集

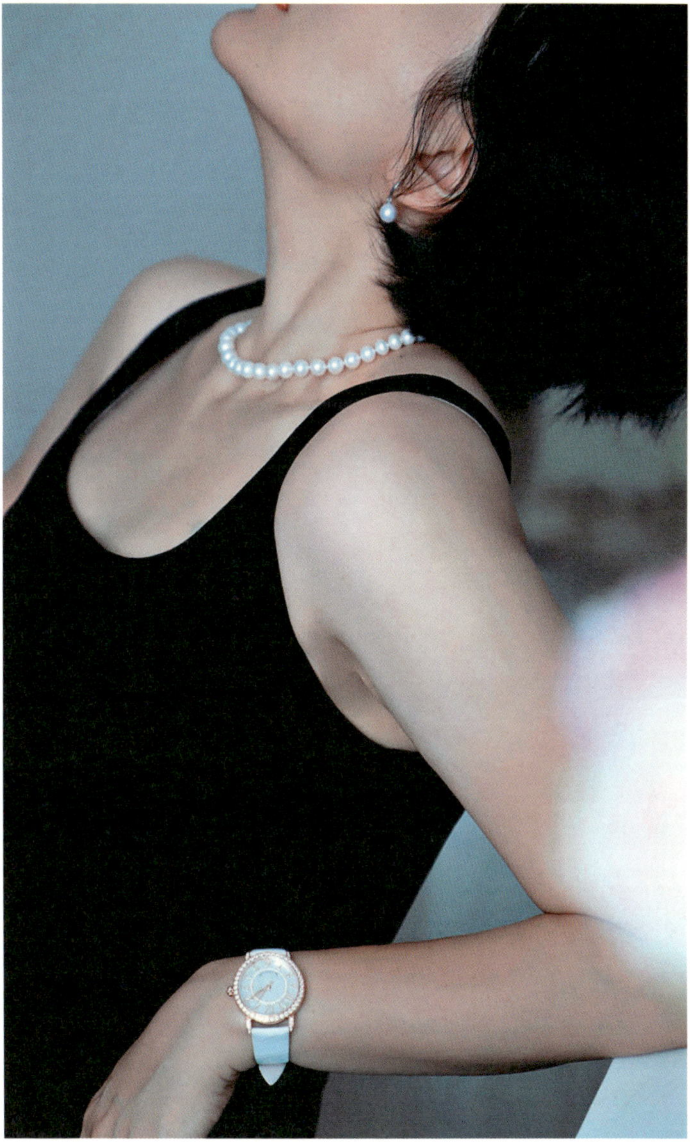

其实在"钻石舞会"腕表尚在孕育期时，宝珀就着手将多少年一直使用的朴素的"宝珀女装腕表系列"更名为"Ladybird女装腕表系列"。两字之差，透露出来的信息却不简单：一层是致敬品牌在1956年推出的Ladybird贵妇鸟腕表，这表大家都见过，不但美，而且搭载了彼时最小的圆形机械机芯，传承了宝珀从诞生起就"只生产机械腕表"的坚持。

再一个，更是礼赞这表背后的人和她所代表的那段历史。"Ladybird贵妇鸟"诞生于宝珀传奇女掌门贝蒂·费希特执掌品牌期间，在历来以男性为主导的手表世界，贝蒂是瑞士制表公司历史上首位女性首席执行官。就算放到今日的职场，这也是令女性备受鼓舞的样本式人物。

所以在我看来，宝珀的每款女表作品其实都围绕着贝蒂·费希特来表达她这样式女性的某一面特质："月亮美人"有浪漫的俏皮和古典的华丽，适合温柔、果敢与魄力并存的职场女性在任何场合佩戴；"Ladybird贵妇鸟"精巧细腻到极点，类似尺寸和风格的宝珀鸡尾酒珠宝腕表在历史上也风靡于好莱坞顶级女星当中。

或许那些绝世脸蛋们并没有在意一款珠宝表是否搭载机械机芯，青睐只凭眼缘，但待大众发现这么美的表竟还是机械表时，一种恰恰相反的信息反倒在无心插柳间被传递了——原来女性可以不需要依靠旧日想法中的女性喜好来让自己看起来仅仅是徒有其表，或被它们暗示女性应当扮演的角色，而是有能力在任何一个知识领域和实战层面与男性竞争，就好像贝蒂那样。

梦露鸡尾酒珠宝腕表。图片由宝珀提供。

事实上在"Ladybird贵妇鸟"面世之前的几年，贝蒂·费希特刚刚被确诊癌症，但她拒绝将公司卖掉，而是钉死这唯一一条路，继续走下去。她给予毫无相关背景的侄子让-雅克·费希特从零到一式的智睿指导，二人联合管理品牌近二十年，先后合力催生出"五十噚""Ladybird贵妇鸟"以及鸡尾酒珠宝腕表这样的典范级历史佳作。

没错，难以想象名震天下的五十噚竟出自一个彼时尚在女性主导下的腕表公司之手，这是不是也就解释了为何这个令男性感到血脉偾张的阳刚军表系列，时至今日依然能虏获如此多女性拥趸：潇洒磊落的风度和做事态度也是我们性格中的一部分，戴这样的表一样会给人某种正面的心理暗示，那就是女性也可以跟她的男性同辈一样强。

不止五十噚，历史上跟它诞生时间差不多的吸烟装亦是男装和男性气质在女性身体上的应用。在它们之前，运动风格的军表和裤装从未被高级制表和高级时装认可。但贝蒂·费希特所造的五十噚以及圣罗兰给女性穿上套装，真的传递出了一种与众不同的信息：我们正在穿越某个时代的障碍，从此之后，女性可以被更多元地看待。

时隔半个世纪以上的全新"钻石舞会"女表呢，在我看来它是宝珀一次有关女性风情的情绪释放。在此之前，宝珀虽被表迷、爱好者和普通购表人推崇备至，被赞颂为内外兼修的"天地良心珀"，但大众对它的认知似乎也多多少少就停留在"儒雅、知识分子、文艺、低调内敛"这些刻板印象上了，从而将诸如"热情似火、性感、曼妙、流光溢彩"等等词汇与它完全割裂开来看。

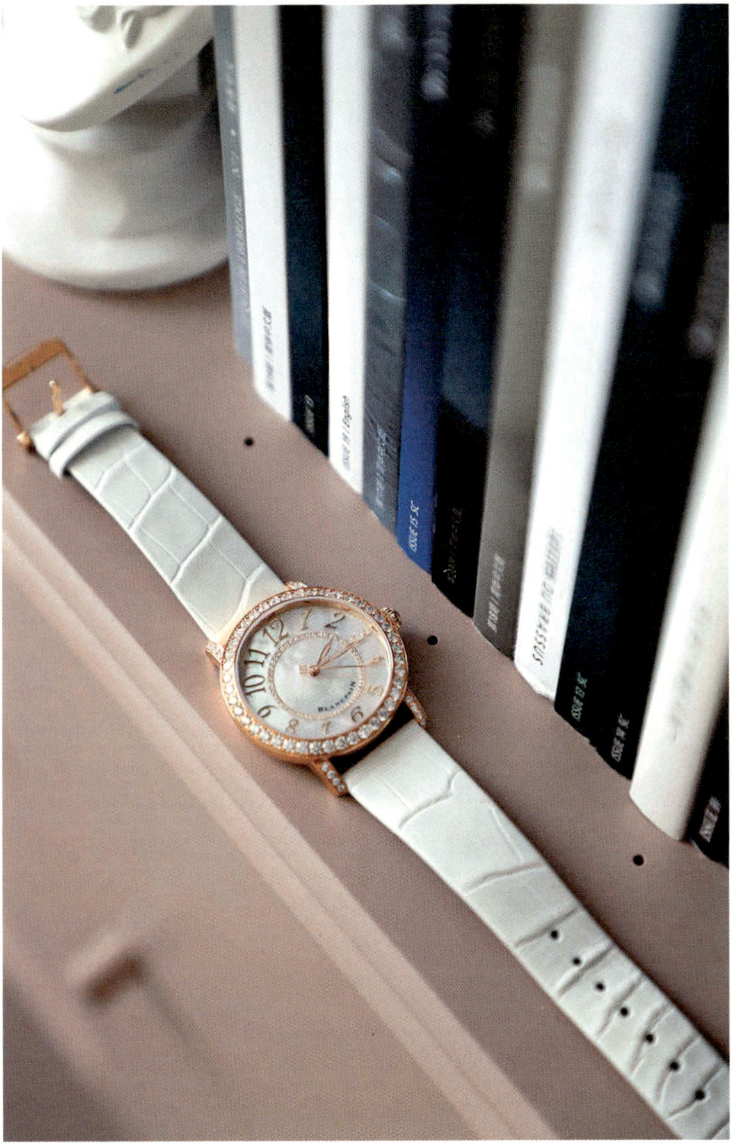

假装低调——有关奢侈品的闲话集

但如果回溯历史，你就会发现以贝蒂·费希特为代表的宝珀女性绝对是多面的。我听说她虽然在工作上是个雷厉风行、勇于创新和拥有绝对前瞻性的女强人，但私下却特别钟情于艺术：家里收藏了不少精美的挂毯、毕加索和雷诺阿的画作以及古代圣像，她不但自己欣赏，还慷慨地赠予家人和朋友。她一贯主张女人想要打扮得漂亮得体，一定要戴点珠宝来点缀，所以哪怕常年患有脚疾，冬天需时刻将双脚埋进一双粉色毛呢卧室拖鞋里，但也一定要身着华服，戴好珠宝。

你想想看那个画面，搁现在也够先锋和潮人啊。

所以"钻石舞会"实际上第一次把宝珀深藏的热情和璀璨付诸台面之上。相较于"月亮美人"更小家碧玉的尺寸和以古典浪漫的月相脸为视觉焦点的含蓄设计，"钻石舞会"简直拥有大明星般的明艳动人。本来整块白色珍珠母贝表盘在阳光下已经足够光晕流转，可以独自美丽了，结果在它之上的表盘中心的同心圆环和之外的表壳，甚至表耳和表扣上，宝珀的镶嵌大师通过贵金属饰带，完美密镶了总共126颗不同尺寸的高品质钻石，让手表无论从哪个角度望过去，都流光溢彩得仿若要荡出来似的。

有人曾咨询我：结婚不买钻戒，买表行不行？

如果是这样的表，我举双手双脚赞同。事实上，当我在家拿它搭配真婚纱内层的重磅真丝礼服裙时，发现一枚蓝宝石戒指（或同色系素圈）配钻表就足矣，不但整体造型简洁神圣不冗余，而且咱甚至还有 something blue 在身啊！

假装低调——有关奢侈品的闲话集

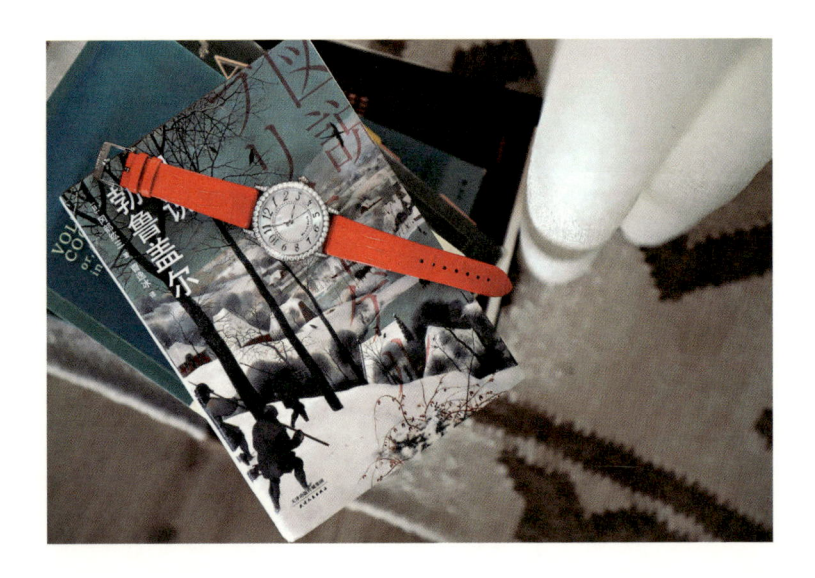

岂止blue，依照"天地良心"的传统，宝珀给同一只表配足六根不同色调和冷暖度的表带，让你彻底实现与每日OOTD（outfit of the day）相得益彰的颜色搭配自由，可能对大多数需要"搬砖"的我们而言，买它确实要比买钻戒令人感到买回本儿了。我最喜欢午夜蓝和孔雀绿，它们神秘静谧，与钻石和玫瑰金的张扬恰恰对立而互补。

既适合戴着去结婚，跳闪闪发光的第一支舞；也能戴着去"搬砖"，在气势上给客户一个下马威。

自贝蒂·费希特在二十世纪五十年代与侄子让-雅克·费希特合力研发出世界上最小的圆形机芯，并将其塞入"Ladybird贵妇鸟"腕表的心脏位置时，宝珀的女性腕表就已经被定下了"有颜值也要肚子里有货"的基调。坊间传闻在贝蒂接手公司的头一个十年里，其实并没有计划把宝珀发展成一家试图兼顾到所有腕表类型的公司，而是私心想要主攻女士腕表和机芯。怎么听着有点儿挑战自我那意思？毕竟生产尺寸小两号的时计和机芯更具难度。

我猜宝珀现如今男女表齐头并进的发展势头已经远超贝蒂女士彼时所能想象的，但它始终让我欣赏的是女表在品牌内非常被尊重，一直在设计和技术上被置于与男表旗鼓相当的规划中，而不是充当糊弄糊弄、随便做做就可以圈钱的附属工具。

"钻石舞会"所搭载的1153机芯，是基于久经考验的超薄机芯1150发展而来的。超薄+长动力这两件套本就是宝珀的一大所长，大三针又最能体现一个品牌的设计风格，让观者从细节处见真章。所以除了光彩照人外，柳叶指针、柔和的艺术刻度，外加超薄贴合的形态，这些都是一望便识的宝珀经典风格。

单从外在看，它无疑是璀璨曼妙的珠宝表；但你自己心里知道，它又不同于其他的珠宝表。这些无伤大雅的小小虚荣心和骄傲，也是器物带给我们的情绪价值，不是吗？

拍照那天我把自己的上手图发给朋友，她："哟，真好看！没想到宝珀还有这么闪的女表？我以为都是那种温文尔雅的知识分子范儿呢。"

一个相对而言的冷知识是：二十世纪上流舞会无数，在世界范围内公认的最出名及令人震撼的有1903年的圣彼得堡冬宫舞会、1951年的威尼斯世纪舞会、1966年的纽约黑白舞会和1971年的巴黎普鲁斯特一百周年诞辰舞会这四场，其中半数与知识分子相关。

普鲁斯特一百周年诞辰舞会揽尽世间权贵、学者和时尚潮流引领者，他们全都是被这位美好的时代文坛巨匠的品位所折服的超级"粉丝"；而纽约黑白舞会更是由作家特鲁门·卡波特亲自操办的，为的就是犒劳自己完成了那部著名的《冷血》。听说他花了一个夏天修改客人名单，只邀请最有名的人，但同时要求他们仅着黑白两色服装，以面具遮脸，仿若《窈窕淑女》中的场景。关于这场世纪舞会的细枝末节，有人甚至专门写了一本书，成为那个时代纽约上流社会和美国流行及时尚文化的珍贵记录。

这就是"知识分子"。你说，他们会不会就是因为太有知识了，哪天要想干点儿出格儿的事儿，就会让你惊到三天三夜都讲不完。

03 珠宝文化

那种把买珠宝当日常的人

前几天我乘飞机刚落地北京,打开微信就收到我妈转来的爆款文章《中国游客,你被攻略骗的样子真蠢》(据说后来又反转了),那时我刚巧手握攻略,从一个超级冷门的景点归家。我回复下跪表情:"好的妈,我知错了。"

记得第一次去巴黎前,有人教我,到了卢浮宫,有三件作品万万不可以错过,她给歪歪斜斜写了张小抄:"《米洛的维纳斯》《蒙娜丽莎》《拿破仑加冕礼》。"后来我攥着这个纸条去了,大家都知道那个地方有多大,我丧心病狂地找到这三处然后跟着全世界的游客集体在它们面前罚站。看画过程很玄,有点像在执行一种古老的巫术:不站够一定时间不能轻举妄动,彼此都端着,用余光瞥见其他人开始移动的时候再若有所思地点着头缓慢退步离去,可以说使用了参见英女王的礼仪,最终整个人被一种艺术的圣光所笼罩。

我当然屁都看不懂,但直到今天都记得这三件全家福,它们钉在我旅游生涯的耻辱柱上了。直到前阵子在英国的时候CHAUMET公关打电话给我,说他们要在故宫办个大展。

"拿破仑加冕时的那把剑也第一次离开枫丹白露博物馆来了。"他原话这么讲。

"好的,去了。"脾气上来了,我这次必须得给它看懂。

去前一晚我饱受时差之痛,翻看了所有展品资料,凌晨五点还平躺在床上运气,后来干脆没睡直接进宫了。好家伙,从来没见过那么多冠冕齐聚一堂,我是一个不婚主义者,当时都想戴一戴,太仙了,真不知道除了婚礼还有哪些场合配得上这些冠冕。所以在这里我率先推荐喜欢珠宝的仙女们无论未来撞见CHAUMET在哪儿办大展,怎么也要去看一眼。

一个珠宝界的CHAUMET、一个手表界的宝玑,很多人第一次听说它们时都是跟拿破仑这个人挂一块儿的,这男的身材五短却偏偏是个军事天才,给自己的人设是盖世英雄,他加冕的时候不高兴在历代国王加冕的兰斯圣母院办,声称自己不是国王而是法国人的皇帝,所以必须在圣母院大教堂加冕,点名罗马教皇过来给主持。霸道哦。

坊间传说拿破仑先于教皇伸手抢过来皇冠,自己给自己戴上了,很猴儿急。后来奉命画出这幅《拿破仑一世加冕大典》的新古典画派泰斗雅克-路易·大卫(Jacque-Louis David)一想,这个公开跟教会叫板的场景不可画,流传于世风险太大了。所以他决定避重就轻地画拿破仑给皇后约瑟芬加冕这个时刻。

这么一看,大卫可以说是搞PR的老前辈了,把两人画得跟当今红毯上的好莱坞明星似的:拿破仑摆出的姿态完完全全是在cos(角色扮演)罗马皇帝查理曼大帝,他头戴黄金与钻石打造的月桂冠,为

拿破仑一世加冕之剑。图片版权归 CHAUMET 所有。

红玉髓凹雕橡树叶首饰套装。图片版权归 CHAUMET 所有。

03 珠宝文化·那种把买珠宝当日常的人

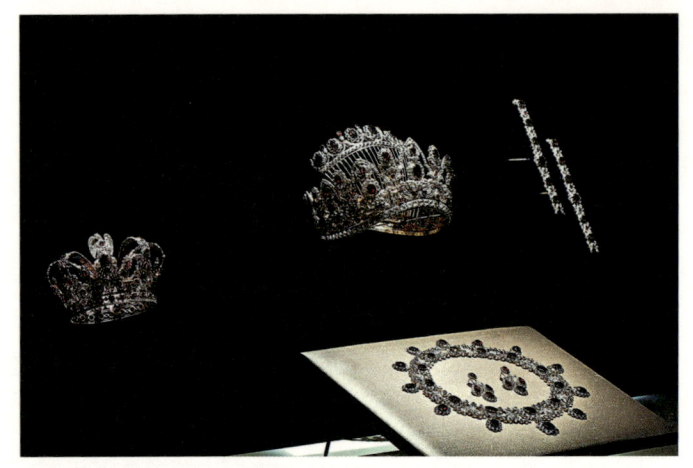

玛丽皇后红宝石全套首饰。图片版权归 CHAUMET 所有。

皇后约瑟芬授冠，冠冕、佩剑全部出自当时皇室珠宝商CHAUMET的创始人尼铎之手。

转回来说CHAUMET。

CHAUMET自诞生起就顶着"拿破仑御用珠宝匠"这个头衔行天下，在它们之前，为皇室做珠宝的手艺人也不是没有别家。Kloybateri、Boehmer&Bassange等一路从路易十四陪跑到玛丽·安托瓦内特的时代，后来都慢慢没落了：有的卷入丑闻性事件；有的太过迂腐不能很快地适应时代变迁，离普通人太远；还有的风格太偏门或者技术跟不上。

CHAUMET恰恰搭上了拿破仑大力推行新古典主义风格这班顺风车，在相对和平的时代以冠冕制造商的身份一炮成名，有精湛手艺，更是时势造英雄。

"金钟花"冠冕，图片版权归 CHAUMET 所有。

我记得第一次走进他们的精品店，就是芳登广场那家——毕竟顶着"芳登广场第一家珠宝店"这个名号，你很难错过的——最大的感受就是两个词：轻盈、很巴黎。

轻盈感来自大量自然元素的使用，这个是刻在骨子里的东西，从 CHAUMET 自古至今冠冕的款式上就能看出端倪。其实冠冕最早的形式就是古希腊的月桂树环，戴在胜利者头上，后来渐渐演变成以闭口的王冠象征王权。经历了不同时代喜好不同的君主，到了十八世纪拿破仑大力复兴古典风格，这种更加轻盈、新颖的冠冕才重新成为王室贵族的象征。

当你立于几十个冠冕中间，会发现它们尽管形态主题各异，但每一个都在全力展现着登峰造极的女性柔美。让我不错眼珠死死贴住玻璃柜看的，是那些冠冕上似真花一般的金钟花、月桂叶、康乃馨、三色堇、麦穗、野蔷薇与茉莉花的灵动细节。

特别是个别运用了"颤动式"宝石镶嵌技巧的冠冕,你可以想象得出它随着贵族小姐的脚步而颤动的生命姿态。哪怕全身只有这一样珠宝单品,搭配新古典主义风格的高腰宽松长裙,也会让人觉得优雅至极,不张扬却值得回味。

而说到"很巴黎"这个评价,我多少有点语塞了,感觉很虚。毕竟,从旅游季的朋友圈盛况来看,巴黎已经成为全世界人民的故乡了,每个人对巴黎都可以发表自己的理解,其中最常听到的叫作优雅。呵呵,优雅,优雅太被滥用了,巴黎被低估了。

在我看来巴黎是一种审美,它是世界上为数不多的其中还有人真心在乎艺术的代表城市,长期浸淫在这样的氛围中所创造的作品,那种独特性和地域特色,无论从哪个角度来看,都不该被简单粗暴地贴上"优雅"的标签。因为我始终觉得,气质是永远模仿不来的,它和一个人的出身、教育背景、工作经历都密不可分,甚至一定程度上更像一种与生俱来的能力。

在CHAUMET的作品中,我似乎总能看到这种"巴黎式"的处理:双排珍珠项链、欧仁妮皇后"三叶草"胸针、美好年代的"六燕齐飞"钻饰、可以多用途转换的"羽翼"珠宝、搭配晚礼服的"罗昂"贴颈项链、麦穗纹饰项链……它们的审美或许来自不同年代的品牌掌舵者,但无一不坚持点到为止、绝不加入过多累赘细节的干净处理,以免妨碍那份轻盈的法式优雅。这种节制的用心,也大概只能在眼界开阔的顶级珠宝大师的作品里才能体会得到。

还有人说巴黎人是瞧不起巴黎之外的粗鄙世界的,所以故宫这场展览最让我意外的，是CHAUMET竟然找来一队伦敦圣马丁设计学院的学生做了场"二十一世纪冠冕应该长成啥样"的设计竞赛（而全世界人民都知道英法长久以来习惯互黑），最后伦敦男孩斯科特带着他的冠军设计"炫彩花园"冠冕进宫，一件作品霸占整面墙。我因为刚从伦敦回来，就立刻跑过去找他聊天。

我说："你一个英国人做什么法国花园啊！"他哈哈大笑，说："英国花园实在是太乱七八糟点儿了！我研究了一下法国花园，真的绝了，特别有预见性。你种了什么花，就一路种下去。我觉得做精致的珠宝，还是需要法国感的，所以用了很多直线，就像花园里的小径，旁边又放了绿色的碧玺，更温柔，像绿地一样。"

你看，英国人眼中的CHAUMET式优雅，是一种可以预见的精致。

所以，两百多年过去了，相较于其他珠宝品牌而言，CHAUMET整体变化其实不算大。尤其是现在社会一天一个样儿，很多珠宝也顾不上气质不气质的，好卖、有人喜欢就行了。但CHAUMET很有意思地反其道而行之，持续地从它们的经典作品比如约瑟芬的冠冕当中找灵感来创作现代的冠冕或者戒指，很少凭空创造一个莫名其妙的系列专门用来走量，也算是自成一家了。

在网上，甚至很容易搜到用白tee或皮衣配冠冕的现代酷女孩，那些通过几笔简练线条就勾画出来的冠冕还是逃不掉与自然主义、麦穗、梨形钻石这些标志性元素的渊源，所以哪怕它们呈现出来的气质是叛逆的、摇滚的、无所畏惧的，里子也是柔美又轻盈。

我觉得这就是老牌法国式世家的精髓所在：做什么都不是靠用力拗的，稳。皇室几百年来培养的审美，已经自然而然地摒除掉了任何看起来轻浮浪荡的可能性。贵族的端庄，这种感觉十分难以描述，但是女的都懂我在说什么。

就是那种让人不敢轻举妄动的正室范儿吧。

也正因为如此，发现没，好多人买CHAUMET的珠宝都是用来求婚的。想当年拿破仑恋人、情妇无数，遇到33岁还拖着一对儿女的约瑟芬时，还是被她异乎寻常的美貌给虏获了，一往情深地，以全套奢华珠宝许她法国皇后之位。而她的好品位和故事又反过来影响CHAUMET，成为其灵感源泉至今。

我常对某段历史感到困惑：到底真的假的啊？从古到今，怎么总有那么一些个女性啊，就能做到恋爱谈着谈着就让对方"噗通"跪下来死心塌地地掏出个戒指哭着求婚。我们——在看这篇文章的约百分之七十五的、自诩以独立智慧有趣幽默七百二十度武装了自己的我们——咋就老是落个一走了之甩手过不下去的命运？说中没有？是不是是时候正视一下咱们的情商问题了，真的。

最后话说回来，现在市面上这些高级珠宝品牌的作品都很难不漂亮，让人挑花了眼，那到底什么样的人适合去真刀真枪地消费CHAUMET而不是其他品牌？我的观点是那些特别注重用珠宝传递心意的人，因为这就是这个品牌从第一天起就干的事儿。

世家珠宝厉害就厉害在买家都是深藏不露的暗"壕"，是把买珠宝当日常而并非拿一个logo到处招摇的人。我愿意买哪个、怎么定制、讨谁喜欢，谁要你们知道。不像某些品牌，两百年前就提前开始走带货风，至今不变。

有个女朋友曾经收到过一枚CHAUMET求婚钻戒，她戴上按了张照发给我，顾左右而言他地抱怨："手不够好看。"我气得头顶冒烟：有些个女的，得了便宜卖乖磨磨叽叽的情绪实在不健康。我手好看，戴啥都跟手模似的，我买得起吗？

后来我发现这真是女性通病。我们优点千千万，但往往有一个缺点很致命：自己给自己心口架了一杆秤，啥都要比，拿自己缺点跟别人优点硬比，吃屎都要吃屎尖儿。何苦呢？

都看看自己拥有的，别瞎比了。

人人都在戴，为什么你还会想买它？

在北京梵克雅宝大展时我戴了Alhambra系列长项链配白衬衫为大家下场导览，花絮照发到微博，马上被人识别："姐姐戴的VCA Alhambra五十周年项链呀，好美哦。"我截图跟朋友分享震惊："这都行？这个系列款式林林总总多到瑞士去了，能分辨出新款的是神仙吧？"

朋友笑而不语，随后甩了我几张截图。在五十周年纪念款面目刚刚浮出水面的那几日，朋友圈里勤劳的代购和各种高仿号就自发肩负起为其奔走宣传的使命，情境图、细节图、真实上身图一应俱全。作为最知名的珠宝爆款单品之一，似乎没什么可以抵挡Alhambra系列每年的新设计在民间被如此助攻传播，尽管其方式并不是品牌和铁杆拥趸所喜闻乐见的。

我们习惯了叫它"四叶草"，其实人家正经名字是"Alhambra四叶幸运系列"，这个系列几乎是从五十年前崭露头角之际就一炮而红，初代设计以名称为Perlée的金珠镶边和纹理丰富的四叶幸运图案构成。

对梵克雅宝历史略知一二的人可能意识到了，此时有关这件著名作品的第一个重要知识点出现了："四叶草"并非什么一拍脑门凭空创造出来的植物图样，它一方面契合了这个珠宝世家以自然万物为创作灵感的传统；另一方面，四叶草真实存在于自然界，寓意"好运"。谁不渴望好运呢？

就这样，一件珠宝作品也承担起了某种文化符号的功能。

与此同时，二十世纪六十年代恰好在经历一场源于文化的社会变革，年轻人们急不可耐地从死板保守的衣装中挣扎出来，迷你裙取代了百褶裙，粗黑眼线和浓重睫毛表示某种女性态度；性解放和太空探索轮番发声。紧随其后的十年，无法无天的叛逆风气虽然有所收敛，但也是被歌唱苦难的民谣所取代，人们终于学会了为自己而活。

梵克雅宝身在其中忽然意识到，独立精神被唤醒的女性在这个时代需要的并非戴上庄重典雅宛若贵妇、但大部分时间被束之高阁的高级珠宝，而是不必拘泥于场合、灵活百搭、新潮又不会降低半分佩戴仪式感的年轻珠宝。

于是，在那些嬉皮士宽袍子、印花迷你裙和相互碰撞的大型色块的感召下，可以顺着身材曲线自如游走的Alhambra系列应运而生，展示它们的梵克雅宝精品店也成为一方反主流文化的阵地。在这里，梵克雅宝的风格开始由来自五湖四海的文化元素熔铸而成，再被年轻的消费者们拿去搭配喇叭裤、及地长裙和高领针织衣，不但表达了个性，也让他们从中窥视和体验到旧日富豪专属奢华的吉光片羽。

今天，很多人对Alhambra系列的初印象是明星、网红佩戴的"爆款"，自诩品位优异的路人粉也因此会对这个系列缺乏追捧的热情，但我对此有一些不同看法。

记得以前查资料，看到六十年代yé-yé音乐领军人物弗朗索瓦丝·哈迪（Francoise Hardy）的一幅旧照，图中她以十分简洁的黑色羊毛衫搭配绉绸长裤，头发就那么很慵懒地随意弄弄，然后在颈间叠戴了两条不同材质的Alhambra系列长项链。

那是在我审美可及范围内的最佳叠戴示范（我甚至为此专门去查了yé-yé音乐到底是什么神仙）。Alhambra系列轻松随性，十分好戴，却释放出强劲的符号化特征，以四两拨千斤。虽然人人都可以照搬整套穿搭，但佩戴效果却绝不雷同，千人千面。

这，才是Alhambra系列的真正厉害之处。它并不会因为重复出现的经典图样而吞掉佩戴者（很多后来的模仿者就输在这点上），反而变被动为主动，海量的材质、花色和工艺的选择，使风格迥异的同好都能从中找到与自己气质最为契合的那一条或几条。

再去看格蕾丝王妃和同时期著名演员罗密·施耐德（Romy Schneider）的搭配，试问又有哪个推崇中正平和穿衣之道的观众不渴望自己无需咋咋呼呼地装神弄鬼就可以轻易戴出这份放之四海而皆准的优雅呢？而在"网红"似乎更加偏向于贬义词的今天，我们所嗤之以鼻的并非四叶草本身，而是被冠以这个头衔的搭配者们不遗余力地往身上堆砌当季新款和频繁更迭logo化单品的劲头儿。

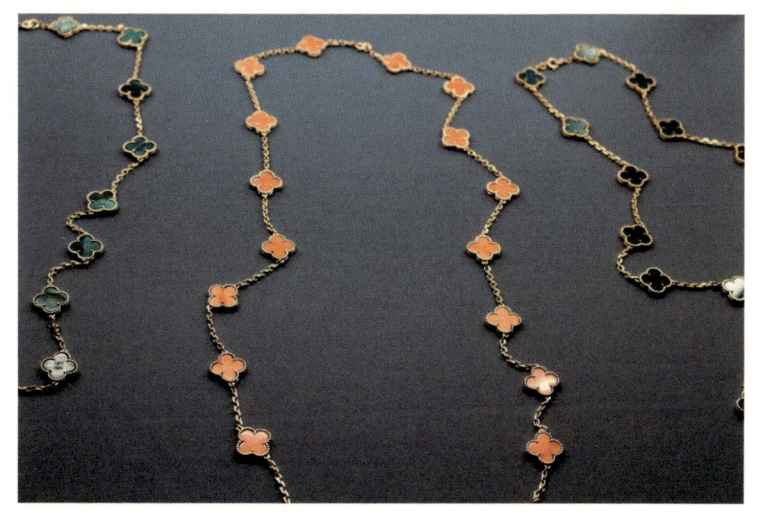

梵克雅宝四叶幸运系列在宝石和半宝石的选择上包罗万象。

我想,其背后的逻辑是:这对我们普通人的每日着装搭配并无任何借鉴意义。

反观真正能戴好Alhambra系列的,我觉得日本人算一个。事实上,她们也的确是打这个系列面世之初就高举双手亲近上来的好学生。听说六七十年代之交正是日本举国为西方奢侈品所倾倒的年代,四叶幸运图案一来小巧精致,符合长久以来的日式审美;二来这个图纹与日本由十二世纪开始出现于武士盔甲武器上的家纹大有异曲同工之妙,文化上自带流量了。

所以如果你足够有心,那些往来于日本街头不同年龄段的女性都可以给出绝佳的佩戴示范:搭配衬衫、高领衫、套装、牛仔……佩戴者气质各不相仿,但你似乎总能在她们身上找到某种共性:一种沉静优美的女性魅力。这是我自己最推崇梵克雅宝价值观的那部分:视珠宝为媒介，去激发女性自我意识中最美好的纯真。

所以她们的珠宝——无论价值不菲的典藏系列还是我们消费得起的入门级别——都是毫无攻击性的。

拿Alhambra系列的更新换代来说，因为这个系列已经拥有了非常成熟的设计理念和顾客群，所以每一季的设计主要在材质、颜色和幸运主题上不断翻新：初代的四叶幸运图案肌理丰富，到了八十年代，其表面变得平滑光亮，色彩饱和度被一再降低，最早的长项链长度也缩短至颈间以适应当时"矜持的优雅"这一审美主流；再之后与珊瑚或钻石为伍；组团儿和扑克牌中的红桃、黑桃及方块一起装点手链；再或者配上流苏化身为精巧的胸针……

每当我以为这个系列快要江郎才尽的时候，它都以新的灵感死死攥住我的注意力，这样的创作方式既尊重传统，又在细节上大做文章，从而使经典款在新时代语境下保持着新鲜活力，值得被一再回味。

有的品牌希望自己的产品线多多益善，结果每条都浅尝辄止，发现不好卖就马上关闭；而梵克雅宝却选择绝不为了出新而出，找准一个点就深挖它的所有潜能。以前我年少轻狂，视这种美为"重复自己"，现在年龄上来了，觉得在100分的基础上争101分，这种心境更加珍贵。

以前坊间飘着传闻说格蕾丝王妃拥有玳瑁、珊瑚、青金石、孔雀石、黄K金等诸多版本的Alhambra系列长项链；痴迷珠宝的伊丽莎白·泰勒（Elizabth Taylor）不但将不同时代的长短项链和手链都收入囊中，还特别定制了绿松石配水晶的图案版本……从七十年代起，这种死忠粉想要"集齐"的思路似乎就已在购买者间自发形成，以至于后来加入梵克雅宝的CEO尼古拉斯·博斯（Nicolas Bos）都大感意外，他说"这种情况绝不是所有珠宝品牌都会有的"。

大胆到想集齐自己心爱珠宝的每一个款式需要巨大财力支持，普通甚至初次购买者才是大部分，那我谈谈我的推荐。

首先要提名的当然是长项链，它不但是树大根深的Alhambra家族的初代设计，而且搭配起来特别灵活，佩戴率极高。通常容易被纳入比较和考虑的款式可能集中在类似贝母、孔雀石、红玉髓、缟玛瑙和黄K金之间，我只建议大家在购买时跟导购了解不同材质的特性、硬度和保养指南，有了更整体的视野之后再做决定。

另外，这种同个图样重复多次的长项链现在越来越多，我也主张大家货比三家，各家都亲自摸摸掂掂戴戴，这时Alhambra系列在用料足、做工细方面的优势就肉眼可辨了。

我个人还特别喜欢大小不一的四叶幸运图案短项链和耳环，金链在这两类单品上都被拉长，以小枚主题图案联结牵出大枚主题图案，很特别。相较于入门款式，它们不那么"百搭"，但利于个人风格的塑造。我的经验是，就算买得起也尽量不要一气儿全给扮上，二者选其一，否则真的很容易像前阵子那个有名婚礼上的明星伴娘似的，被网友吐槽"是出来卖梵克雅宝的吗？一下子戴那么多好像租的"。

如果只考虑价格，Alhambra系列的性价比之王肯定是五花手链。不知道大家听过没听过江湖上有"平均一朵花一万块"的总结公式，对比单颗吊坠短项链两万多的定价，五花手链三万出头你简直会有买二送三的错觉。

但话说回来，只从价格上考虑当然是不可取的，Alhambra系列诞生的初衷就在于它是适合日常随便搭、精致却不过分隆重的生活珠宝。当年法国媒体即指出：法国年轻人当下对珠宝的态度已经变了，她们买珠宝更多的是出于感性而非投资性的需求，这里面往往蕴含了对个性的追求和对审美的讲究。

所以要放在心间：在服装已经高度同质化的今天，珠宝的存在就是为了让人过目难忘，务必戴自己喜欢的。

既然说了这么多，我也献献丑搭了一套，为大家抛砖引玉好了。

最后，我并不觉得"爆款"可以成为一切风头正劲的珠宝、服饰、包包作品的统称，更认为听到"爆款"二字就急着翻白眼遁走的人，品位也好不到哪儿去。回到标题说"人人都在戴，为什么你还会想买它"，于我，最现实的原因是Alhambra系列好搭好戴，在出门前的最后时刻可以为整套look做收尾点睛之笔。

但作为文艺青年中的骨干分子，戴上它，我总忍不住很热血地想试着找到某种精神上的认同和归属感。但这份real，似乎早已不复往昔，你只能从今日今时市场里各个品牌的翻版和模仿中，嗅到自我意识过剩的讽刺意味。因为我们都清楚，在Alhambra系列诞生的

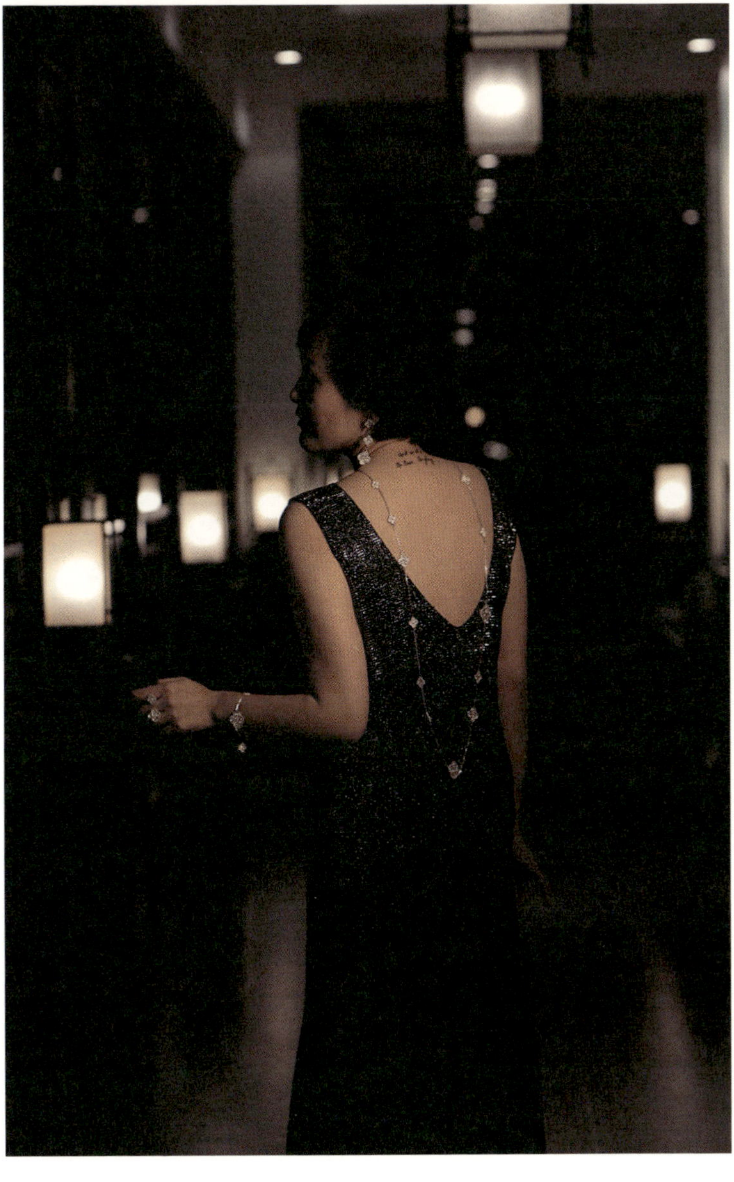

假装低调——有关奢侈品的闲话集

那个年代，人们永远不会牺牲自己真实的精神世界去换取名利；而如今，我们只能徒劳地去寻找一串项链所代表的精神世界。"物质上的丰沛反映出这个市场的繁荣，以及比繁荣更多的空虚。"

今天，对产品意义的解读更多地被流量和数据裹挟，然而我认为真正的优雅应当来自天然的品位和精挑细选，正如同被称作iconic的珠宝并非仅仅徒有其表，而是来自旧日时光的吉光片羽——就在芳登广场的Le Boutique精品店中。

Keep Curious and Buy Jewelry

今年走过六分之一，我动用了自己购买珠宝的第一个额度——二月初在罗马很偶然却极速入手了宝格丽Monete系列。交易地点神秘离奇，事后我咨询了高人，他暗示我不要细说，我顺从。

纵观珠宝世界的领先品牌及其响当当的标志性设计，Monete古币系列常年盘踞在我的心愿清单上，没跌出前三。一直没大张旗鼓往外说的心境其实跟大家很类似：遇着好东西总想尽力捂一捂，怕太多人知道了就不特别了。

所以每逢朋友询问时，我也净推荐Serpenti、Lvcea、Diva什么的。不是说它们不够好，恰恰相反，这些系列兢兢业业地投射着宝格丽的设计精髓：那些完全区别于法式珠宝的几何图形创意、色彩宝石和黄金的大体量运用，还有在营造佩戴厚重感上的结构技巧，以及对得起价格的精工细作。我主张只要遇到自己喜欢又驾驭得住的，无论如何都应该为自己的珠宝箱来个差异化持有的。

但在我心里，它们跟Monete还是差着段位呢。差别一方面是起步价上Monete相对更高；另一方面因为古币系列的产生背景和锻造过程绝非仅仅围绕着珠宝本身的美感及其在艺术上的外延来进行，它背后其实吸纳并沉淀了一整套有关罗马文明的渊源和延续至今的故事。某种程度上，Monete甚至可以被称为文物，它们是真正的古董。

在整个购买过程中，我先发现了一枚古币戒指，之后才轮到这个项链坠，两者品相天差地别。买到手后我立马把照片发给身边最懂古币的朋友，他当即喊出钱币一面"君士坦丁一世"的名号，并感慨道："真的非常诧异宝格丽会用这么高品级的钱币，其实用差点的，普通人看不出来的，但可以节省下80%的成本。"

我："你觉得我这个成色能到哪个品级？"

他："成色非常好，VF+(Very Fine)，哪怕不加贵金属外框单独买也要xxx USD（美金）。"

我在心里再次回顾了自己这枚古币加金框后的成交价，无异于今年买到的第一大值得了。正因为经历了这一茬，我寻思着应该正经讲几句Monete的好话了。一来确实挺少会有中国买家看上它的，大家也看得到，它整体气质旧旧的，不太符合大多数珠宝"主要负责光芒万丈"的人设；二来哪怕真感兴趣，古钱币统共就那么多，品相好的更是越来越少，买到它也是讲究缘分的。

你看宝格丽什么时候自己推过这个系列？因为它一件难求。"甭管在哪儿，能碰上就赶紧入"——这似乎是爱好者们心照不宣的

244　　假装低调——有关奢侈品的闲话集

共识。

古币系列走进大众视野是在二十世纪六十年代。这个系列的诞生，主要得益于当时只有十几二十岁的家族成员尼古拉·宝格丽（Nicola Bulgari）打小对古币收藏狂热着迷，有点儿兴趣决定生意走向的意思。而最终成就它在宝格丽甚至整个珠宝世界中的重要一席之地的匠心，我认为则来自尼古拉在接受记者采访时的一句反诘：

"为什么我们不去试着利用不朽的物件打造现代感十足的作品？"

我曾在外版名录上看到一只宝格丽用一枚公元一世纪的古币打造的黄金戒指，古币上镌刻有罗马皇帝尼禄的头像，他佩戴的月桂王冠浮雕极其逼真，堪称古罗马帝国的风格代表。

还有条O型黄金链节短项链，那是宝格丽古币珠宝的初代设计，它的视觉中心是公元五世纪的苏勒德斯金币，据说每枚金币的含金量都接近99%，真实反映了拜占庭帝国的惊人财富。

同样早期的一枚迪纳里厄斯银币上则描绘的是刺杀凯撒这起惊天阴谋：硬币正面是一手策划暗杀行动的著名元老院议员布鲁斯特，背面则郑重留下日期，刻下刺杀行动所用到的两把匕首和获得自由的奴隶戴的无边圆皮帽。一枚硬币就这么让我们与古代历史事件有了联系。

哪怕你我对如此久远的历史可能根本一无所知：不清楚尼禄是如何从一心想为全体罗马人建造一座史诗级艺术城市到因洗劫罗马神

庙而声名狼藉最终以自杀了结一生；不清楚"米兰赦令"在基督教历史上拥有何等重要的作用，君士坦丁一世又为后世留下了怎样巨大的遗产；甚至完全不知道象征着罗马权势的斗兽场得以动工建造的根基是那些从耶路撒冷圣殿掠夺来的财富……

古币自身当然已经浓缩承载了足够厚重的历史，而尼古拉在新世纪所主张的，不仅仅是在这方寸间展现宝格丽的古罗马渊源，而且让它们与当代社会拉上了关系。这种关系自然而然地抹去了古币作为流通货币的原本身份；它是珠宝、是微型浅浮雕品、是宝石，是历史爱好者心目中的一个个象征符号和图纹。

从这个角度来说，宝格丽是珠宝品牌中难能可贵地将珠宝创作与历史故事的叙述、文化的投射结合得严丝合缝、最为流畅不冲突的。或者，我们是否也可以说：正因为诞生于罗马，宝格丽似乎拥有了一座取之不竭的灵感宝库和某种与生俱来的文化特权。

我后来把这枚项链坠穿进一条我妈妈年轻时戴的金项链上，有种买下了一段历史的满足感，另外还感觉神奇：将来自不同年代和空间的物件组合上身，在我的理解里，似乎不仅是传承了某些东西而已，也平添了把它的来龙去脉讲给那些喜欢追抚历史的爱好者这项使命。

这是我第三次去罗马，最难得的体验是终于（远远地）见到了尼古拉本尊，宝格丽动用了一座从未被品牌使用过的私人花园玛达玛庄园（Villa Madama）来发布新书《宝格丽：罗马瑰宝》，花园本身的渊源可以追溯到文艺复兴时期美第奇家族的利奥十世。最初负责建筑、绘制穹顶的名单里也闪现过拉斐尔（Raphael）、朱利奥·罗马诺（Giulio Romano）这些大人物的名字。三百年后接手它的新主人卡罗（Carlo），他的美国太太多萝西·卡德韦尔·泰勒（Dorothy Cadwell Taylor），就出现在这本描绘珠宝与其名人拥趸间轶事的新书中。

恕我直言，还有谁能为一本书的发布凑到如此成套的渊源？新书的作者叫作文森特·梅朗（Vincent Meylan），此人大有来头。他是珠宝世界里研究皇室珠宝、名人拥趸的权威，专精各种奇闻逸事和不为人知的传奇八卦，以至于各种名人遗孀、遗孤有什么珍品和故事都自觉地出门左转找他去爆料。很多顶级珠宝品牌都请他执笔做书，我读过其中一二，的确知识点和八卦点一样密集，读着有劲，不累得慌。

新书发布会召开时，我一边听文森特和尼古拉讲故事，一边交替着盯建筑的穹顶和对面宝格丽典藏总监露西娅·博萨尼（Lucia Boscaini）女士戴的全套Monete古董珠宝开小差。窗外是极为对称的意式花园和雕像，眼前徐徐打开一幅优美的罗马式画卷，一步一景，身在其中，你自己也就成了旁人影像中的点缀之一。

不少人好奇到底应该去罗马的哪儿会会这种美景和美食，我来谈谈。

我很喜欢的一位中国作家叶兆言，他十几年前写过一本小册子叫《南京人》，之后又出了续作，2016年精装再版，我放在手边，常翻常新。这本册子在我看来，是一个南京人给予家乡最深情又深情不露的告白，兹是带着埋怨，那也是一种"自家的孩子只能我数落，别人胆敢说一句我倒要问问你是哪位了"的情绪。

这本书对我启发很大,每次读都有新的体会:到底应该如何"访古"地游览。

罗马或者南京,它们都是有恢宏历史可以追抚的世界古城。套用叶兆言先生对南京的评价,我想去罗马真的不用刻意怀古,更不需要跟着什么粗滥的"攻略"到处应卯。历史留给罗马的遗产实在是太丰厚了,你每走进一座教堂、路过一尊雕塑、随意拐进一条小巷,都是走在历史的阴影里,都有来历。

所以,"在罗马去哪儿玩",我要说你怎么玩都是合适的。你可以以威尼斯广场为中心,拾级而上沿着路向顶走二十分钟就是波格赛美术馆(Borghese Gallery),这里保存着大量乔凡尼·洛伦佐·贝尼尼(Gian Lorenzo Bernini)的雕塑作品。

如果(像我一样)因为没有预约而吃了闭门羹也不必遗憾。罗马的美妙之处就在于,贝尼尼无处不在。更精彩的是,在同一年代与他旗鼓相当的对手、建筑天才巴洛米尼以城市为舞台,将罗马的巴洛克风情推至极致的艺术层面。有人说,如果有两个人应该为罗马的巴洛克式面貌、为罗马之所以成为罗马负责的话,那么他们就是贝尼尼和巴洛米尼。

所以写到这你要放在心间的一点是:尽管罗马拥有文艺复兴时期的宫殿和美丽的古代遗迹,但这座城市的基本架构和小镇式的氛围,在本质上都是巴洛克式的创作。

请不要错过圣彼得大教堂和圣卡罗教堂这两座伟大建筑，它们分别出自这两位棋逢对手的顶尖大师之手。它们一个纯洁朴素，是几何曲线和数字比例的完美结合；另一个色彩明艳丰富，令人仿若置身于真实而华丽的巴洛克剧场。

那万神殿怎么办？也要去。这次你顺着威尼斯广场一路向下行，穿过藏匿在平行街道间的名品小店矩阵，在从某个小巷子拐上开阔大路的一瞬间，它就那么"嘎"的一下豁然出现在你面前了。我的小建议是把导航地址定在买手店Degli Effetti上，从这家店向右走二十米，万神殿就在眼前，你绝不会错过。

万神殿一定要进去，它的外部圆柱实在太过壮观，但比这还厉害的是它的内部空间在方圆比例、穹顶美感和光的走向上给人的视觉惊喜。众所周知，万神殿是一个颂赞敬拜罗马皇帝的建筑，但学术界提出过一个看似蓄意而为之的对齐方式：由穹顶眼孔照射进来的阳光，会在4月21日的中午精准照亮万神殿正门。

因为万神殿建造时期的罗马皇帝哈德良似乎有意将建筑校准到这样一个角度，以此来纪念罗马的生日节庆和罗马女神。希望选择在四月前往的有缘人不要错过这一美妙的点亮时刻。

还有太多太多与万神殿类似的建筑，无论你选择拜谒斗兽场还是旁边的君士坦丁凯旋门，如果对历史没有一点基础了解，那它们就是一座座石头建筑，你的拍照发朋友圈也不过是证明"看看我这人文追求"的应卯式举动。日后回忆起来，很可能只想得起一些乏味雷同的庙宇、教堂和身在其中时肃穆庄严又夹杂着无趣的气氛。

所以，读点儿历史和艺术史方面的书，而并非网上的攻略，再去罗马。

如果觉得游览这些还要进行知识储备上的预先准备进而生出胆怯之心的，我推荐一个新奇好玩的地方：Mirabilia Gallery。靠自己我断断找不到这种隐秘之地，是宝格丽领着我们全球二十来个博主去大开眼界的。

艺廊的老板是一个大帅哥吉亚诺·德尔·布法罗（Giano Del Buffalo），他打小跟着爸爸到埃及考古，所以在他那儿收藏、展览、出售的，是动物标本、民族文物甚至陨石。回来查了一下，Mirabilia在拉丁语里意为不可思议的事物，专门陈列不可思议事物的艺廊在文艺复兴时期就叫作珍奇屋（Curiosity Shop），往根儿上追溯，它是现代博物馆的原型。

这是我钟情罗马的重要原因之一：它如此古老，却又如此先进。在这里包容并蓄了各式各样的艺术和生活方式。

我甚至说不清楚到底是因为珍奇屋就是罗马的传统之一，还是宝格丽被这样的收藏启发，他们在自己孔多蒂大街的专卖店一墙之隔，致敬创立之初的传统，搭了一个宝格丽珍奇屋，陈列着地球仪、望远镜、折纸作品，还有首场展览的Fornasetti创意作品。

我悄没声儿去参观的时候正好碰到创意总监露西娅·西尔维斯特里，她两个手腕戴满彩宝作品；后来在工作室再碰面时，露西娅做了一个让全球女性嫉妒到牙痒痒的举动：我们心烦时，去超市把双手插进米袋解压,人家是插到宝石堆儿里……

这个珍奇屋不知道是不是临时的快闪商店(Pop-Up Store),我自己感觉它展览馆(Gallery)的性质更甚于商店(Shop),大家如果去罗马,孔多蒂名牌街正对威尼斯广场,总归是要去的,路过时也不妨进去受受熏陶。

从珍奇屋出来后可以走到斜对面的Eleuteir古董珠宝手表店里捡漏,虽然我遵从大师指点不能透露购入Monete的更多细节,但可以告诉你们这家店古董珠宝存货多、品相好,是绝对值得专门前往的,不能再多说了。

曾几何时,我们费劲巴列地攒钱旅游是为了抬头看看异乡的月亮,拜谒那些只见诸纸面的建筑与绘画,追抚名人生活过的轨迹;而今天,似乎旅游在某种程度上跟买买买画上了等号。

Buy jewelry或许是支撑我们大力对抗疲惫生活的勇气之源,但更重要的,不要忘记keep curious才应当是你我内部世界中永不枯竭的初心和原动力。我不知道没有了好奇心和想象力、只沉迷于物欲的人生可以有多过瘾,但生而为人的精神乐趣,一定失去了太多。

在宝格丽罗马总部,设计总监露西娅·西尔维斯特里(Lucia Silvestri)把手插进宝石堆儿,成为现场最被羡慕的女士。

朋克精神永不过时

曾听过一个有关爱马仕创始人狄耶里·爱马仕（Thierry Hermès）童年的传闻：那时他父亲在镇上经营酒馆生意，所以他不到十岁就化身跑堂伙计，专门帮着照看往来客人们的马车和马匹。酒足饭饱再上路时，有人发现马儿变乖了，后来找到由头：原来狄耶里在项圈上包了一层皮革，让马颈的皮肤不那么容易因为长途赶路过程中的频繁摩擦而红肿甚至撕裂，舒适度大大提高后，马的精神就上来了，驾驶也因此变得安全多了。

我不知道这个初代传闻对爱马仕如今那么钟爱将皮革以拼接的方式融入自家各条产品线中的创作方式是否有影响，但可以确定的是：似乎从还没萌发出"品牌"概念的岁月起，使用者的情绪和精神世界就成为爱马仕搞创作时纳入考量的重要一环；这种思路，更是在决定了爱马仕发展方向的数次产品更迭变革中，成为其坚硬内核。

要知道，这小两百年走过来，爱马仕也经历过几次非著名危急时刻。

比较转折性的一次我认为是在一战期间，那时原本该由马车负责的运输工作被汽车甚至飞机逐渐取代，尚在军中服役的埃米尔·爱马仕（Emile Hermès）被派到美国为法国轻骑兵采购皮革制品时忧心忡忡，他明知道马具商的时代已经接近尾声，但新产品的方向还没着没落的。

就在一次乘车外出期间，汽车顶篷连接处的拉链启发了他，埃米尔第一次见识到这个美国工业家发明的小物件，当即就敏锐地买下了拉链在法国的独家使用权。

最初工匠们只是用店里做马鞍剩下的碎皮料制作提包和钱包这些小物件，但与众不同之处是爱马仕坚持配合缝制马鞍时才会用到的针步缝并辅以拉链收尾，时髦女郎们一下子就被吸引了。

请注意，那时她们已经剪短长发，走入社会，替代在前线作战的男性们扛起振兴经济之责，自我意识更是被唤醒，价值观也随之产生巨大转变。投射到时尚领域，就是服装线条愈加利落简洁，结实耐用的皮制品取代了绢丝制品曾有的地位，时髦又干练。

就这样，在咆哮的二十年代，爱马仕以拉链征服了整个时尚领域并完成了产品的更迭换代，工匠们比战前更忙了。

再来是1937年。我读过的很多文章都一笔带过地提到，当时埃米尔·爱马仕的女婿罗伯特·杜马（Robert Dumas）在诺曼底的小海湾度假时，被船锚链条所吸引并以此为灵感创作了手链。这个故事不假，但我认为当时罗伯特的心情绝非我们想象中的轻松惬意。

1929年，纽交所的股价暴跌引发了全球金融恐慌，那时也偏巧是爱马仕家族筹划纽约分店的关键性时间节点。突然间资金链紧张、原料供给短缺、订单减少，罗伯特身担解决债务重任，奔走于美法之间。而此时的巴黎工坊内，工匠们集体合计了一个十分惊人的建议：他们愿意跟公司一起扛，三年之后再领薪水。

都这么众志成城了，结果自然是扛过去了，此事之后，埃米尔·爱马仕的两个女婿开始主持大局，业绩一路走高。

所以，我猜罗伯特1937年去往诺曼底时的心情是身感重责与暂时可以喘口气交织并存的，那些停泊在港口的船只们是稳定也是牵制，可以远行但也必须归来。我心里有那么点儿谜之自信觉得罗伯特总裁彼时没准儿是如我一般的文艺青年，已经暗自笃定要推出些从没在爱马仕出现过的、不同凡响的新作品了。

就这样，第二年诞生的Chaîne d'ancre果真就成了爱马仕珠宝中最具叛逆精神的代表，它全身以银质椭圆形环节连成链条，两端圆环和T形扣组成搭扣；设计上并不繁复做作，在精神层面却跟爱马仕的马术世界和航海主题产生联结。

这个最初的款式在之后的岁月中被不断地重新演绎和丰富：黄金、钻石成为其材质，椭圆链环被拉伸或压缩，爱马仕亦将这些几何元素用到戒指、项链和胸针上……但万变不离其宗的，是它对安定和反叛的隐喻。

2002年，当时已经在爱马仕担任了十几年鞋履设计师的皮埃尔·哈

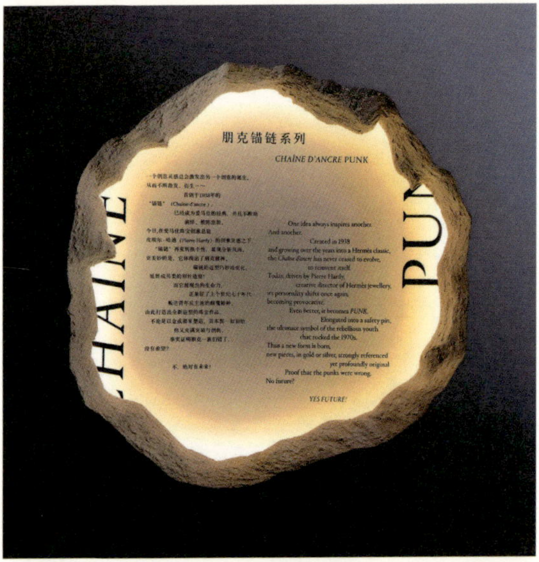
朋克锚链系列
CHAÎNE D'ANCRE PUNK
One idea always inspires another.
And another.
Created in 1938
and growing over the years into a Hermès classic,
the Chaîne d'ancre has never ceased to evolve,
to reinvent itself.
Today, driven by Pierre Hardy,
creative director of Hermès jewellery,
its personality shifts once again,
becoming provocative.
Even better, it becomes PUNK.
Elongated into a safety pin,
the ultimate symbol of the rebellious youth
that rocked the 1970s.
Thus a new form is born,
new pieces, in gold or silver, strongly referenced
yet profoundly original
Proof that the punks were wrong.
No future?
YES FUTURE!

欣赏爱马仕珠宝的方式，是万万不要将它置于"珠宝"的语境里来横向对比其他品牌的作品，而是以"更爱马仕的"方式去欣赏。

迪（Pierre Hardy）被指派为珠宝部门的创作总监。哈迪一向推崇的设计风格，是金属质感和建筑物般的线条。

他的创作中我印象最深的，倒并非那几套气势恢宏的高级珠宝篇章，而是他曾经把Chaîne d'ancre、Collier de Chien、Kelly和Boucle Sellier组合到一块儿成为Alchimie手镯，我觉得它酷得不得了。

讲句实在的，高级珠宝对我们普通人而言，更多是起美的教育作用；但这些有可能负担得起的、除了体现品牌精神之外还可以代表个性的珠宝，才是我们乐意实打实每天戴出门的。

我记得曾在哪儿看到过哈迪说的一段话，大意是传统的高级珠宝领域被分成珠宝商品牌和时装品牌这两大类，但爱马仕两者皆非，它有第三条路可以走。

这条路就是bijouterie式的。

爱马仕声称自己的珠宝为bijouterie而并非jewels，因为前者更强调的是金属工艺和现代质感，展现的是更酷更年轻的当代生活态度。他们甚至用每一套创作身体力行地去证明那些金属链条、皮革、搭扣、流苏不仅仅在外形上前卫抢眼；如果你真实地回到七十年代，它们的身影亦在街头搭配中随处可见，正代表着当时伦敦朋克一族反叛的精神和对内心安定自由的向往。

去年在上海我为大家导览了一场爱马仕珠宝展，到场的人都被朋克船锚这个系列所吸引；今年爱马仕又专门挑了Chaîne d'ancre系列中29件最能展现金属质感和链条工艺的全新作品，再度在恒隆广场专卖店做展并对公众开放。

这些皮埃尔·哈迪语境下的Chaîne d'ancre设计，锚链环变形为巨大金银别针，它们与其他几何形状或者细链搭配，组成长短项链、手铐式手镯、双指戒指或者可以在全身任何地方出现的别针式胸针，除了现代，还有丰富细节值得回味。

导览后有人通过社交媒体给我留言："表姐你说的那个内心永不弃叛逆的精神戳到我了，特别喜欢那个两个大别针和细链组成的银质长项链，很有七十年代朋克的感觉，又优雅又激进。"

朋克精神到底是什么？是黑色皮夹克上冰冷的金属拉链吗？是破烂紧腿裤上的铁钉或者裹在肌肤外的链条吗？

这个问题，上周我请教了身边最具此种精神的几个朋友。一个说："对我而言朋克精神不是叛逆，也不是拒绝社会化或者被主流化，可能就是喧嚣中的真实吧。在无法改变的大环境中保留心中的一点躁动，就像……变来变去的网红餐厅旁永远不变的煎饼馃子摊儿哈哈哈。"

另一个说："朋克不是愣头青，特别快地把自己耗尽了的那种，不是；虽然这种做法也很朋克，但我最推崇的朋克是老朋克，无论时代如何变都能坚持用自己的方式回应，绝不随波逐流，很硬骨头的。"

这么酷的人，是我。这么酷的人，是你吗？

戴珠宝的精髓在于那股子故作潇洒的姿态

个把月的时间,香奈儿高级珠宝Gallery系列登上了各大以"时髦"为卖点的杂志封面,我刚以为铺天盖地的宣传即将到来,却惊讶地发现事情并没朝那个方向发展,这些时髦又浪漫、在内部被归类为"Medium Take"的珠宝并没有毫无节制地撒出一张大网,而是精心挑选佩戴者——在我看来,就是那些气质清冷疏离、眼神狡黠的文艺女青年们。

这种感觉就好像我第一次在巴黎见到它们时的初印象:自由自在、浪漫情调、风格鲜明。

当时有人把我们领进Hotel du Grand Veneur的地下一层,整个展厅光线昏黄,摄影师莎拉·莫恩(Sarah Moon)为凯拉·奈特莉(Keira Knightley)拍摄的系列形象照一字排开,说是展示珠宝,其实更像是这位极受时尚界宠爱的女摄影师的个展。据说莎拉·莫恩特别执着于女性自然无修饰的美感,她曾在接受访谈时表示自己所做的大部分工作是处理人物之外的光影,捕捉细小微妙的美感。这句翻译一下是什么意思?就是"不修图"的委婉说法对不对?

今次Chanel这组照片交由凯拉·奈特莉来演绎，没有任何强扮时髦的油腻和用力过猛，却恰如其分。之前在B站看过一个伴有评论家点评的KK电影片段合集，其中有一人讲："Keira特别适合出演那种淘气又漂亮的古典悲剧型人物。"

这个总结到位，但言下之意这种漂亮可能并不是传统认知下的"漂亮"。凯拉本人自曝导演乔·怀特（Joe Wright）在为《傲慢与偏见》选角时曾对着照片质疑她对这个角色而言会不会太漂亮了点，见到她本人以后立刻改变态度："噢你本人还好啦。"现场大家听到时集体狂笑卧倒。

如果我们以此为引子画一画树状关系图，会不难发现与香奈儿发生联系的女明星在普通观众的风评中似乎有某种共同点：从凯拉·奈特莉到周迅、汤唯、刘雯、桂纶镁……几乎每个人都在仙和女人味之外散发着一股英气，就是那种眉宇间潇洒率性的男孩子气，从不过度追逐潮流，但卓越品位有目共睹。我归结为这属于气质，随后更演变成一种个人风格——香奈儿式时髦。

这也是我今天想聊聊的重点：香奈儿的珠宝到底是做给哪些人戴的？

在普世的认知里，"做珠宝"的品牌被划分为几大类：先是那些只生产珠宝作品的为大众熟知的品牌；然后是巨型时装屋的珠宝支线；再来有面向收藏家、拍卖会的独立艺术珠宝；最后也少不了那类低调到几乎只面向最富裕的有闲阶级的品牌。

Gallery 系列如同香奈儿的所有产品一样，旨在展现风格。

在相当长的时间内，珠宝作为小体积的贵价单品，佩戴它们被很多人坚持认为是一种佩戴者在向身边"没那么有钱"的人粗鲁地炫耀"自己买得起"的途径。当然，上述最后一个类别除外——她们挑选炫耀对象：那些与她们一样，拥有无限多资源并且能读懂这种炫耀语言的人。

但从某种角度上来讲，我恰恰认为珠宝的作用不在于炫耀——至少不像手表那样赤裸裸地专注于炫耀。珠宝旨在展现格调。

因为手表的形象和风格太扁平了，特别是对那些对手表其实没什么兴趣也并不想深究的人来说，表和表的差别并不太大，很难跳得出约定成俗的既定模式。

但珠宝不同，我们广大女性对珠宝的审美和理解几乎是一种与生俱来的本能，比如：年轻时容易喜欢冷色调珠宝，觉得它们酷酷的；曾一度误以为珍珠显老或者痴迷于大体积设计；三十岁后却逐渐爱上自己曾经嫌弃过的金色并张开双臂全力拥抱它……

我的言外之意是：哪怕我们不打算再往前走一步去当专家，跳入考证和研究成分及宝石特性的大坑，我们对珠宝依然可以保有自己的见解，因为它和服装一样，风格任君塑造，个性闪烁于精挑细选当中。

而香奈儿的珠宝又为其中最特殊之一。我们曾经习惯于以"珠宝"的角度去欣赏一件珠宝作品：它够不够闪、石头大不大，甚至保值不保值。但面对这样一个磅礴浩大的老牌时装屋时，我发现这套方法根本行不通：去理解香奈儿的珠宝，你需要稍退一步，把自己置身于"香奈儿"的语境下。我的意思是，那些珠宝从构思到审美再到最终的呈现，全部都是香奈儿式的。

这是一个把品牌风格放大到无限然后均匀渗透进各条支线的庞大符号网。她们不太会去做凭空创造一款作品，等待它借品牌雄厚背景爆红这种事，而是每每从自己的灵感宝库中撷取一二，哪怕作品风格可能大相径庭，但其中体现的品牌精神万变不离其宗——香奈儿式的简约优雅和不做作的迷人。

这次来演绎Gallery系列珠宝的凯拉·奈特莉，我记得她在刚刚成为香水代言人时上过一个专访，讲其实自己一直喷男士香水的，之所以这次能被改变，是觉得这支香气好像没那么娘里娘气、甜美矫情之类的，而是让人精神为之一振、利落、自由，喷上它有身披战香出门杀敌的感觉。

新系列的珠宝我个人觉得讲的还是这件事——让人精神一振、不拖沓的浪漫。它们给我的感觉更像是为热爱者进阶的，所以整套在价位上高过了可以日常佩戴的高级珠宝，但低于运用大量宝石和钻石的臻品珠宝，介于中间层。

但如果你仔细观察，抛开那些可以隐约洞悉到的品牌符号：经典手袋2.55的链条、5号香水瓶盖和芳登广场的八角形……会发现这一系列似乎并不全然指向"简约、优雅"（这些形容词理所当然属于香奈儿），而是把边界狠狠往两旁各自拓了拓：现在，老派知识分子的小情调，再加上一点点男孩子气的趣味，融合成一种别样的浪漫魅力。

也正是基于这一点,我认为香奈儿的珠宝并不适合那些审美上的新手——那些觉得买珠宝务必要从"只做珠宝的品牌里挑选"的、内心条条框框很多又时常感到困惑的人,而是适合更加自信、有风格和天赋的佩戴者。

那天和朋友聊买衫,他讲了句:"新手才喜欢一二三地堆道理背诵心诀,当今社会,老手们早已一切都看感觉了。"

香奈儿一直歌颂的"感觉"我认为是简约、利落和自由。她相信的,是永恒不变的极简风格,也是那些排列于自身精神世界里的神秘符号。这些符号对于后世拥趸的魅力能有多大?且不说散落于世界各地的、专职贩卖香奈儿古董珠宝的商店如何门庭若市;仅仅一场有关香奈儿的聚会,就可以观赏到闻所未闻的新奇珠宝。

以自家标志性符号为灵感创作珠宝的品牌固然多,但人们还是会惊叹于香奈儿对这些经典品牌符号推陈出新的设计速度和想象力。

香奈儿女士毕生创作的唯一一个高级珠宝设计是在1932年,当时她依然没有因为是更贵重的高级珠宝就想要另辟蹊径,还是执着于蝴蝶结、羽毛和群星这些对她而言意义非凡的符号。今天的Gallery看起来跟当时的设计脉络稍有区别,但承袭下来的,其实是彼时香奈儿就以博物馆展品的方式展出珠宝的情怀,以及没有搭扣、让女性可以更自由佩戴的理念。

这是我最为推崇香奈儿的一点,她用时装和珠宝来呈现自己的生活,而并非某种想象中很不切实际的"美好"。她从不过分赞美自己的创作以免自降格调,但当你穿戴完毕,会意识到这些作品的目的绝非让女性在职场中惺惺作态或者以性别赢取机会,而是尽可能地让她们感到自在、利索、得体,然后忘记所穿戴之物的存在,出门战斗,去争取自己想要的东西。

从这个角度来说,香奈儿的珠宝,我认为更适合那些想以珠宝为宣言但又不希望过分标榜自己是谁的佩戴者。它们是首饰盒里的常青款,哪怕只搭配黑衣黑裤,也不会过分隆重,收得很好。毕竟,我们穿衣戴物,为的是向别人表明自己是怎样的人。

那天翻旧书,看到G.布鲁斯·博耶(G.Bruce Boyer)讲了一句箴言:"在这个充满了不同选择的世界里,品位的象征就是知节制。"真的,那些帮助你故作潇洒的简约衣物,谁说它们低调的外表下没有暗涌着凶猛的力量呢?

这么一看,珠宝不仅会讲话,"它们还不像真正的语言那样会撒谎"。

怎么讲，嫁不嫁？

三月，巴塞尔表展某品牌的展厅内，一位女士在我面前介绍新表时的一个小细节被我捕捉到：她在婚戒之上又戴了很大一颗钻石戒指，但在工作场合十分低调地把钻石转到手掌内侧来，从正面看好像两只光滑的指环叠在一起，只有在传送手表的动作当中，光芒才会偷偷蹿出来，吸引我眼睛越过手表，追着光走。

那个时刻我不由自主地想起去年在伦敦，安德鲁·考可森（Andrew Coxon）讲给我的真实笑话：十年前经济危机时，女人们车房和老公都不顾了，但她们留住钻戒。平日里将钻石朝里以伪素圈示人，跟姐妹们下午茶结束时，却张开双手大声说Bye-bye，低调展现身家。

在我社交可抵的范围内，安德鲁是最会讲有关钻石的新奇故事和坊间八卦的人。我喜欢跟他聊天，不仅仅因为他在专业的同时保有感性情绪，更重要的，他有一双经过严格训练的眼睛，可以从顽石中发现美钻。安德鲁·考可森，在戴比尔斯（De Beers）工作超过四十年的钻石专家，他并非那种坐在办公室搞研究或通读背诵4C标准的"专家"，而是从1972年起就毛遂自荐到非洲，进而走向世界各地，开始钻石买手生涯的故事大王。

他目光如炬，出手狠准。

两周前，我从北京出发，跟安德鲁在香港海港城 De Beers 全新揭幕的专卖店里会合。鉴于安德鲁肚子里装着我想知道的一切，而每次见面我们都只能聊一点点，此次一行，我怀揣几个有关如何挑选钻石的短平快小问题，憋着更贼的想法是要把那些大颗钻石都拖上手指试一试，企图给大家在实际上手的形状上做一个参考。

管它买得起买不起，先试了再说。大家听我一句话：有时候，幸福来得真的很突然，优雅女性，永远未雨绸缪。

在聊天开始之前，我的首份幸福是撞见去年高级珠宝 Lotus by De Beers 那条晚霞版项链，"晚霞版项链"——我给起的名字。这条项链的本意，我猜其实是想以宝石的色彩对比来展现晚霞落在水面上影影绰绰的意境。所以他们用了彩钻，用了打磨好的钻石和未经打磨的原石做排列组合，再通过不同宝石的质感去表达晚霞下水面上的光影流转。

去年它被静静地摆在展示柜里万人莫近，今次我大胆将它上脖了，并猴急着发图配文："All eyes on me。"

万众瞩目，这是钻石对于女人最重要的效用之一：我们在戴上钻石的一瞬化身为莅临人间的小太阳，发光发热。在不由自主抚摸转动它的每一刻，心中那些柔情、野心、自信，都一一被调动和唤醒，面

03 珠宝文化・怎么讲，嫁不嫁？

庞因此而顾盼生辉。

是的,我也不能免俗地流露出女人无法自持时的重要标志——笑出了迄今为止人生中最小尺寸的眼睛。伴着这条项链,我开门见山地向安德鲁提问:"在De Beers的语境下,'素质最好的钻石'意味着什么?"

然后依照很多次走进珠宝店测试店员水平的剧本,以恶作剧般的心态等着有关钻石最出名的那个知识点被大声讲出来——没错,就是4C之类的。

反正大家都那么说,4C,4C,4C。

4C是戴比尔斯公司与美国宝石协会(GIA)共同制定发布并在1939年由前者简化的钻石评估标准,它从切工(Cut)、克拉(Carat)、颜色(Color)和净度(Clarity)四个方面为大众理解钻石提供参照标准。也是从那时至今,购买钻石时4C一直被买卖双方视为金科玉律甚至唯一基准,但问题是:这是否应当是我们对好品质钻石的唯一衡量标准?

安德鲁讲的第一句话也没在客气的:"我们对'最好的钻石'的定义远远超越了4C,而是从一开始就着眼于整件作品的美感。Fire(火光)、Life(生命力)、Brilliance(亮光),这些因为切工不同而决定了钻石光彩的、征服人眼的组合,是我们一直努力做到最好的。

"我所理解的'最好素质',是你不仅仅要找到好的钻石,更重要的,是要找到有所作为的钻石。这个'有所作为',说的就是它对你来说有没有情感上的代入感,即当你不知道自己要买哪颗时,戴上它,就会感觉特别情投意合。事实上,是钻石选择了你。"

很多视De Beers为竞争对手的品牌抱怨De Beers为自己保留了品质最好的钻石,这不公平。我觉得这种说法不太严谨,应该说,De Beers为自己保留了品质最好的、未经打磨的原石,但后期的切工甚至艺术水准都会极大地影响价格。如果大家可以近身欣赏那条莲花高定项链,会感慨他们将未经打磨的原石和钻石铺陈在一起去表现日落的新奇想法。

坦白说其实De Beers不需要这么做的,因为这个品牌最大的优势就是能最方便地获得最好、最大颗的钻石,竭尽所能地去突出这个优势就好了啊,何必要费心思在creativity(创意)上?从这个转变来看,我觉得De Beers的身份已经悄悄从钻石提供商进阶到独具内涵的"品牌"了。而此时它们身后的钻石矿,就是实现各种天马行空创意的巨型保障。

说到最好、最大颗这件事,我又向安德鲁抛出了另一个很直抒胸臆的问题:"买钻石时是不是越大越好?另外,很多人认为圆形明亮式切割最能凸显钻石之美,你的经验是什么?"

然后我毫无社交礼仪地抢先发表观点:"别人怎么想我不知道,我就喜欢大颗的,感觉招财……"他哈哈大笑顺着我说:"来De Beers,如果你的预算足够多,我永远建议去买能承受的最大颗钻石。

"但是,你提到了什么样的钻石最好,那么我觉得可以再多说一点。

很多人认为切工完美是'好钻石'的一大标准,但其实更高的标准是:切割完毕后,各个切面的平衡关系。角度和比例曾经被一再提及,但当切面高达五十几个的时候,它们彼此间如何和谐共存,这是我欣赏钻石的一大要点。

"还有颜色,大家都知道从D到J的内在含义是从透明到暗黄,常常简单地说D色比J色白,其实意思不是'白色'的'白',而是透明。因为内含杂质少,透光度高,所以显白。颜色上的变化虽然有可能表示它没那么稀有了,但并不意味着它不美了。所以在相同预算的情况下,如果你想要更大颗的钻石,可以把颜色的选择放宽泛,去试戴,去判断暖一点的白色还是透一点的白色更衬你的肤色。

"有趣的是,你很有可能在这个过程里收获一点惊喜,就是说美其实藏匿在各种颜色当中,因为颜色并不代表质量,你的判断应该来自自己的眼睛和心多过来自4C。"

很少有人会讲出上面这两段真心话,因为没人听的。大家往往会付之一笑,觉得你在卖弄情怀或者避重就轻。事实上,当我和朋友们数次走进珠宝店,听着大多数销售人员持续不断地在重复4C,会惊异于他们在钻石知识上的匮乏和毫无感情投入的推销。

安德鲁说他心血来潮时会随意走进一家珠宝店,扮成一名对钻石怀有兴趣的顾客并伺机问上同一个简单的问题:"影响美最重要的元素是什么?"大多数销售都会表情茫然、眼神空洞地看着他,语塞之后开始背诵那些写在书和培训资料上的语句:"罕见的切工、罕见的颜色、永远的4C。"

"我比任何一个人都相信宝石协会定出的这个检测标准，但它就是一个报告，你不能把它等同于美的标准。那是生意的需求，并非美的定义。"

我觉得讲得很好，这个道理是不是就好比：我们对美人的三庭五眼、黄金分割有过那么多的理论分析，但现实中碰到撩动心弦的姑娘，谁又会拿着那些数据比对一番再上去搭讪呢？

除了钻石的颜色，第二个被消费者不厌其烦讨论的重点就是切割方式，因为我们都知道，这是4C标准里唯一一个人工可以影响乃至决定的因素，那么我的问题是：当今最受人民群众喜闻乐见的切割方式是哪几种？我们如何去选择最适合自己的？

在这里其实安德鲁对我的问题做了一点小小的修正，就是市面上的确有很多种不同的形状，但最主流的切割风格主要集中在下面三种上：

"一是梯形风格。笼统概括的话，来买钻石的人基本可以分成喜欢直线条、边缘有棱角的和喜欢圆形或曲线的这两大类。前者通常会选择比如祖母绿这样的梯形风格，这种切割风格的美在于，虽然它没有彼此交叉相融的切面，你不一定能享受到那么多的闪耀和火彩，但是光线可以直接进入钻石内部，呈现出无与伦比的清澈透感。所以很多皇室成员特别喜欢这个风格，因为它是最timeless、最经典的。

"二是圆形明亮式风格。特色是五十八个切面交相辉映，手指转动时光韵流转，因此最受欢迎。其实我们可以将很多花式切工（fancy shapes）都看作圆形明亮式的修正和变形：椭圆、梨形……都是在圆形的基础上做了一点拉伸和'挤压'的。

"需要留意的是：花式切工很容易被钻石切割商当作一个制造利润的机会，比如某些应该被切掉的部分，切割商为了让它重一点，而有技巧地选择不切。这对没有训练过的眼睛而言，是很难甄别的细节。

"最后是公主方（princess cut）风格，其实它也是一种修正。公主方是最难切好、轻轻松松就容易切毁了的一种切割方式（而且四个角容易崩）。发明它的初衷更多是为了展现钻石的重量而非美感，因此虽说不那么被大众所喜爱，但也不失为一种很流行的切割风格，毕竟选择这个风格的人，大多数的佩戴目的就是：你看我有几克拉几克拉的大钻戒哦！"

他讲完这一段，我情不自禁地续上了一个问题："如果钻石的功能就是负责闪亮，那么除了切割方式，还有什么元素可以影响它的闪亮程度？"

"毫无疑问是指印，是每日生活。"

我记得之前在伦敦碰面时，安德鲁完全没有向我聊起任何钻石知识类内容，而是一直在给我讲故事。De Beers的客人都知道，在购买钻石时，她们往往会得到几片像酒精棉片一样的De Beers Wipe，它的神秘之处在于不单独出售，只作为礼物送给客人。安德鲁跟我讲，那是他最得意的发明，有朝一日退休了，要把这个当成自己的

legacy赠送给De Beers。

故事的开头是他为太太买了一枚远超预算的钻戒，但两个星期后它就变得不那么闪了，安德鲁告诉我，原因很简单：女士们抹了护手霜，手又不断分泌油脂，这之后再常常无意识地抚摸、转动钻石。

"我问太太：'我发明个机器好不好，就像洗眼镜机那样，钻戒放进去，一分钟就洗得干干净净，重新焕发光彩。'我太太盯着我摇头：'你真太不懂女人，一分钟太久了。'"

所以他最终研发出De Beers Wipe，据说每片上含有的一百五十万个钻石打磨分子颗粒，就是真实打磨钻石时用到的。"在你急着出门的时候，撕开一片轻轻擦拭戒指或耳钉的表面，它们就又重新闪亮。"

"其实发明它并不完全是为了我太太。我身边的朋友都十分害怕我盯着她们的戒指看，一旦发觉就偷偷把钻石转到手掌内侧去，心很虚。有时我会觉得蛮遗憾的，因为送你戒指的那个人或者你买给自己的那个时刻，一定是超级重要的，那么这个戒指就配得上两倍于现在的光彩。"

他讲得很好，并且坚持送我一盒De Beers Wipes让我回家感受感受，完全不顾我到底有没有钻戒这回事。

写到这儿，我又想到了"钻石是二十世纪最大营销骗局"这个曾经万人参与骂战的网红话题。

戴比尔斯公司赋予钻石的重要意义，使它成为这个星球上人类共通的、爱的奢华表达。但其实大家都知道钻石是由碳元素形成的，而碳，恰恰又是地球上最丰富、最常见的元素。因此，钻石在我看来，既非凡又平凡。

如果你打心眼里认定了它就是没价值的石头，那纵使花上几十万上百万也敌不过一碗打卤面在感情里来得实在；但如果你将它的内涵和外延打开，会发现它所承担的使命——赞颂爱情或宠溺自己——价值连城。所以钻石在你心目中的价值，不应该是钻石决定的，更不能由围观群众定义，而是全权由你决定：它到底带给了你怎样的情感和情绪共鸣。

在那天结束之前，我请安德鲁分享一个印象深刻的、来自钻石买家们的记忆瞬间。

他想了想说："你知道我们是提供bespoke（定制）服务的，因为巴黎工坊的手工匠人们都太棒了，无论你给他们多大的挑战，他们总会超出你的预期，带来巨大惊喜。有天就来了这么一位先生，点名要为自己定制一条Talisman项链，但他说：'我希望吊坠中央是一颗5克拉DIF级钻石，然后周围被钻石原石包围，背面不是常规的凸起设计而是平滑的。'"

安德鲁掏出自己作为幸运符随身携带的Talisman项链做示范："在吊坠中央放置五克拉，因为没有爪子包围，看起来足足像是八克拉，这位先生其实自己做了一个非常聪明的设计。"把项链成品送过去的那个晚上，客户正好在家里宴客，当着朋友们的面戴上了自

最后这个小故事中提到的同系列 Talisman 项链。

己的设计。从烛光里看,白金底座上闪耀着一颗本是五克拉,但视觉上足足有八克拉的大钻石,衬着他好像君主一般,一百万美金的珠宝就那么挂在他的胸前。他给太太拨视频电话,对方被惊讶得大叫,大家都为这条项链疯狂了。

挂了这通电话,他马上偷偷为太太订了另一条五克拉同款项链当生日礼物,而这一次,他希望周围未经打磨的原石要更平滑、不尖锐,以适合女性的角色。

"接到他第二个订单时,我觉得这种感觉真的很戏剧化。如果他们两个人一起佩戴Talisman上街,交通都会为这种耀眼而暂停吧。"

他边说边把桌上一把De Beers Wipes再次悄悄塞进我放在沙发旁的提包外层口袋里,冲我挤了下眼,好像什么都没有发生过。

03 珠宝文化·怎么讲,嫁不嫁? 277

谁又何尝没有 fantasy

个把月前,我收到一份维也纳舞会的邀请,函中指明 dresscode 是"晚礼服"。上一次收到如此标注的 dresscode 时我穿了及地微蓬裙、黑色镂空衬衫和高跟鞋,结果如同女巨人一般跨出电梯的那一刻发现大家都以某种欢迎表演嘉宾的眼神向我致敬,看样子是期待我从裙子里突然变出一只活兔子之类的。一时间我也搞不清楚是自己过分隆重了还是别人太自在了。

这次我谨慎地分析了一下形势,上网搜了搜往届舞会视频,发现连阿姨叔叔辈儿的都穿着拖地长裙和燕尾服去,就变本加厉很有种地选了带拖尾的礼服裙,并且遵从老派朋友给我的建议:"还是不要穿无袖的吧?"好的,我给包上。

作为一个很传统的人,接下来,我在选择珠宝搭配时经历了大型纠结:一方面我企图遵循在白天佩戴黄金、夜间场合配搭白色贵金属和钻的古早原则;另一方面大家也想得到,我现有的这类珠宝主要问题在于不够大。

女性朋友都明戏,晚礼服高跟鞋一旦穿上,存在感先放在一边,珠宝不够大不够闪,老实说真的就是看不出来了,我在这方面也不是没栽过跟头。

后来我突然瞥到了舞会的赞助单位里有Freywille这个牌子,就一拍大腿很贼地取了个巧:戴她们的全套珐琅珠宝。

没想到把照片发到微博上,大家纷纷点评:"戒指和项链好好看""手镯也太别致了!""同款项链"以及"后知后觉的埃及系列再也不会来了呜呜"……还有个别人穿插在其中呼吁其他网友:"李总这次的首饰也请大家夸一夸。"我真的,也太被宠着了吧?

老实说彼时翻滚在我心中的大部分震惊源于竟然有这么多人火眼金睛,因为这个小小的、在行业内似乎并没有同类竞争对手的家族品牌,相当安静。但如果你曾留意过她们任何一支创意短视频,都不可能错过在结尾处品牌名称下渐渐浮现的两个单词"Pure Art"。

敢以"纯粹的艺术"为品牌写下基调的珠宝究竟有什么渊源,我简单说两句。

Freywille祖籍奥地利,正如大家可能猜到的,它的品牌名也源自两个姓氏的组合,前者代表品牌的创立人米凯拉·弗雷(Michaela Frey)女士,后者则指她事业上的搭档,也是现任品牌CEO弗里德里希·威尔博士(Dr.Friedrich Wille)。

事实上，创始人米凯拉·弗雷绝对也是品牌的最佳代言人，她出身富贵，却特立独行地选择成为艺术家。其实想想也合理的，没钱谁敢当艺术家啊？这个故事打一开头就让人嗅到一丝必定要站着赚钱的发展走向了。做艺术家的头些年，米凯拉·弗雷的大部分作品是基于木材质的。但打仗嘛，天然材料短缺得厉害，所以到后期她转而以珐琅为主要载体进行艺术创作了，品牌也就这么地在1951年应运而生。

二战后，社会里的时装文化进入由New Look领衔拉开序幕的巴黎高级定制黄金年代。这十年，是最为浪漫优雅的十年，我们甚至不需要图片佐证，也可以在脑海里迅速勾画出那些极细的掐腰设计、紧致圆润的肩部线条、绵延无尽的巨幅裙裾。

而相呼应地，女性珠宝时尚重归战前雍容华贵、简洁大气的潮流，大颗粒宝石和成套的大型珠宝在数不尽的宴会、鸡尾酒会和舞会上散发绝对量级的魅力。即便是一流的大师也一样紧紧咬住上层社交圈的需求，为如何营造极度璀璨研发到后半夜，由此牵引大量专利和创新蓬勃面世。

但我不想把Freywille诞生这件事归结于丰沃的文化环境催生出珠宝创作的多样性，因为米凯拉·弗雷本人挺无所谓当下刮什么风的，在她的观念里，珐琅作为材质本身其实也没怎么贵重（实话），但那种极富生命力的斑斓美态，不需要其他宝石的参与和互动，本身就足够强了。这种并不讨好潮流的行事风格可以说是珠宝世界里的杜鹃了。

有人负责当艺术家，就得有人站出来做品牌。

弗里德里希·威尔博士在六七十年代加入品牌后，Freywille其实才形成了真正意义上的Branding。先是行走江湖的品牌名确定下来了；更重要的，24K金粉和珐琅成为沿袭至今的创作方式；如果你再使劲往深里挖一挖，会发现自二十世纪七十年代起，在品牌没有公开的合作历史中，时装世界与Freywille产生过关系的名字就有Yves Saint Laurent、Paco Rabanne和一些我暂时不能透露的品牌。

有没有一种次元壁被打破的感觉？

记得多年前路过国贸的Freywille店，当时我还是个穷学生，根本连专卖店名字都没看，只是单纯被橱窗里陈列的那些首饰的超正色彩所吸引，觉得怎么会有人把珠宝画得像油画一样，颜色动人。

在手表珠宝领域，每当有人提及珐琅的时候，总少不了一篇万字长文分门别类地给你梳理珐琅工艺有哪些种类、哪种比哪种更难、做它们又是如何耗费工时等。对这些我都没有异议，我甚至还在瑞士某个以珐琅为特色的高级制表厂里对着放大镜试图画上过两笔。

坦白说，这事儿真不是人干的，一天眼睛就得瞎。我画的机器猫，可以说是史上最不被爱的蓝胖子了；在另外一幅中，我的创作主题是蒙德里安三元素画，就不给大家配图了，怕大师醒来。

但我想说的是，珐琅创作并不仅仅关乎手艺，哪怕我们都知道珐琅

梵高、莫奈、克里姆特……我想不到除珐琅之外还有什么材料可以如此高度还原艺术家之作。图片版权归 Freywille 所有。

的调色、上色和烧制是多么耗时耗人的过程，并且稍有差池就会导致整件作品前功尽弃。在我看来，这些个专业工匠消耗如此体量的精力去呈现的内容，才是最终决定这件珠宝艺术价值的关键一环，也是我想重点谈谈的。

Freywille现任的创作总监是西蒙·格伦伯杰-威尔（Simon Grunberger-Wille），弗里德里希·威尔博士的太太，自八十年代她加入并率领新一代设计团队起，品牌绵延至今的设计基调才算正儿八经定下来：从经典艺术品当中获得灵感——无论是书籍、博物馆还是绘画作品——并进行重新解读。

所以不同于珐琅作品总喜欢围绕着自然元素做文章，或者直接将名画搬上表盘这些传统做法，Freywille的设计师实际上是把自己对经典的解读与经典本身打碎了重新融合在一起进行再创作。

我曾在外网好不容易搜到某篇报道，其中谈到这个品牌从来不按季发新品，新品的主题更是毫无规律可循，往往依赖于设计师们最近又去哪儿耍了、读到了什么精彩的故事，又或者欣赏了怎样恢宏的一系列展览。

在她们曾经的创作里，我特别喜欢纪念克林姆特《吻》（*The Kiss*）系列的表达。以前看艺术书，中野京子老师介绍古斯塔夫·克里姆特时选用的修饰词是"红尘浪子"，暗示了他对男女情欲之了如指掌。

《吻》这幅画中的男女交缠于金光闪闪的背景之中，一边是烂漫山花,一边是万丈深渊,你再回头看时代背景,是七百年来统治欧洲领域最广的哈布斯堡家族覆灭前最后的华光。所以这幅画有爱、有情欲,还有下一秒就要死亡的肃穆气氛。

显然Freywille在创作中选用了大量出现在原画中的装饰性金箔色,并放大了其中爱和憧憬的部分,在我看来,"就让气氛恰好停留在'死也甘心'前的甜蜜当中吧"很可能是设计师想要传递的状态。而当你意识到画家、画的背景、以它为灵感进行再创作的Freywille,这三者统统来自奥地利维也纳时,会觉得我的天,连上宇宙wifi了这是。

克里姆特的《吻》不是唯一,早在九十年代,莫奈基金会就辗转找到Freywille,希望她们可以以莫奈的画作为灵感创作一系列纪念款式;再之后,百水、穆夏……这些艺术家以及他们特有的艺术风格都成为Freywille纪念大师系列的灵感来源。

我们总觉得艺术这个词听起来很宏大,是不是?但其实它的力量恰恰就存在于那么简单的事物中:一幅画、一件珠宝、一种花纹和色泽、一片花海。上一代艺术家通过这些线索把信息传递给未知的下一代,让我们重新去构想那时世界的样子,然后从艺术中找到别处没有的东西:内心翻涌着经典带来的美好。

所以到此为止,如果我们强拉回主题,我会坚持认为过硬的匠人烧制手艺是将这些fantasy由梦想变为现实的技术保障,但好作品的核心,是对艺术的理解和表达。这些东西,更加稀有。

不过话说回来，与艺术极高的相关度并不代表Freywille因此而丧失了日常搭配度，它的珠宝单品，我觉得最珍贵的部分恰恰是实用度非常高，初一眼看会在心里打鼓"会不会戴上太俗太花"，但上手就有极大改观。特别是在拥满金银钻的场合，它总成为我另辟蹊径、体现差异化的首选。

对于这些在视觉上已经拥有丰富细节的款式，我认为入门者最便捷的搭配方式就是配以大面积浅色，进阶者再从图案和珠宝的形态上找呼应，营造某种飘逸随性并懂得适可而止的艺术家气质。

担心某些太过繁复的细节会导致穿着者自身的异域气质太过强烈？我很少会并希望大家也不要担心，因为将它们戴出门于我们而言可能更像是在进行某种神秘的实验，那些试图跨到自己心理安全界线另一端的人收获到的，很可能是某些吸引眼球却不离奇古怪、富有新意却依然尊重传统的搭配法则。

而这些，在那些叫得出名号的时尚评论家心目中，正是所有中正平和的穿衣者对搭配的最高追求。

捂了一年没写的心爱品牌

夏天时赴约与一位珠宝品牌的专业人士午餐，席间她很谦逊地向我请教中国明星谁比较红，以及像她们那样的高端珠宝需要不需要代言人。

我的个性大家也清楚，是那种走在路上目不斜视绝不乱管闲事惜字如金的巴黎老太太，很冷漠但在心里头一通judge。

不过那天还真走心了，我说："我总觉得你不应该问我们，主要我们也买不起，说的话难免自以为是想当然，没啥参考价值。我觉得谁红不重要，但你不妨去问问走进店里实打实消费的客人，她们觉得谁能代表自己，或者谁都代表不了自己，这才算数。"

过了两三个月她发微信给我："还真让你说对了，感觉客人们好像对明星没什么追捧的兴致，有位女客相当爽直，她直接表态'这不是明星美不美、红不红的问题，是她代表不了我，非要选一个，章子怡还成'。"

那时候章子怡刚悄悄签了布契拉提（Buccellati），出任品牌大使。我打字给她："可惜有人捷足先登了哈哈哈（哈的妙用：句号）。"其实在我心中这两个高级品牌不分伯仲的，它们统统将目光瞄准章子怡，不仅说明她的确拥有一张在国际语境中大杀四方的高级面孔，更重要地，在高级买家心目中，她们能够认可章子怡来代表自己，光是这一点，横竖就是很多流量明星望尘莫及的。

大家一起玩儿玩儿、乐呵乐呵都没问题，但想当品牌大使？劝你现实。

拿下了章子怡的品牌Buccellati来自意大利米兰，在中国知名度并不高，可以说非常不红，听它名字觉着耳熟的，八九不离十是曾经通读亦舒的文艺女青年，在师太的小说里，女主角的现身总要伴随着白衬衫卡其裤，如若有谁配搭珠宝，总是逃不掉Buccellati这个选择，"白金夹黄金，小巧的宝石，异常精致的图案，纤细多姿得犹如神话中仙女佩戴的饰物，引人入胜"，这一句几乎出现在所有提及这个品牌的文章中，我也不能免俗。

师太的描写不落窠臼，寥寥几笔就把Buccellati的关键性气质在纸面上铺开来。彼时读到这些的我们，率先打开电脑搜寻图片，想知道被她看得上的首饰到底长相如何，跟着查阅价格，再被一串数字后面那些个零击倒：我的妈，怎么可以这么贵？

Buccellati的创始人马里奥·布契拉提（Mario Buccellati）1919年在米兰开设同名店铺，在此之前他拜师彼时最负盛名的金匠门下，只是个在珠宝店打工的穷孩子。在那儿，他曾极度着迷于贵金属、

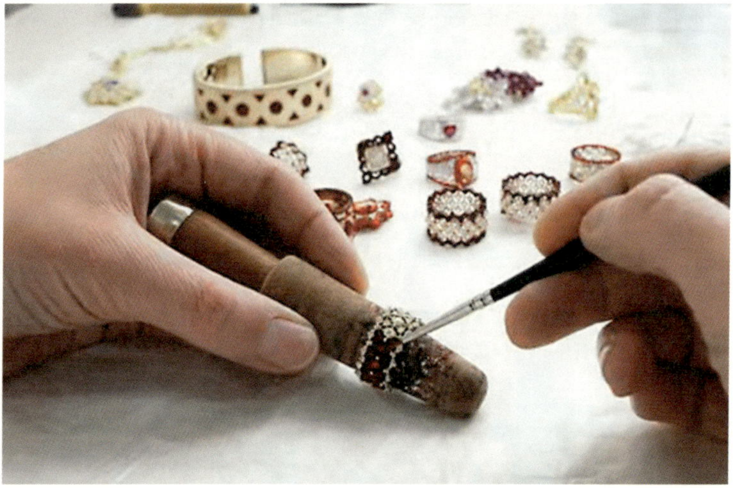

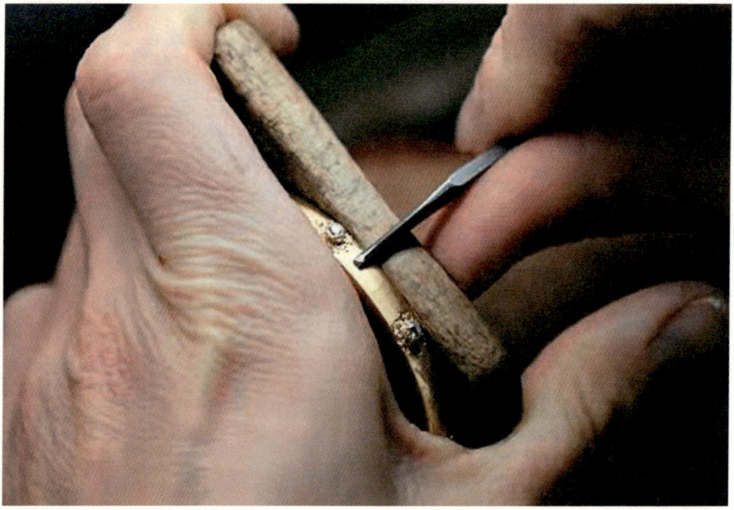

Buccellati 精湛的手工艺。图片由 Buccellati 提供。

宝石，还有打造它们的古老技艺——那些可以追溯到古希腊、中世纪还有文艺复兴时期的真正的古老技艺——并把它们定为自己同名品牌的基调。

这些相当书面的概括听起来与其他以技艺见长的品牌似乎没什么区别，但如果我们一起观赏珠宝图片，会本能地发现它们的与众不同之处：这些首饰没有品牌图腾、没有显眼位置的logo，但一道道金线的走向和图案的设计，还有好像蕾丝、锦缎的视觉观感，却具备强烈的品牌风格。有谁可以把贵金属制造得如同布料一样柔软贴合呢？在这儿我的意思可能是设计师们最在意的一个认可了：完美的原创性。

我在社交网络上从来没翻到过任何有关马里奥·布契拉提的影像资料，倒是他的儿子——家族第二代设计师吉安马里亚（Gianmaria）毫不避讳地谈到自己那些虽在父亲羽翼下却十分清苦的学徒生涯，在他的形容中，父亲更希望他专注学业，因此净是给他分配些洗地、跑腿、送模具这种类似杂工的工作，好让他知难而退。

但结果恰恰相反，他兴致盎然。吉安马里亚本人有深厚的绘画功底，我在一个纪录片里眼见为实，又因为父亲和其金匠老师的影响，他对金艺、建筑、诗歌和雕塑无一不精。突然觉得商人和艺术家的界限也正在于此，刻个logo、做做入门款不见得谁和谁能有多大差别，但这也没啥意思，买的人心里都门儿清自己为啥买，一旦到了高级珠宝、高定珠宝这个级别，对线条和光的处理、对比例的把握、知识储备以及对作品在艺术语境中的理解，差距瞬间被拉开。这个差距，是哪怕外行说不清楚是什么，也依然可以感知到的。

拿Buccellati的几个标志性创作元素来举例：蜂巢、蕾丝、珍珠、丝缎和大自然。这些高级珠宝品牌常常拿来搞创作的领域，Buccellati是如何让人过目不忘的？

老板吉安马里亚在顾客面前徒手绘制与实物等大的设计图，接着以黄金打底、白金镶边，中间保有雕刻的空间，然后利用Buccellati独有的、最古老的手工技艺创造出非常逼真的蕾丝和锦缎效果，成品柔软如布料，完全没有一丝金属的影子，哪怕在最为细微、最不会被看到的部分，工匠依然会很实诚地雕刻上花纹。

吉安马里亚讲他只雇佣行业内最为顶尖的高手，即便如此，在制作过程中如若发生任何微小错误，他们也不做修补，而是直接扔掉。他对材质、细节和工艺的把控已经超过精益求精的水准，有一种近乎偏执的坚持。

我相信哪怕外行也明白，这样的作品才是可以用来传世的物超所值。

因为说到珠宝时，有很多品牌都会向我们不遗余力地兜售"手工制造"这四个大字，这种说法其实不大准确，因为它所指向的很可能是手工组装或者加工过的产品。但"手工制造"这几个字本来的意思应当是：从开始到完成珠宝都没有用到任何机械。

这，是Buccellati在做的，也解释了为什么它们的年产量只能以百件计。

有时候，你真的会向往回到这样的创作年代，在那个阶段，尊重传统依然是很多人的信仰，而并非某种用于压榨价值的商品。

我记得在哪儿看到过一段描述，是被后世建筑师奉为神的勒·柯布西耶（Le Corbusier）为奢侈品写出的定义，大意是：低档货总是花里胡哨，奢侈品则应该做工精良、干净利索，有着非常纯粹的高贵，没有乱七八糟的修饰，这才愈发彰显他们的精湛制作。

但在我的理解里，Buccellati一早就超越了这个阶段。哪怕家族成员已经更迭到第四代，他们依然保有最传统的创作方式：从古老的文化中汲取灵感，再用最上乘的材质和代代相传的手艺，去创造一个独一无二、繁复层叠的珠宝世界。在这个世界里，他们以自己的艺术修为和知识体系定义美，再用精益求精的工艺和技法去实现它。

繁复却高级，奢侈却浪漫，是这个品牌最为迷人的血统。

我特别喜欢Macri和Rombi系列，Macri的手镯在我看来是Buccellati品牌的象征，他们在整块黄金材质上用间距不等的平行线切割表面，达到某种神奇的高亮度、高光度效果。说是贵金属，但直到你真实地抚摸表面，才相信店员所言非虚，它的确并非丝绸所制。

但那种在视觉上伪造出的丝般顺滑感实在是太真了，不但心机深厚，关键还有配得上这种心机的硬实力。

而遍布于手镯外表面的那些珍贵宝石组成的图案，那些对文艺复兴时期的建筑和雕塑稍感兴趣的人，又怎会分辨不出它们的比例和花纹从何而来？

在Rombi的任何一件作品中，你都可以欣赏到精致至每个细枝末节的雕刻技艺，这样的单品一定是高规格晚宴上的压阵珠宝，带来话题。

喜欢它们俩还有一个重要原因：咱咬紧后槽牙，努一努力还是有希望为自己添一件的。

当然，从看到那些流传于互联网、只一眼就让我神经绷紧的照片们起，我就憋着要进店一探实物这股子劲头。每次去巴黎出差走过芳登广场外第一个拐角处时总会刻意放缓脚步：那儿矗立着Buccellati大面积专卖店，门口设有彪形大汉把守。而我总是好死不死的要么提着三个帆布袋好像在流浪，要么手里握着一把香蕉……于是屡次在眼神接触这个阶段就败下阵来，灰溜溜地绕去侧面橱窗偷瞄。

后来好歹在伦敦Harrods的开放区域敢于真实地触摸和上手了，我在这些美得不可思议的物件面前，体会humble（谦卑）之心。

去年我看过一个珠宝纪录片，相较于其他品牌更明亮现代的创作环境，Buccellati的工作坊弥漫着一股来自旧世界的魅力：散发着古老光泽的壁板；没有电脑，成沓的手绘、与实物珠宝大小近乎一致的草图堆在工作台外侧；各式工具、盛放宝石的标记盒堆在架子上，快与天花板一样高了；每个工作台之上还有一盏旧旧的黄铜复古工作灯，无论清晨还是黄昏，玻璃上投射出的，都是工匠沉浸在自己世界里低头劳作的剪影。

我发现在米兰，这样气质的工坊和店铺散落于各个以手工制作为特色的行业内：衬衫、皮革、鞋子、珠宝。

有人采访工匠之一，才得知对台那位年纪要长得多的是他父亲，在这里，手艺和技巧并不会毫无根基地自由发挥，而是似乎遵循着某种古老的师徒制，一样依靠代代相传。他面对采访这样表达："每完成一件自己很喜欢的作品时我都会有种解放的感觉，但这也表示它将离我而去，让人若有所失。你会想要拥有它，但也明白这是不可能的。"

这几句他讲得断断续续，被大段思考时间分割。

今年就要过去的时候，我时常想起他说这番话时缓慢的语速和眼里闪动着的光，也想到自己经历过的很多"不可能"的"遗憾"瞬间。很多匠人在被问及"如何创作出如此美丽的物件"时，总会提及"热情"与"爱"。

对于愤世嫉俗的听众来说，这通扯价值观的答案可能并不能让人满意，因为他们满心期待的，是更加功利的、迅速致富登顶的捷径。

但我很满意，因为人生没有捷径，还因为这体现出工匠们是如何看待自己的工作、客人和他自己的。他们因为对臻于完美的质量和美感充满热情，因此总想着努力去做到自己所能达到的最好。这样严苛又专业的辛苦，与那些明知自己粗制滥造所以要绞尽脑汁整点旁门左道、周旋客户当中卖情商的辛苦比起来，的确不值一提。

那么就祝新一年的我们，无论身处哪行，亦都能心怀哪怕一丁点儿匠心，而不仅仅是为五斗米竞折腰。

不懂小姐

四月底，我飞到日本看了今年最精彩的一个展，是梵克雅宝（Van Cleef & Arpels）花了四年时间准备的高级珠宝与日本工艺艺术典藏臻品的回顾展。看完很激动，急着打字往几十个朋友群里疯狂推荐："值得打飞的去赏。"

展叫"Mastery of an art"，至臻之艺。看名字就知道日、法两国都是血涌到头顶了，全部拿出了最高规格的大师级藏品，各不相让，有种斗技的劲儿。通常这样的展览不可能不精彩，事后我翻看各国媒体、意见领袖的报道，无一不把称赞焦点放在两种文化交相辉映的互动上。

文化的融合是现代展览不分领域最喜欢塑造的主题之一，因为这个落脚点最保险，能引发全天下自恃有品人类的共鸣，挑不出毛病。但我觉得这场展览真正值得大书特书的策展出发点，却并非日本和法国文化的融合，而是恰恰相反。它试图表达的，是同一时代的不同文化中，毫无关联的艺术大师对顶级艺术的理解及其技术上的精进，居然有着出奇的相似之处。

简单说，叫英雄所见略同。

展览的策展人是松原龙一，坊间曾有小道消息说，他起初想把这次梵克雅宝和日本工艺大展的宝押在"融合"上，但去巴黎参观了梵克雅宝珠宝工坊之后，就完全改变了自己的主意，回来干脆把展览分成了三大部分。

第一部分是把梵克雅宝那些我只在书上见识过的标志性作品按照时间顺序呈现：好像下一秒就要展翅的蜂鸟、隐秘式镶嵌的菊花、精灵胸针、"ZIP"拉链项链……我在这个区域停留得最久，让我愿意花时间死死贴住展示柜欣赏的，一是它们与艺术相关度极高的巧思，而且这种艺术性毫不晦涩，带着容易理解的、有趣又直白的童真；二来就是反正一辈子也买不到，看一眼少一眼的这股胸中怨气。

第二部分是整个展览的精华，我认为也代表了松原龙一的策展功力：一百多件出自梵克雅宝"黄金之手"的大师级高珠作品和五十多件代表日本顶级工艺的掐丝珐琅、陶瓷、漆器被交错呈现。在这个区域我产生了诸多的不懂，比如百宝匣为什么要跟碗摆一块儿，蕾丝胸针又与壶能产生什么联系？

谁承想，两个月后在巴黎看印象派画作时，这些疑惑统统被醍醐灌顶地解答了。

十九世纪末到二十世纪初，是梵克雅宝品牌从孕育到建立的年代。这个时期的法国处于美好年代的大环境下，因为生活安稳，所以社交活动相当丰富，巴黎的资产阶级为了彰显自我不计代价。市面上

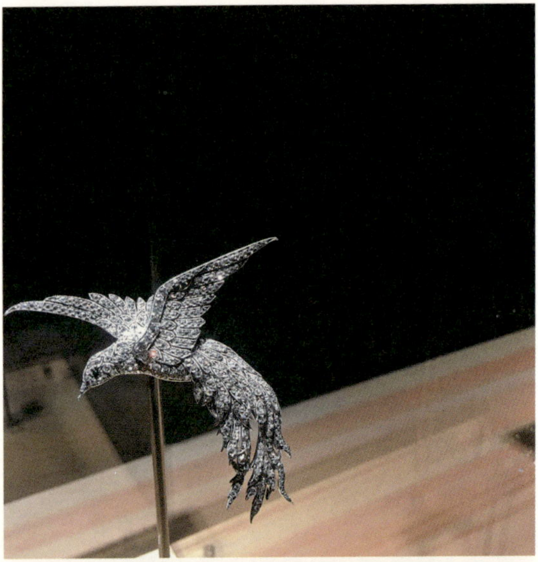

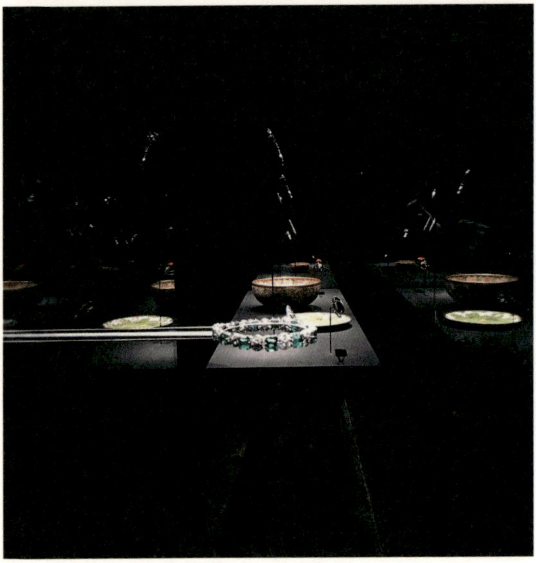

法国高级珠宝与日本顶级工艺的交错呈现,这其中策展人含蓄表达的,其实是两国工匠对至臻匠心的极致追求。
部分 PRphoto © Van Cleef & Arpels.

流行的艺术呢,大致就落在新艺术余晖尚存、装饰艺术初露萌芽这个感觉上吧:钻石、胸针、化妆盒、链饰表、百宝匣……都是最新鲜的艺术创意。

同一时间,日本在做什么?

大概在经历这个国家史上最辉煌的时代,明治时期。这时的日本如饥似渴地学习西方文化,并试着把一切学到手的东西放到自己民族的文化环境里重新吸收和解读。所以,在第二个展区里那些石榴与蝉容器、蝴蝶与蔓藤花卉花纹壶等,都是日本手工匠人眼界大开后对本国传统工艺与时俱进的崭新表达。

当然啦,这时期的日本文化对西方影响也挺大,反正西方嘛,遥远又神秘的东方的东西他们都挺喜欢,比如瓷器啊、屏风啊。恰巧在同一时期的印象派大师莫奈就从自己搜集的日本彩色木刻水印画中得到启发,在吉维尼创造了庞大的水上花园,并在接下来的三十年里痴迷地描绘它。去过的朋友曾跟我讲这座花园的坏话,为了保护当事人的隐私,我们就把她化名为Annie吧,Annie说:"实不相瞒,那个睡莲和日本桥,真的是画里面的比较美耶。"

莫奈的睡莲、日本桥、花园……这些美源自日本文化却又超出了日本文化的范畴,是艺术世界里宝贵的纯粹之美。

所以我突然领悟,那些展品放在那儿,它们之间不一定要产生对话或者类比。因为它们所运用的工艺可能完全不同,理念也各自为营,更加谈不上融合,但它们都在做同一件事:在相似的时代背景下去努力表达，追求艺术上至臻的匠心精神。

一旦你掌握了这条展览主线（顶级文化的并驾齐驱），那么最后一个部分就容易理解得多。梵克雅宝在每个时代的标志性作品被大量呈现，而与之相伴的，是百花齐放的日本工艺艺术："友禅"染色的森口邦彦、"罗"及"经锦"的北村武资、漆艺大师服部峻生、陶瓷艺术家十二代三轮休雪……

这些器物所展现的，是不断被革新的创意和法国黄金之手、日本匠人的极致技艺，如果你投入思考，会参透策展人的这个结束别有深意：古老的工艺走到今天，依然在片刻不停地被传承和精进，散发出新时代的光彩。

一个展，想随便做做完成任务，怎么样都可以。很多品牌的办法就是划拉划拉自己现有的东西，布展和灯打漂亮方便拍照，社交媒体上卖命造造势，一般观众完全看不出毛病还觉得厉害，嘎嘎拍摄之余持续往朋友圈里发送九宫格再配一句"岁月静好"。但梵克雅宝京都这个展把我镇住了，它最牛的地方是展览的逻辑，从第一个部分到第三部分的完成度——每个展柜放什么、如何让零基础的观众看展时也不觉得那么晦涩、怎么进阶并且把两种文化不唐突地串联起来……这些全部都是有逻辑可循的，出自真正的高手。

客观讲，我对艺术的了解挺表面的，最多算是爱看展、爱蹭听专业讲解团的搞怪路人水平，跟Annie在奥赛博物馆现场讨论《鲁昂大教堂》时还胆敢评价它为莫奈十连拍，并号称塞尚给维克多·肖凯（Victor Chocquet）画像不过是因为后者是一口气儿买了几十来幅画儿的大VIP,她气得说不出话来。今次我却突然醒悟,艺术虽然可以被各自理解,但它实际上是绝对有高下之分的。

有人曾经把这种领悟归结于"看得多了就自然懂了"。我记得自己作为新人第一次看展时,有那种十分明确的"在追求艺术"的神圣感和仪式感,但随着年龄和阅历的增长,许多功利的目的早就消失了,而那些死乞白赖搞不懂的高深艺术,似乎都被成长和时间给回答了:

"睡莲本身并不重要,光线才是让莫奈迷恋的主题,让他从亡妻之痛和一战的惊恐中得以解脱;成行的树木和斑驳陆离的光线曾是塞尚描绘普罗旺斯静态生活美景时最青睐的遣用,他的花园说到底与别人的也没什么不同,但他运用高超的艺术天赋为我们塑造了一个可以触摸的精神世界,以别人熟视无睹的平凡元素锤炼出伟大的艺术作品,将绘画引入从后印象派到立体主义的过渡。"梵克雅宝这个品牌的创立源自十九世纪末的一段爱情良缘,一百多年来,他们特别钟情于刻画自然和鲜花,但更重要地,是他们总在通过杰出的艺术修养和技艺,搭建一个高于珠宝本身的、奇幻幽默的仙境,它们在我们心中勾起的并非什么浅薄的物欲,而是情感上的愉悦和感动,这些作品提升了我们的欣赏水平,把我们的快乐放大。

艺术家寓情山水、借物抒情,而我们爱上的却是自己的幻想、我们想象中的景色,只有当这种想象和经历与眼见为实高度重合时,艺术的表达才会引起共鸣。因为说到底,这些展览、画作、珠宝、腕表令我们最终达到的,其实是对自己的了解。

这,才是成长的终极馈赠。

珠宝太美了，幸好没有钱

也都三十老几了，口红有两根倒着用差不离了，买金银珠宝才是正经事

但今天提到的，恰恰是我买不起的珠宝。买不起的东西，才是我们的致幻剂。

上个月底在香港的最后两天，好朋友Ni让陪着去逛珠宝店，我心里没底儿，因为长久以来自己都明知故犯地把jewellery和accessories混为一谈，统称它们为"配饰"，但很显然这并不是实情，而是我作为一个普通穷人因为买不起真金白银而对自己奇趣品位的刻意渲染。但在此我要做一个郑重的更正：配饰永远是配饰，即便是像Marni这样占据我们大面积储藏空间并且每次戴出门都会被人称赞的心头好。博主和明星们也会频繁地戴这类配饰，并悄悄透露给你它们是"平价也可以拥有的好品位"，不要信她们的，她们有贵得多得多的真珠宝。

因为珠宝的价值根本就不在于点缀。

去Cindy Chao The Art Jewel看珠宝是Ni来香港最重要的目的，她想买点"特别的，不会有那么多人知道但收藏空间大的"珠宝，觉得我是"专家",就约了这一道。我感到震惊,却没有纠正过她,或者试图跟她解释其实我谁都不是,对这个品牌也闻所未闻,就这样戴着一条COS的镀金项链赴约了。我跟自己说:放眼未来,就当逛博物馆开开眼了。

去之前查了一下资料:需要提前三周预约、单价几万美金、设计师最拿手的蝴蝶胸针已经被明星名流和收藏家们预约到了2027年。我翻了一个"至于吗"的白眼,与此同时怀疑自己到底交的这是什么朋友。这件事告诉我永远不要看轻那些平时穿着优衣库、Zara之类到处乱晃的女孩们,她们弄不好是什么山中大王的女儿也说不准。

Showroom给放在了香港中环的干诺道中五十号,算是香港中环金融区域内最为奢华摩登的地区。这里扯两句题外话。所有金融、艺术、商业中心给放在中环是有道理的:历史上这个区域是维多利亚城的一部分,也是港岛最早被开发的地区,七十年代进入全盛时期。各种摩天大楼、银行总部、金融市场的亚洲总部几乎都给扎堆儿安在这片儿,所以"在中环上班很令人骄傲"这个情结直到现在都不断地被香港人提及是有渊源的,也使得多次填海都满足不了各大企业对中环土地的瓜分,主要商业区的边界于是往外延伸,到上环、到金钟、到湾仔北岸。

干诺道中五十号,美国建筑师罗伯特·斯特恩(Robert Stern)的作品,没想到里面藏了两家顶级画廊——白立方和贝浩登,这在我一个时刻自嘲为英国人的心里瞬间扭转了建筑本身略显商业的气质,为它加上了一层Instagram般的艺术滤镜。

白立方英国起家，排名稳进前三，为很多英国的先锋艺术家比如达米恩·赫斯特做过展，因为这些艺术家都在同一时期先后出现，所以艺术评论界叫他们Young British Artists，简称YBA。与之对应的还有个YBD，即Young British Designers，英国先锋设计师世代。至于贝浩登，是第一位把日本艺术家村上隆的作品带到海外去做展的伯乐。这些对于我们大众没有具体意义，却扎扎实实地改变着这个世界的审美取向和艺术风气。就好像时尚在二十世纪的大多数时间从来不会被看作艺术，但到了今天——从未有任何时候像今天这样——时尚界如此努力地想表达自己就是艺术本身这回事。

扯远了，说回正题。

Cindy Chao The Art Jewel如名字所称，是艺术珠宝，创始人就是Cindy Chao（赵心绮）本人。来之前我高低做了点儿功课以防露怯。故事的开头是因为身为古典宫殿式建筑师的外祖父对她从小就进行立体思维模式训练，所以去纽约读珠宝设计时，Cindy已经依赖惯性在三百六十度地做设计了。显而易见，这是一个成长氛围对设计师的影响更甚于科班出身的成功案例。当我把网络上的作品照片传给学艺术史的前助理时，她回："这应该不是一个传统大品牌吧，这么细碎，跟自己蛮较劲的。"我同意，珠宝、腕表、雕塑，当它们被标签化为"独立设计"时，彰显的一定是设计师本人的个性。

设计师什么个性？据说很刚烈，以一套冬季黑白树枝套链及手环成名于佳士得拍卖场，却对蜂拥而至的名流明星敬而远之、保持距离。很多品牌把脑筋都动在仰仗明星效应给自己做软性宣传上，但她对此反倒没那么感冒，挑明星，气场气质跟自己设计不沾边儿的，

CINDY CHAO The Art Jewel 极光蝴蝶工艺图。图片由 CINDY CHAO The Art Jewel 提供。

假装低调——有关奢侈品的闲话集

怎么也不行。我就突然想到在那本著名的以起底儿时尚界为目的的《奢侈的》书中，黛娜·托马斯（Dana Thomas）提到卡尔·拉格斐（Karl Lagerfeld）在2006年香奈儿大秀之后对她说的话："大多数香奈儿的客户并不在这儿，她们的钱比空气还多，并且不想被任何人认出来，一旦那些走红毯的女人穿上了那些服装，她们就会马上取消订单。购买定制女装的女人可不想跟女明星撞衫。"

虽然顶着"定制"或"个性化定制"名头的品牌越来越多，但在我们不了解的那个世界，高级时装和高定珠宝永远有需求，因为总有一些人需要品质，需要一些不会有大量相同款式的东西，他们对大集团或潮流化设计没有兴趣。

其实回来以后我私下找佳士得的朋友打听过Cindy Chao在拍卖市场的表现如何，朋友说相当不错，在他仅代表个人的理解中，虽然著名品牌或者大设计师对作品本身是一种加持，但拍卖行选择的珠宝拍品永远以作品的品质为先。其实，拍卖场上的珠宝、腕表、包包，都是这个准则，所以我们常说，懂行的人不喜欢去逛店了，都在拍卖会上憋着花钱呢。

谈一谈短暂的两小时逛店后我对Cindy Chao珠宝的理解吧。当天我们去的时候适逢品牌团队刚从巴黎参加完双年展回来，据说全新作品被全球挑剔的艺术媒体和评论家们给赞得没边儿了，称赞要点并不是已经流俗的"很漂亮"，而是"It's very authentic"。

多少在奢侈品行业摸爬滚打了十多年，这句话的分量我还是能参透个大概。Authentic，原创性高，指向的是在你的作品里看不到其他人或品牌的影子，算得上是对艺术最高等级的赞美了。通俗说就是：不抄袭、不山寨，百分百"你"。

Ni看中了缎带系列的一对耳钉，戴上耳朵后还会随着步伐微微颤动。我自知什么都买不起，索性一门心思就看最贵的并且强行发表自己的观点：Cindy Chao的作品，核心竞争力是没有在硬拗地创新。因为高级珠宝甚至腕表无论怎么自诩，实际上都很难真正地放胆来搞点不同的，这个行业太传统了。

一直以来高级珠宝的心脏就是巴黎，推崇的就是那种繁复的、宫廷式的、极为具象的学院派风格。各大品牌对四大宝石的执念直到今天在审美上都改变甚微，类似地，几个世纪以前从巴黎、伦敦、日内瓦燎原的手表艺术中，贵金属永远是身份的象征，甚至直到十几年前，钛这种金属也从来没有达到过钛矿业者的期待，登上现代版黄金的位置。

但Cindy竟然把钛金属用在了最重要且天价的冬叶套链上，这才让镶了超过240克拉白钻的项链总重量卡在了80克以内，用了钛金属的高级珠宝变得更轻薄适戴；而第一次出现在年度蝴蝶上的墨银则令色泽接近真实。我知道有些人一定会对此嗤之以鼻：便宜的材质。但艺术作品在我看来永远不该仅仅是昂贵材质的无尽叠加，而应该是最恰当材质的融会贯通。所以，无论是冬叶套链、黄金羽饰胸针还是红宝蝴蝶结胸针，它们的珍贵所在，就是材质和镶嵌方式的整体融合。

再举个简单的例子。高级珠宝最喜欢与自然万物产生联系，如果要做一朵花，那么绝大多数品牌会选择强调主石，因为主石大了土豪容易买单嘛：钻石花心、爪镶、隐秘式镶嵌做花瓣，没毛病。但Cindy Chao就没这么做，她做一朵花或一片羽毛也从整体出发，尽力把适合每个部分的镶嵌方式给融合统一起来，这拓展的不单是工艺间的兼容性，更是珍贵宝石的多样性，背后是设计师无数次的推翻、重建。但这才应当是高级珠宝纯粹的艺术面。不能说商业款珠宝没有艺术性，我们需要留意的，是1%的艺术性还是99%的艺术性。

所以在我看来，Cindy Chao之于珠宝界，就好像理查德·米勒之于腕表界。

有次我跟一个90后的妹妹聊天，问她为什么珠宝对我们女性而言如此重要，她想了想答："我觉得珠宝是能在精神上支撑人的——没有谁能天天穿得像要去街拍，但哪怕我穿优衣库，戴一个小小的珠宝，就会充满力量，觉得自己有能力更进一步，我得抬头挺胸配得上它才行啊。"

我总觉得，在一个女孩的成长史中，总有那样几个场合是高于生活本身的，比如结婚，比如成年礼，比如真实地站在戛纳影展的红毯上。而珠宝恰恰就是在这样的场合让我们有自信去接受注视、亮出自己。

Ni最后定了那套缎带系列的耳钉，而我还处在愿意把这几万美金投资在成衣和鞋子上的人生阶段。她告诉我，香港本地女孩很务实的，一个包卖一两万，她们宁可多加点钱去买珠宝腕表了。特别是珠宝，买小众一点、不容易看出品牌的，反倒容易展现品位，留给后代，越久越珍贵。

她说这话时，我们正在搭乘从中环到半山的超长手扶电梯，将Cindy Chao、白立方、兰桂坊都扔在身后，好像重庆森林里的王菲一样，赶着去改变另一个人。

我们都太穷了，所以不能随便买便宜货

现金是最珍贵的

大暑到来之前的这周我给自己放了假，先是把该调的汤药规矩喝了，蝉鸣中在楼下观棋不语，使劲儿消化了下自己库存的纸质书，然后一个个勾掉wish list上那几个重要的珠宝展。看完以后第十三次跟自己确认：老物件确实是要美得多啊，特别是那一点点使用感，什么物件跟岁月攀扯上了关系，都更顺眼，也更加优雅迷人了。

周末跟助理两个人碰头的那顿饭，谈起了六七年前的日本之旅，她彼时入手了人生中第一件正儿八经的古董珠宝，至今没有再添，理由是"年轻女生给自己买珠宝，感觉总需要一个十分隆重的理由说服自己啊，可能还是没体会出珠宝的绝对魅力，没到那个非买不可的份儿上"。我在那趟出游中购入了香奈儿初代Première腕表的黑金版和爱马仕的银戒指，完全是计划之外，撞上了又感觉投缘。几年过去，使用频率依然极高，被我当成一件顶十件的搭配收尾之作，多次出现在OOTD（日常搭配）中。

收入古董珠宝的理想场所，很多人力推日本城市中星罗棋布的古董店，我同意。日本打十九世纪后四十年打开国门文明开化之后，迅速从西方世界取经，先后批量引入思潮和实物，所以在奢侈品教育和消费观上跑在前头。于我们淘货者而言，从中受惠的，一是城市对于这些老物件的吞吐量和流通率极高；二是这些物件哪怕曾经被使用，也都获得了极为细致妥帖的照顾，二手状态极佳。不可否认，在懂得欣赏器物之美这点上，日本人与意大利人不分伯仲。

甚至很多接受不了二手物件的朋友，都会在日本干净有序的古董市场重新树立起全新的对"vintage"的认识，从此敞开心扉。

但欧洲频繁走几圈，多次比对后，如今我最为放在心尖上的正经古董珠宝/手表/艺术品市场，我选伦敦的Grays，它未来定是我消费古董珠宝最有力的一方战地。

高晓松在《乐队的夏天》这档节目里曾评价"旅行团乐队"，讲他们在国内的乐队里或许不是最火的，但"是乐队中修养最好的"。这句话可以套用给Grays，无论怀揣何种目的走进这幢十九世纪的赤陶土色建筑转上一圈，都会感慨这真是整个欧洲二手市场中修养最好、人文气息胜过卖货气氛的一间。

曾有新闻介绍，Grays现在拥有两百来个dealer，这些人可不是波多贝罗市集（Portobello Market）或者肖尔迪奇区（Shoreditch）路边随随便便支个摊卖假货的小商小贩，Grays大多摊位都位列英国古董商协会（British Antique Dealers' Association）或持有LAPADA（英国艺术品和古董经销商协会）的认证证书。

鉴于波多贝罗市集如今已经沦为著名景点、面向游客兜售假货的

Grays 里我很爱的一个铺位，店主名叫奈杰尔·诺曼（Nigel Norman），售卖很多知名品牌自美好年代/维多利亚时期起至 Art Deco 繁荣阶段的美丽作品。

摊位比例随之直线上升，有节操和自尊的真货卖家早已集体出走，搬往艾尔菲斯古董集市（Alfie's Antique Market）或者试图在 Grays 获得立足的几个平方。

英国版 *Time Out* 周刊用 "A hidden treasure in the heart of Mayfair" 来形容 Grays，道出了它的两点珍贵之处：

1. 它是世界上最大和种类最丰富多样的"古董"市场之一。注意：这

里说的"古董"并非"复古风格",这两点大家要严格区分,真正的古董珠宝和复古设计在价值和价格上都应当有云泥之别;

2.它坐拥黄金地段。从邦德街(Bond Street)地铁站出来就是,时间有限的观光客也不必专程跑一趟打卡,去逛Liberty百货甚至摄政街名牌街的时候拐个弯就能闹中取静过眼瘾了。

以个人私心而言,我特别中意Grays里从维多利亚到爱德华时期再过渡到Art Deco的大量珠宝作品,如果平日里你是那种到处嚷嚷"憎恶品牌溢价"并真心这么想的人,完全可以把这儿当成一个小型珠宝艺术廊,在这里专注欣赏珠宝本身的魅力而不为品牌光环所分心;抛开这些个光环带来的附加价格,消费起来也丰俭由人。

岂止是珠宝,手表、皮包、时装珠宝、香水瓶(很多人不懂香水瓶的魅力,我在伦敦看过Dior展后可以体会一二了)、玻璃器皿、瓷器、古董娃娃、旅行箱、书……在这儿都有品相保存一流的各类古董物件,有些需要专业人士的经验和受过训练的眼睛来判定它们所值之价。

但我也热爱那些收存有大量知名品牌设计的摊位,因为这些是我更熟悉、更有把握交易的领域。与摊主开始攀谈至张嘴询价前,我往往会准备好一些策略,譬如很随意地讲出对方所售之品牌的擅长与特色,又比如谁给谁提供过机芯,或者某个家族几辈人之间的八卦恩怨,让对方明白我是"懂行的"。

英语不好也没有关系,相信我朋友们,当你可以熟练使用"Really、

I was like、She's like、Unfortunately、Lovely、Indeed、My love、Cheers、Literally、No way、Isn't it……"这些词汇时，在英国会如履平地，没有打不开的心扉。

事实证明我这招效果极好。我在最爱的、店主是两个头发花白、披金戴银的老奶奶的摊位里（地下一层，一下楼梯右手边就是），指着玻璃柜中的Buccellati戒指跟朋友介绍："你看这个马里奥·布契拉提的戒指，是布契拉提老爸爸那辈儿做的，凑近看我感觉细节更精致，手艺也更娴熟纯粹。"老奶奶听着了，在我试图压价的阶段直接一口给从标价上降了小一千英镑。我看她对别人都冷冷漠漠，就觉得自己那几句话说到点子上了。

本文中提到的马里奥·布契拉提的戒指。

谁不希望自己的东西被真正懂它的人买走呢？老派的英国人面对赚钱的机会一样是骄傲地站着的。退一步讲，这些dealer们，一把年纪穿金戴银绝代风华的，谁又缺钱呢？卖个开心罢了。

标价4000多英镑的马里奥·布契拉提的招牌设计，内侧有老爸爸马里奥的隐藏签名，最终奶奶一口价给了3600英镑，回家后朋友和我出于好奇心查询出来的店内价是：17000镑。

且不谈Buccellati，3600镑，走进任何一家珠宝店又能买来些什么设计呢？大家心里都跟明镜儿似的：可能是某些入门款的金镯子金戒指，除了有个logo之外毫无"设计"可言，若非背负了品牌的盛名，价格腰斩一下我们都要皱眉嫌贵，抛开自己的虚荣心更是瞧不上这种品位。

我去的那天前半段在隔壁Music Room里的Margaret Howell Sample Sale买到眼红，提着两个半人高的购物袋转战来Grays，竟然依旧精力过剩地逐个摊位扫到打烊还想争分夺秒再多看两眼。其实这得益于Grays让人宾至如归的市场修养：没有过分的热情和搭讪型推销，你想问的，对方客客气气解答，然后知边界地避开，留一句"有事儿您喊我"，让顾客保有自己自在的、独处的沉浸式逛街体验，于是逛Grays某种形式上就成了可以询价的艺术廊。

另外，Grays还提供古董市场里难能可贵的、可选择范围最宽泛的订婚钻戒，如果有特别入眼的，我建议就要好好跟摊位主人沟通下，全方位了解它曾经的归属、经历过什么好故事或者坏事故，以绝后顾之忧。不过通常dealer本人是不在摊位的，所以真心喜欢的，要在旅行时间上留出富余，并从现场拿到摊主的卡片方便后续沟通约见。

关于购买方式，能到店里触摸感受肯定是我最推荐的。那个小二层的建筑连带里面的布局和器物，都值得抱着不急着赶路的心态去逛。但如果来不了又想紧紧盯住每一次上货，不妨搜Instagram账号"graysantique"，市场会发布一些尖儿货并标注所属dealer，顺藤摸瓜过去，就接上头儿了。

当今社会，只要你想，在哪儿买个东西根本不是什么费劲的事儿。

最后讲一下为什么我越来越愿意扔钱在古董珠宝、扔时间在古董市场上：

1.专卖店里的商业设计大多太丑，与此同时价格标得太过虚高，我实在说服不了自己买下手，这是最核心的原因；
2.古董市场提供了专卖店里根本不可能买得到的老设计，它们往往更有韵味，反射出当时社会优越的审美。比如世纪之交的花环或爱德华风格作品、二十年代正宗的Art Deco设计或者战后极度璀璨优雅的珠宝潮流，这些是当今设计复刻不来的；
3.在有限的预算内可以买到远超"基本款"的经典设计，甚至用专卖店里只能买金的价格买到半宝石乃至宝石；
4.遇到一个好dealer，他的经验、知识和热情，以及基于以上三点的酣畅淋漓的交流，能让咱愉悦好一阵子。

特别推荐Grays并不代表挡着大家去消费全新设计，如果在后者当中有你瞧得上眼又心甘情愿为它掏钱的，当然是美事一桩：在可承受的范围内及时行乐永远是我的宗旨之一。过个三五十年，它们说不定也是未来世界追着走的好设计。

但怕就怕背负着一身"其实在店里没什么入眼的但来都来了"的花钱执念，那我就建议您不如先空手回去。机会成熟时，还能有花不出去的钱吗？

毕竟今时今日，现金才是最珍贵的。我们都太穷了，穷得不能随便买便宜货。

恰恰因为你是女人

我爱艺术,或者说,我特别爱标榜自己热爱艺术。而我喜欢的艺术形式,排名绝对分先后:绘画、建筑、舞蹈。对绘画长的这把草,我确定,是中野京子给种下的。

中野京子小姐写过一套四本的成名作,取名《胆小别看画》,初衷就是用轻松诙谐的笔触为我们这些艺术门外汉指点名画背后暗藏的玄机,划出鉴赏重点,帮助大众精神迅速致富,走上一秒变大师这条捷径。其中有一章,她解析了印象派画家德加的名作《舞台上的芭蕾舞女》(L'étoile ou danseuse sur scène)。上个月,我翻箱倒柜再找出来读,当成是在为去欣赏梵克雅宝携手国家大剧院共同呈献的一场芭蕾gala前准备点观看指南。结果,这场芭蕾表演意外地成了我心目中的年度最佳。

不光是我,哪怕大家对芭蕾的认识连入门水平都达不到,知道的词汇也仅限于"tutu裙"这样的超业余水准,但在现场演出结束后,彼此对这场高水准表演表达的敬意是类似的:那位女舞蹈演员转了80多圈还站得住?!

市面上没有人对"gala"做出过精准释义，而中文翻译"国际明星芭蕾精品荟萃"在我看来也太老老实实、一板一眼了点儿，降低了它真实的精彩度。事实上gala不仅限于描绘芭蕾舞艺术，也被拿来命名不同领域中顶级事物的荟萃。后来我特别去采访了一手促成这场顶级芭蕾表演的国家大剧院舞蹈艺术总监、前中央芭蕾舞团团长赵汝蘅老师，她觉得至今还是找不到最优美的中文来翻译这个词，实际上gala应该亮相于一系列演出季的开场或收官，"是一种星光熠熠的斗舞"。

我个人觉得它的意义已经超越了互相竞赛和炫技，而最终落脚到更加美好的目的上：让越来越多的像我一样的普通人被芭蕾艺术感染到。可能你没法确切说出它好在哪儿，但就是真实地被打动了。在国外，最长的一场gala可以从晚上六点半持续到十一点，全世界最知名芭蕾舞团最顶级的演员悉数亮相，那种惊心动魄，就算仅仅目睹过一次，都可以未来拿出来在任何一个高大上的场合郑重地吹嘘一番。

好啦，"吹嘘"芭蕾之前，必须提一嘴梵克雅宝。三十岁往后，这个品牌就一直躺在我的wishlist里，倒不是因为它适合这个年龄段的我，恰恰相反，相较于其他同档位的高级珠宝，梵克雅宝从来都奉行着一套远离潮流的、还原物之本意的低调审美体系。

前者的格调让它的推崇者们因为价值观投契而被吸引，而后者"物之本意"，我所指向的是，没有任何人可以像梵克雅宝那样，不求珍贵宝石在一件作品上的堆砌，而是纯粹从物尽其用的艺术原则出发，把最恰当的宝石投掷到最适合它的位置，哪怕它不是最贵的。

我举个例子。很多高级珠宝品牌用到绿色的时候，都会选祖母绿完成点睛一笔，梵克雅宝当然也会用，但它还敢用锰铝榴石、缟玛瑙、红碧玺和尖晶石。为什么对选材极为苛刻的他们，在那么多昂贵的宝石中还不弃用这些还没贵上天去的宝石？很简单，因为这些宝石的颜色和形态符合他们描绘一件产品的感觉，简单说，恰如其分的低调有时候比张牙舞爪的唬人更重要。

这种心态，如果拟人化，就是没受过欺负的富人家小女儿。就好像山本耀司在《做衣服》一书中曾经提及的一位大家都喜欢的富家公子，"因为从小没受过歧视，所以也不懂得如何去歧视别人"。别人做一样东西、买一样东西可能是为了展示"人无我有"的潜台词，但她不需要啊，因为没穷过，所以也不用向外界证明什么，只为自己漂亮和开心就够了。

这是物力和心力能达到的差别。听起来一步之遥，做起来云泥之别。

曾问过几个消费梵克雅宝高级珠宝的朋友，世家吸引她们的地方是什么，除了"漂亮"之外，她们用到的最多的两个词是"灵动"和"纯真"，这恰恰是我最推崇它的地方。可以将静态的花朵做成下一秒就要盛开的形态，捕捉到蝴蝶在某一瞬间飞翔的姿态，因此赋予静态的珠宝以生命的活力，这是梵克雅宝不同于其他品牌的特征。

而它的纯真和趣味更加是孩童式的，仔细看那些转圈圈的芭蕾舞伶、竖着一根根毛的小狮子、银色屁股的小兔子和眼睛一睁一闭的小猫，又有哪个展现的不是小仙女、小公主们的真善美？哪怕是反

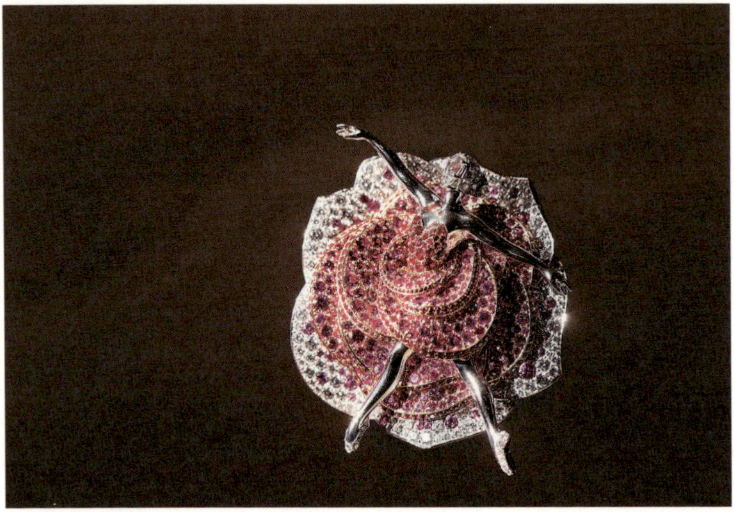

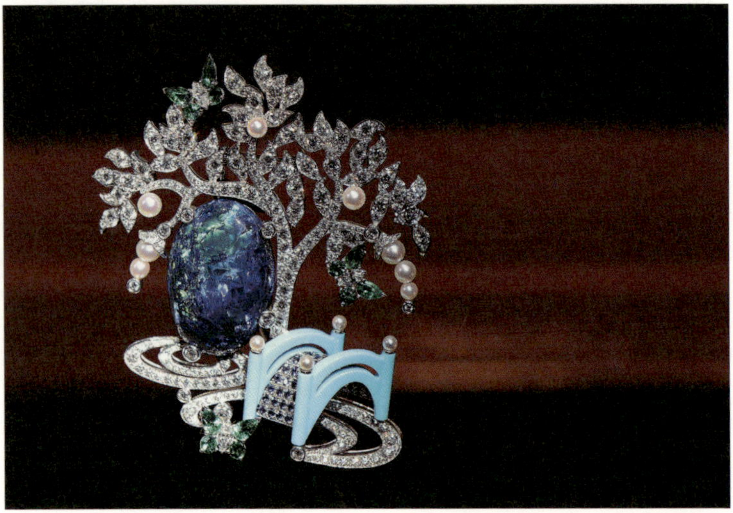

三只与芭蕾艺术相关的胸针，依次为 Esprit de la Rose 芭蕾舞伶胸针、Jardin d'Armide 胸针、Cygne Noir 芭蕾舞伶胸针，PRphoto © Van Cleef & Arpels。

派，她们所捕捉到的，也永远是反派人物身上美好、积极、纯真的那面。这，是流淌在世家血液中的DNA。

说到这儿，就不得不转回来再说梵克雅宝的招牌芭蕾舞小人儿，毕竟，几乎从世家诞生起，这个形象就与之如影随形，我猜更多高级珠宝买家会把它当作最值得收入囊中的第一选择。

为什么以芭蕾名伶为灵感创作？梵克雅宝官方曾声称是因为路易斯·雅宝（Louis Arpels）与侄子克劳德（Claude）一直钟情于这种艺术形式，但如果我们再追问一句：为什么他们独独喜爱这种舞蹈艺术而非其他呢？我猜究其本质是因为芭蕾不但出身宫廷，更是彼时高雅优美的代名词。

芭蕾起源于文艺复兴时期的意大利宫廷，由宫廷舞蹈改编而成，大多数时间当庆祝的开场用，跟着就是大规模的社交舞蹈了。差不多那个时候起，芭蕾就拥有了自己的剧情——舞蹈围绕着人们喜闻乐见的故事展开。

再往后，意大利大名鼎鼎的美第奇家族的女儿凯瑟琳·德·美第奇嫁给了亨利二世，成为法国皇后，更是当时法国贵妇们心中的时尚icon。她将芭蕾引入法国，而且特别喜欢把神话故事改编成芭蕾，再邀请贵族女伴们一同欣赏。有这么个大V做靠山，可见芭蕾在法国的起点着实不低啊。

之后，经历了太阳王路易十四在欧洲范围的大力传播，俄罗斯将芭蕾最终发扬光大。但真正让芭蕾走入平民百姓家的，就是我开头提到的印象派画家德加。他钟爱芭蕾题材并且不按牌理出牌,在他画中所呈现的,绝大多数并非芭蕾舞者在舞台上的优雅姿态,而是她们夜以继日的练功场景。之所以可以选材偏门,归根结底是因为他家境好,不愁吃喝,艺术造诣又高,凭着自己的闲情逸致画画喜欢的内容就可以了。

而在他后一时期的梵克雅宝,也将珠宝创作瞄准了芭蕾这个题材。我翻了翻各大拍卖公司近年的拍卖纪录,四五十年代的芭蕾舞伶胸针非常具象化,塑造的大多是芭蕾舞者在舞蹈中的瞬间仪态。而那些搭配了黄金、钻石、祖母绿、红宝石甚至珊瑚的作品,先不论它们通通以翻了几番的成交价在拍卖会上定锤,哪怕普通买家,也可以想象得到它们上身后对于日常服装锦上添花般的煽动性。

她们甚至不甘心只做做珠宝,还与同样对宝石饱含热情的著名编舞大师巴兰钦互相启发,共同成就了芭蕾舞剧《珠宝》(*Jewels*):第一幕以祖母绿歌颂法国;第二幕以充满活力的红宝石描绘纽约和新世界;最后一幕则通过钻石致敬古老的欧洲和俄罗斯帝国。这就是我前面所说的品牌眼界,当大家都争着玩儿大宝石、试图用镶嵌做逼真的动植物形象时,梵克雅宝在试着把莎士比亚的故事具象化或者通过珠宝解读世界。

相较于四五十年代的芭蕾舞小人儿,今年梵克雅宝交付到市场上的高级珠宝又打开了思路,整个系列25件作品,灵感全部来自《天鹅湖》《胡桃夹子》等六部教科书级别的芭蕾舞剧。但让人惊喜到头顶喷烟花的是,她们不单从芭蕾舞者的姿态获得启发,还围绕着服饰、舞美甚至人物性格大做文章。

很多品牌也会宣称自己当季的设计来源于某个童话故事或者一些极其偏门的冷知识，然而往往在阐释过程中把观众绕得云里雾里，最后面面相觑："这也行？"，但梵克雅宝这一系列非常直白易懂，比如她们从俯视的角度抓住了tutu裙旋转的画面，或者用年轻的宝石呼应同样年轻的角色。哪怕观众因缺乏对芭蕾的认知而偶尔出现"无法理解"的困惑，稍作阐释，也都秒懂。

这样的设计让我想到赵老师对芭蕾的评价，她说："Gala让我意识到'芭蕾艺术'这四个字是可以拆分开来看的，你可以把'芭蕾'当成技术的展示、炫技。但我感觉当一个演员炫技到没技可炫的地步时，她可能就走上了一个艺术的巅峰。"

谁说珠宝创作不是如此呢？

艺术大师吴冠中也讲过相仿的"笔墨等于零"，真正的艺术作品是看不到技巧的，反而带有一点原始的稚拙。

后来我查阅梵克雅宝资料时更是撞见了一些让人震撼的珍贵皇室影像：风华绝代的好莱坞女星格蕾丝·凯利在1956年与摩纳哥公国雷尼尔王子喜结连理，佩戴的订婚珍珠件正来自梵克雅宝；几乎在同时代的伊朗，苏瑞亚皇后只用一对铂金镶钻耳环就可以轻松地达成极致优雅。试问哪一个视"恰到好处"为最高穿衣戴物准则的女性不会被这种从容的力量所折服呢？

话说到这个份儿上，提到那些高级买家面前的终极问题是：你到底是打心眼里欣赏梵克雅宝的这种艺术处理，还是仅仅把它们当作彰

326　　　　　　　　　　　　假装低调——有关奢侈品的闲话集

显财力和身份的利器?如果答案是前者,那么恭喜你,你很可能已经击败了98%的买家,成为珠宝消费路上的高阶选手。如果答案是后者,那么至少你要装成在为前者买单,如此一来,你买到的就似乎超越了珠宝本身,而是它的整套艺术渊源了呢。

而作为一个买不起其中任何一件的贫穷女孩,我把这篇文章当作一场大型的羞耻展示,更捂住胸口,以王小波老师的甜蜜情话向珠宝和芭蕾艺术喊话表白:

"不管我本人多么平庸,我总觉得对你的爱很美。"

结 语

"You may say I'm a dreamer"

如果你对这首歌有常识，会知道这行歌词其实另有含义，但即将动笔时，它是第一句反复在我脑海里回旋荡漾的旋律。

这句旋律贯穿了上周我在爱马仕丝巾工坊、皮革工坊、珍藏馆游历的全程，最终在观赏大皇宫呈现的"畅游奇境——Leïla Menchari 的梦幻世界"橱窗展时齐奏轰鸣。我打开手机即时通信工具，打字"Stunning!"给另一个奢侈品牌的创意总监，上个月在巴黎出差时我随口跟她提到大皇宫即将举办一场致敬爱马仕橱窗总监的作品展，她感慨："Leïla Menchari? Oh she is such an artist!"

巴黎走在最前面的那批人——创意工作者和艺术家们——都敬仰莱拉·蒙卡里（Leïla Menchari）。

可莱拉是谁？在爱马仕工作超过三十五年的橱窗总监，同辈人口中那个理性、坚韧，意志如钢铁，头脑却被异想天开的念头填满的艺术家。但在里昂为我们导览的丝巾工坊老员工卡迈尔（Kamel）的印象中，爱马仕家族坊间传闻中的莱拉，永远是那个被让-路易斯·杜马（Jean-Louis Dumas）委以重任时会怀疑自己"你真的觉得我可以用我的方式做到吗"的北非女孩。

"她的方式"，是将橱窗幻化为微缩剧场；她的武器，是蕴藏于体内全部的想象力。莱拉以此来调动观众与她一起做梦，让驻足于福宝大街24号的路人们观望、受到震撼、睁大眼睛、举起手机，然后神魂颠倒地闯进店来。

除此之外，我从来没在任何其他橱窗设计面前感叹过它们在奢侈品的世界里竟扮演着如此举足轻重却又举重若轻的角色：一个让人妄想置身其中的不真实世界。

让橱窗成为"街边剧院"的主意并非莱拉首创，却借由她之手发扬光大。在莱拉之前，爱马仕的橱窗设计由其恩师安妮·博梅（Annie Beaumel）掌舵，那个年代，独立橱窗的作用很单纯，就是为了展示产品。但本来隶属于手套部门的安妮却表达不同看法，她这样讲："我们呈现的不应该仅仅是手套，还要有让人赏心悦目的美感。"

也是从那天起，在爱马仕的体系内，出现了橱窗设计师这个名号，安妮·博梅试着以橱窗为舞台，为物品们创造属于它们的情景剧：大衣兜里露出半截的手套、好像被客人随手留在桌边的马克杯、书桌角落的香水、钱包和文件夹从沙发上的手提包里溢出来……好像女主人故意留下线索，让我们尽情发挥想象力，揣测她刚刚度过了怎样的一天。

抛开简单的生活场景，安妮、继任者莱拉，还有无数贡献于爱马仕

爱马仕春季主题橱窗，以大地色调及充满原始风貌质感的作品展现洞窟文化，引领众人感受精妙绝伦的人文崇拜。图片由爱马仕提供。

结 语

对探索者来说，找到宝藏隐匿入口的时刻比真正找到宝藏之时更为欢悦。在瓦楞纸石墙上的奇异图形符号揭示了远古人类驻足的痕迹。图片由爱马仕提供。

结 语

特殊橱窗的艺术家们,他们将这些几平方米的空间徒手改造成皇家图书馆、非洲丛林、戈壁的一隅、阿拉伯宫殿、热带动物园或者埃及的洞穴……

这些橱窗太过恢宏华丽,在我看来它们甚至已经超越了"展现赏心悦目的美"这一宗旨,而是起承转合于爱马仕每年的年度主题之间,微妙地投射出当季灵感与风格。

我记得去年盛夏的某个深夜,我们朋友几人喝完酒走路经过淮海路上的爱马仕之家,立即就被那些火烈鸟、猴子、企鹅和小鹿吸引了。有人借醉拥抱橱窗,嘟囔着"我的我的这些都是我的",另一个边笑他边原地模仿猴子和火烈鸟的姿态长达十分钟之久并勒令我们用手机一一记录。

凌晨的大街上一个人都没有,静悄悄的,这些橱窗突然让我拥有了不真实的奇异感觉:它们自带一种化解了威严社会禁忌的气息,企图与城市对话,非常甜蜜稚趣。第二天我上网搜索,发现当年爱马仕的年度主题是"驰骋自然万物间",美国艺术家唐·波切拉(Don Porcella)以绳绒为素材,编织、雕塑出这么一组象征着四季不同动物的活动状态,而那些包包、手表、丝巾,就依据色彩和季节性被随意地摆放在森林中、沙滩边、冰山上。

这就是爱马仕从未停止运转的精神世界:他们用橱窗改变了整个商界的展示艺术,让人们意识到,好的审美不应当只服务于物件本身,更要有全局的艺术性,让观众置身其中,自然而然联想到音乐、建筑、自然、手工艺……再通过这些,抵达我们从未去到过的世界。

我在微博上提到这次造访爱马仕丝巾工坊的一个小小插曲，卡迈尔在被我们提问后，曾简单解释过"object"和"product"的区别。他掏出自己的手机，讲这是我们可能会称之为"product"的东西，"它们更新换代不断被升级，我们需要不停换新款追潮流，但在爱马仕，我们不做这样的事情"，你走进店铺购买任何一个object，不是为了一时的使用，而是，一直使用。

这个区别，在没有当时的语境和某种文化背景下由我转述，精彩程度大打折扣。但发出去以后，立即有人留言："我是一个建筑师，我想你说的意思用建筑的观点衡量，大致就是timeless object吧。"

每年爱马仕的橱窗依据季节变换会被拆掉重建四次，有趣的是，这些短暂停留在城市街边的微缩舞台虽然各自大相径庭，但总是在表达同一个品牌哲学：用适度诙谐的方式，展现timeless object，陶冶观赏者的情操。

我在丝巾工坊听到些零星碎语的坊间传言，除橱窗总监外还身兼爱马仕丝绸色彩委员会工作的莱拉，她最厉害的一点是——如那些被我们冠以"工匠"称号的人一般——发自内心地热爱自己的工作，并自始至终沉迷于一切细节的戏剧化考量中。据说在她的藏品库里，有大量的画作、书籍、影像，还有珠贝做的海豚喷泉、红树根雕刻的渔民小屋、奥甘迪蝉翼纱制的Kelly包……以及——更无需多言的——支撑她完成这些创作的庞大的知识体系。

曾有位我很喜欢的男装评论家写过："一个真正的工匠和那些想要给你兜售点儿什么的销售之间最本质的区别，是前者总想让自己创

建筑化身为节日盛装,与爱马仕手工臻品共同妆点嘉年华的游行队伍。图片由爱马仕提供。

造的物件（还有你）变得更好。他们接受训练、勤勉劳作和练习，直至手、心和大脑合为一体，创造出你能想到的他/她能做出的最尽善尽美的东西。"

这，跟那些光想着越多越好、越快越好的制造商有着云泥之别。他们值得我们的钦佩、拥护和尊重。

从巴黎回来前一晚，我跟朋友顶着冷风一路走到圣日耳曼大街上的双叟咖啡厅喝酒，我们精心挑选了一个面向街道的位子坐下。我正思忖着这是否正是当年安娜·卡里娜（Anna Karina）在清苦的巴黎模特生涯中初次被发掘的准确坐标，朋友幽幽发出感慨："哎难以想象，过去这几百年里头，我们面前这条街迎来送往过多少大师啊。"

她说这话时，沿街搭出来为了让巴黎人"冬天也能坐在室外喝咖啡"的玻璃房里灯火通明，相隔几台的小桌上都各自拥满了风尘仆仆的旅人，他们随意地把大衣和手套扔在低一点的椅子上，或者把包包堆在脚下，桌边架起香槟筒，肢体语言丰富。

哪怕在半夜十点，路过的行人依然会被这间传奇咖啡室的光亮所吸引，本能地望进来，连同我们这些饮酒人，此刻好像都成了橱窗里被欣赏的剧和人。

参考文献及推荐书籍

1. E. H. 贡布里希：《艺术的故事》，范景中、杨成凯译，广西美术出版社，2008年。
2. 理查德·康尼夫：《大狗：富人的物种起源》，王小飞、李娜译，新世界出版社，2004年。
3. 保罗·格雷厄姆：《黑客与画家：来自计算机时代的高见》，阮一峰译，人民邮电出版社，2013年。
4. 哈罗德·布鲁姆：《伦敦文学地图》，张玉红、杨朝军译，上海交通大学出版社，2017年。
5. 迪耶·萨迪奇：《设计的语言》，庄靖译，广西师范大学出版社，2015年。
6. 黛娜·托马斯：《奢侈的》，李孟苏译，重庆大学出版社，2018年。
7. 约翰·伯格：《观看之道》，戴行钺译，广西师范大学出版社，2015年。
8. 刘瑜：《送你一颗子弹》，上海三联书店，2010年。
9. 彼得·伯格：《与社会学同游：人文主义的视角》，何道宽译，北京大学出版社，2014年。

10.伊恩·弗莱明:《惊异之城:007的城市旅行》,刘子超译,北京联合出版公司,2017年。

11.玛丽·比尔德:《文明I:单数还是复数?》,郭帆译,中国友谊出版社,2019年。

12.克莱尔·菲利普斯:《珠宝圣经》,别智韬、柴晓译,中国轻工业出版社,2019年。

13.休·泰特:《7000年珠宝史》,朱怡芳译,中国友谊出版社,2019年。

14.中野京子:《胆小别看画》,俞隽译,中信出版社,2016年。

15.汤姆·佐尔纳:《欲望之石:权利、谎言与爱情交织的钻石梦》,麦慧芬译,2016年。

16.中岛智章:《图说巴洛克》,曹逸冰译,天津人民出版社,2018年。